Neue Perspektiven für die Befreiung der Frau
Eine Streitschrift

Mai 2000

Redaktionskollektiv REVOLUTIONÄRER WEG
unter Leitung von Stefan Engel und Monika Gärtner-Engel
Koststraße 8, 45899 Gelsenkirchen

VNW – Verlag Neuer Weg GmbH
Alte Bottroper Straße 42, 45356 Essen
Alle Rechte vorbehalten

Neue Perspektiven für die Befreiung der Frau
Eine Streitschrift

Zuerst erschienen in der Reihe
REVOLUTIONÄRER WEG, Nr. 27/99 und 28/2000

Umschlagbild von Erdal Ünal

Gesamtherstellung: Druckerei Neuer Weg GmbH
Alte Bottroper Straße 42, 45356 Essen

ISBN 3-88021-284-8

Stefan Engel/Monika Gärtner-Engel

Neue Perspektiven für die Befreiung der Frau
Eine Streitschrift

Verlag Neuer Weg

Ich möchte dieses Buch meiner langjährigen Mitkämpferin und engen Freundin, der Gelsenkirchener Putzfrau Helga Janzik widmen. Sie verkörperte wie kaum eine andere die kämpferische Einheit der proletarischen Frauenbewegung im Ruhrgebiet mit dem revolutionären Enthusiasmus für den echten Sozialismus. 1977 organisierte sie den ersten Putzfrauenstreik in der Geschichte der deutschen Arbeiterbewegung. Sie war eine einfache, unbeugsame Frau, die nach ihrer politischen Maßregelung die letzten 20 Jahre ein Leben unter der Armutsgrenze fristete. Dennoch hörte sie bis zu ihrem Tod 1997 nie auf, für andere – in erster Linie für die Jugend – einzutreten.

Stefan Engel

Inhalt
Neue Perspektiven
für die Befreiung der Frau
Eine Streitschrift

II. Proletarische und bürgerliche Frauenbewegung

III. Der Kampf um die Befreiung der Frau und der Sozialismus

Vorwort

Die Lebensbedingungen der breiten Massen in Deutschland verschlechtern sich seit der Wende zum Abbau sozialer Reformen zu Beginn der 80er Jahre. Dadurch sind grundlegende Lebensbedürfnisse in Frage gestellt. Neben der Verschärfung der Ausbeutung der Lohnarbeit und der Massenarbeitslosigkeit als Dauererscheinung ist dabei vor allem die besondere Ausbeutung und Unterdrückung der Frauen offen hervorgetreten. Die Frauen haben besonders durch ihre Einbeziehung in die gesellschaftliche Produktion und in die verschiedenen gesellschaftlichen Bewegungen ein neues Selbstbewusstsein herausgebildet. Das hat den Kampf um ihre Befreiung wieder verstärkt ins öffentliche Bewusstsein gerückt. Dieser Kampf steht in untrennbarer Wechselbeziehung mit der Entwicklung des proletarischen Klassenkampfs.

Umso schwerer wiegen die Versäumnisse und Fehler der marxistisch-leninistischen und Arbeiterbewegung auf diesem Gebiet in den letzten Jahrzehnten. Insbesondere wurde die theoretische Arbeit zur systematischen Weiterentwicklung des Marxismus-Leninismus bezüglich des Kampfs um die Befreiung der Frau und seines untrennbaren Zusammenhangs mit dem proletarischen Klassenkampf vernachlässigt. Die theoretischen Grundlagen, die Marx, Engels und Lenin dafür bereits gelegt hatten, wurden verdrängt und so wurde Spielraum gelassen für reformistische und revisionistische Verfälschungen dieser Grundlagen.

Das erleichterte es dem bürgerlichen Feminismus in Deutschland, einen gehörigen Einfluss auf die gesellschaftliche Entwicklung zu bekommen und die Frauenbewegung weitgehend auf die Verwirklichung formaler Gleichberechtigung einzuengen.

Der kleinbürgerliche Feminismus gewann nach dem Scheitern der Studentenbewegung der 60er Jahre zeitweilig einen beherrschenden Einfluss auf die Frauenbewegung. Im Unterschied zum bürgerlichen Feminismus erreichte er gerade das aktive und kämpferische Potenzial unter den Frauen. Bei aller Radikalität gelang es der kleinbürgerlichen Frauenbewegung allerdings höchstens, die Realität der gesellschaftlichen Ungleichheit von Frauen und Männern ins Bewusstsein zu rücken und der Gesellschaft einige Reformen abzutrotzen. Sicher hat sie auch dazu beigetragen, dass das Selbstbewusstsein vieler Frauen gewachsen ist und dass eine Reihe gesellschaftlicher Tabus aufgebrochen werden konnten. Zu einer tatsächlich gesellschaftsverändernden Rolle war der kleinbürgerliche Feminismus aber nie in der Lage. Stattdessen hatte er eine desorganisierende Wirkung auf die kämpferische Frauenbewegung.

Den Herrschenden war es ein Leichtes, den kleinbürgerlichen Feminismus nach anfänglichen Auseinandersetzungen in ihr gesellschaftserhaltendes System der kleinbürgerlichen Denkweise einzubauen. Mit einem Netzwerk von reformistischen und feministischen Frauenprojekten, mit der Gewährung umfangreicher Medienöffentlichkeit und staatlicher Förderung wird die kleinbürgerlich-feministische Denkweise seither systematisch zur Spaltung der kämpferischen Arbeiter- und Volksbewegung eingesetzt und als Damm gegen die Hinwendung der selbständig organisierten Frauenbewegung zum revolutionären Klassenkampf. In dieser Rolle ist der kleinbürgerliche Feminismus sogar direkt reaktionär.

Ohne den kleinbürgerlichen Feminismus zu überwinden, kann die kämpferische Frauenbewegung ihre strategische Rolle im revolutionären Klassenkampf nicht ausfüllen! Ohne entschiedene Weiterentwicklung des Marxismus-Leninismus und der auf ihm beruhenden Lehre von der Denkweise kann die Überlegenheit der proletarischen Denkweise im Kampf gegen die kleinbürgerliche Denkweise in der kämpferischen Frauenbewegung nicht hergestellt und der kleinbürgerliche Feminismus nicht überwunden werden!

In Westdeutschland wurde seit Ende der 70er Jahre die formelle rechtliche Gleichstellung der Frauen weitgehend verwirklicht. Umso deutlicher erscheint seither ihre tatsächliche gesellschaftliche Benachteiligung. Nur einer Minderheit ist aber klar, dass diese durch die kapitalistische Produktionsweise und die damit verbundene Lebensweise in der bürgerlichen Gesellschaft bedingt ist.

Solange die DDR dem Kurs des sozialistischen Aufbaus folgte, war sie diesbezüglich der BRD haushoch überlegen. Doch mit der Restauration des Kapitalismus seit Ende der 50er Jahre brach der Prozess der Befreiung der Frau ab. Alles wurde nun der profitablen Einbeziehung weiblicher Arbeitskräfte in den Produktionsprozess untergeordnet. Zwar war die gesellschaftliche Stellung der Frauen in der DDR immer noch ungleich höher als im wiedervereinigten Deutschland, dennoch war »die befreite Frau in der DDR« aufgrund der Restauration des Kapitalismus nie mehr als ein Mythos.

Die Kritik an der bürgerlichen und kleinbürgerlichen Lebensweise der Gesellschaft bildet eine notwendige Grundlage für einen zielklaren Kampf um die Emanzipation der Frau. Sie darf sich dabei keinesfalls auf die besondere Lage der Frauen einschränken, sondern muss das ganze System der Ausbeutung und Unterdrückung im staatsmonopolistischen Kapitalismus in allen seinen Seiten aufdecken. Die soziale Befreiung der Arbeiterklasse und die Befreiung der Frau sind zwei Seiten des gemeinsamen Kampfs für eine befreite, sozialistische Gesellschaft.

Die kämpferische Frauenbewegung muss sich neben den proletarischen Frauen als entscheidendem Kern aus Angehörigen mehr oder weniger aller Schichten der Bevölkerung zusammensetzen. Nur so kann sie zum wichtigsten Bindeglied zwischen der Arbeiterbewegung und der übrigen Massenbewegung im Kampf gegen Ausbeutung und Unterdrückung und für den Sozialismus werden. Diese gewaltige Aufgabe kann sie nur erfüllen, wenn sie den Zusammenhang von sozialer Befreiung und Befreiung der Frau in der heutigen gesellschaftlichen Wirklichkeit begreift. Dazu soll diese Nummer des theoretischen Organs der MLPD beitragen.

Mit dem Wechsel von der ultrarechten Kohl/Kinkel-Regierung zu einer sozialdemokratisch geführten Schröder/Fischer-Regierung nach der Bundestagswahl im September 1998 hat sich die soziale Hauptstütze der Monopolherrschaft verschoben. Die neue Regierung gibt unter anderem vor, die Gleichstellung von Mann und Frau *»zu einem großen gesellschaftlichen Reformprojekt«* machen zu wollen. Das System der kleinbürgerlichen Denkweise wurde unter der neuen Regierung zur hauptsächlichen Regierungsmethode, mit der die Monopolpolitik verwirklicht werden soll. Das erfordert umso dringlicher, die marxistisch-leninistische Position zur Befreiung der Frau zu schärfen und in die Öffentlichkeit zu tragen.

Redaktion REVOLUTIONÄRER WEG

I. Die gesellschaftlichen Grundlagen für die besondere Ausbeutung und Unterdrückung der Frau im Kapitalismus

1. Produktion und Reproduktion des unmittelbaren Lebens als fundamentales Gesetz der Entwicklungsgeschichte der Menschheit

Die Entwicklung der Menschheit unterscheidet sich wesentlich von der Entwicklung der Tierwelt durch ihr mehr oder weniger **bewusst organisiertes gesellschaftliches Leben.** Die menschliche Gesellschaft muss einerseits die notwendigen Mittel zum Leben beschaffen und andererseits für den Fortbestand der menschlichen Gattung sorgen. In seiner Schrift »Der Ursprung der Familie, des Privateigentums und des Staats« formulierte Friedrich Engels das fundamentale Gesetz des Werdens und Vergehens, das der Entwicklungsgeschichte der Menschheit von Anfang bis Ende zugrunde liegt:

»Nach der materialistischen Auffassung ist das in letzter Instanz bestimmende Moment in der Geschichte: die Produktion und Reproduktion des unmittelbaren Lebens. Diese ist aber selbst wieder doppelter Art. Einerseits die Erzeugung von Lebensmitteln, von Gegenständen der Nahrung, Kleidung, Wohnung und den dazu erforderlichen Werkzeugen; andrerseits die Erzeugung von Menschen selbst, die Fortpflanzung der Gattung.« (Marx/Engels, Werke, Bd. 21, S. 27/28)

Indem Menschen Lebensmittel produzieren, stellen sie die Existenz und Fortpflanzung der Gattung Mensch sicher. Der Verbrauch der Lebensmittel fällt zusammen mit der Produktion und Reproduktion der Gattung Mensch, das heißt mit der Wahrung menschlicher Existenz und ihrer Fortentwicklung. Diese umfasst auch immer die Produktion und Reproduktion menschlicher Arbeitskraft und die Höherentwicklung ihrer Arbeitsproduktivität. Der Verbrauch von Arbeit, die Anwendung der menschlichen Arbeitskraft ist gleichbedeutend mit der Produktion der notwendigen Lebensmittel.

In der Erzeugung von Lebensmitteln und von Menschen vollzieht sich der einheitliche Prozess von Produktion und Reproduktion des unmittelbaren Lebens. Diese beiden Arten von Produktion und Reproduktion bedingen die jeweilige Stufe der gesellschaftlichen Entwicklung, geben den gesellschaftlichen Einrichtungen jeweils ihre entscheidende Prägung. Dazu schrieb Friedrich Engels:

»Die gesellschaftlichen Einrichtungen, unter denen die Menschen einer bestimmten Geschichtsepoche und eines bestimmten Landes leben, werden bedingt durch beide Arten der Produktion: durch die Entwicklungsstufe einerseits der Arbeit, andrerseits der Familie.« (Marx/Engels, Werke, Bd. 21, S. 28)

Die menschliche Entwicklung ändert wohl im Verlauf der Geschichte ihre gesellschaftlichen Formen, nicht aber ihre Bedingtheit durch die beiden Arten der Produktion, die jeweilige **Stufe der Arbeit und der Familie.**

Die Produktion und Reproduktion des unmittelbaren Lebens in der Urgesellschaft

Die Entwicklungsstufe der Arbeit zur Zeit der Jäger und Sammler in der Urgesellschaft stand in dialektischem Zusammenhang mit dem gemeinschaftlichen Leben in einer kommunistischen Haushaltung und dem kollektiven Eigentum an Land, Behausung und gemeinsam gefertigten Arbeitsmitteln.

Die Menschen lebten in Geschlechtsverbänden (Gens) zusammen, die sich gemeinsamer Abstammung rühmten und durch gesellschaftliche und religiöse Gepflogenheiten zu einer besonderen Gemeinschaft verknüpft waren. Die Familienform war anfänglich die Gruppenehe, die sich im Verlauf einer langen Zeit zur Paarungsehe weiterentwickelte. Über viele Jahrtausende hinweg machten die Menschen der Urgesellschaft die Erfahrung, dass die Gattung Mensch sich umso besser entwickelte, je mehr die Inzucht ausgeschlossen wurde. Mit der Paarungsehe war endlich die Familienform entwickelt, die jegliche Inzucht ausschloss. Auf dieser Stufe der Entwicklung war die Familie keine eigenständige Wirtschaftseinheit. Sie konnte und wollte auch gar nicht außerhalb einer größeren Gemeinschaft eigenständig existieren.

Die bürgerlichen Ethnologen (Völkerkundler) wie auch die christliche Kirche behaupten, dass die Einzelfamilie die seit jeher bestimmende Form des menschlichen Zusammenlebens gewesen wäre. Damit soll der bürgerlichen Familie Ewigkeitswert verliehen werden. Engels wies nach: *»Die Familie ist unter der Gentilverfassung nie eine Organisationseinheit gewesen und konnte es nicht sein, weil Mann und Frau notwendig zu zwei verschiednen Gentes gehörten ... die Familie ging auf halb in die Gens des Mannes und halb in die der Frau.«* (Marx/Engels, Werke, Bd. 21, S. 100)

Diese Gesellschaftsordnung kannte nur freie und gleiche Menschen – Frauen wie Männer. Es war eine Gesellschaft ohne Staat und ohne Gesetze, ohne vom Volk getrennte Körperschaften und Obrigkeiten – ohne Ausbeutung und Unterdrückung des Menschen durch den Menschen.

Die gesellschaftliche Arbeitsteilung bestand rein naturwüchsig auf Grundlage der Geschlechts- und Altersverschiedenheit.

Die Kinder wurden nur der Frau zugeordnet, da die Rolle der Vaterschaft biologisch unbekannt und gesellschaftlich nicht relevant war. Ausgehend von der Verantwortung für die Kinder und für die Ernährung besorgten die Frauen gemeinschaftlich die Hausarbeit, die Zubereitung der Nahrung, die Herstellung der Kleidung sowie das Sammeln der Pflanzenkost. Die Männer besorgten Nahrungsmittel, jagten und fischten und führten Krieg. Diese naturwüchsige Arbeitsteilung rückte die Frauen in der klassenlosen Ordnung in der Regel unangefochten in den Mittelpunkt des gesellschaftlichen, religiösen und kulturellen Lebens, da sie die kommunistischen Haushalte organisierten.

Der dafür im bürgerlichen Sprachgebrauch gewählte Begriff *»Mutterrecht«* oder *»Matriarchat«* trifft die damalige gesellschaftliche Stellung der Frau allerdings nur unzureichend. Selbstredend kann man in einer Gesellschaft nicht von *»Recht«* im juristischen Sinne ausgehen, in der es keine Klassen und keinen Staat gibt. Das Matriarchat gab deshalb auch nicht den Frauen Macht über andere Teile der Gesellschaft, wie das etwa beim Patriarchat in der Sklavenhaltergesellschaft oder im Feudalismus für die Männer der Fall war. Aufgrund ihrer gesellschaftlichen Stellung genossen die Frauen jedoch für die Männer anerkannte Autorität in ihren Geschlechtsverbänden.

Die kommunistischen Haushalte unterschieden sich wesentlich von der uns bekannten privaten Haushaltsführung in der bürgerlichen Einzelfamilie. Sie umfassten eine erheblich größere Zahl von Personen und organisierten das gesamte gesellschaftliche Leben als gemeinschaftlichen Prozess, in den ausnahmslos alle Mitglieder der Gesellschaft einbezogen waren. Die Produktion und Reproduktion des unmittelbaren Lebens fand **in jeder Beziehung gesellschaftlich** statt. Die Triebkraft war das gemeinsame Überleben.

Die Urgesellschaften waren – bei all den dargestellten Vorzügen – dem Untergang geweiht. Die kommunistischen Haushalte waren grundsätzlich beschränkt auf eine **Maximalgröße**, weil die Menschen zu einer komplizierteren, höheren Organisation, die über die Unmittelbarkeit ihres praktischen Lebens hinausging, noch nicht fähig waren. Das war Ergebnis einer **unterentwickelten Produktion von Lebensmitteln**, die sich in den engen Schranken dessen bewegte, was die Natur von sich aus anbot. So war die Menschheit aufgrund der Launen der Natur ständig vom Aussterben bedroht. Diese Stufe der Arbeit erlaubte nur eine **dünne Besiedlung auf weitem Gebiet**. Damit fehlte der kommunistischen Urgesellschaft jede Entwicklungsperspektive zum Beispiel durch eine wachsende Bevölkerung, durch einen Fortschritt in der Arbeitsproduktivität oder durch eine dichtere Besiedlung.

Die Entwicklung der Arbeitsproduktivität schuf erstmals einen Überschuss an Lebensmitteln über den unmittelbaren Bedarf der Gesellschaft hinaus. Das war die materielle Grundlage für die Entstehung von Privateigentum und Klassenunterschieden, das heißt der Möglichkeit einer Minderheit der Gesellschaft, sich die Früchte der Arbeit der Mehrheit anzueignen. Mit der Herausbildung des Privateigentums lösten sich die kommunistischen Haushalte auf. Das gemeinschaftliche Ackerland und das Vieh wurden in Privatbesitz überführt. Mit der Arbeitsteilung zwischen Ackerbau und Viehzucht und der Verselbständigung des Handwerks zur Herstellung von Arbeitsgeräten für den Ackerbau entwickelte sich notwendig die Warenproduktion.

Die erhöhte Arbeitsproduktivität und die Überschüsse der Lebensmittelproduktion resultierten vor allem aus Viehzucht und Ackerbau – den traditionellen Arbeitsgebieten der Männer. Zudem entstand im Zusammenhang mit der Viehzucht auch die Erkenntnis über die biologischen Zusammenhänge der Zeugung und der Vaterschaft. Um die Kinder den Vätern zuordnen und den Privatbesitz vererben zu können, wurde den

Frauen fortan **Monogamie** abverlangt. Die Einzelehe begann die **wirtschaftliche Einheit der Gesellschaft** zu werden. Privatbesitz oder Besitzlosigkeit dieser Einzelfamilien bestimmten fortan die gesellschaftliche Stellung ihrer Mitglieder in allen Klassengesellschaften. An die Stelle der gesellschaftlichen Gleichheit von Frauen und Männern trat nun die **patriarchalische Familienordnung**. Dieselbe natürliche Arbeitsteilung zwischen Mann und Frau, die in den Urgesellschaften die hervorgehobene Stellung der Frauen im Haus begründete, führte mit der Entstehung des Privateigentums zur Vorherrschaft der Männer in der Familie. Friedrich Engels fasste diese Entwicklung so zusammen:

»Der Umsturz des Mutterrechts war die **weltgeschichtliche Niederlage des weiblichen Geschlechts**. *Der Mann ergriff das Steuer auch im Hause, die Frau wurde entwürdigt, geknechtet, Sklavin seiner Lust und bloßes Werkzeug der Kinderzeugung. Diese erniedrigte Stellung der Frau ... ist allmählich beschönigt und verheuchelt, auch stellenweise in mildere Form gekleidet worden; beseitigt ist sie keineswegs.«* (Marx/Engels, Werke, Bd. 21, S. 61)

Mit der Teilung der Gesellschaft in Klassen wurde die Entstehung des Staates notwendig, was den Übergang von der klassenlosen Gesellschaft zur Klassengesellschaft endgültig besiegelte. Lenin fasste in seiner Schrift »Über den Staat« die ausschlaggebende Rolle des Staates für die Klassengesellschaft zusammen:

»Es hat aber eine Zeit gegeben, da kein Staat existierte, da der allgemeine Zusammenhalt, die Gesellschaft selbst, die Disziplin, die Arbeitsordnung aufrechterhalten wurden durch die Macht der Gewohnheit, der Traditionen, durch die Autorität oder Achtung, die die Ältesten der Geschlechtsverbände oder die Frauen genossen, die zu dieser Zeit oftmals eine den Männern gleichberechtigte, ja nicht selten sogar höhere Stellung einnahmen,

eine Zeit, da es keine besondere Kategorie von Menschen, keine Spezialisten gab, um zu regieren. Die Geschichte zeigt, daß der Staat als besonderer Apparat der Zwangsanwendung gegen Menschen erst dort und dann entstand, wo und wann die Teilung der Gesellschaft in Klassen in Erscheinung trat – also eine Teilung in Gruppen von Menschen, von denen die einen sich ständig die Arbeit der anderen aneignen können, wo der eine den anderen ausbeutet.« (Lenin, Werke, Bd. 29, S. 465)

Die Produktion und Reproduktion des unmittelbaren Lebens in der kapitalistischen Gesellschaft

Der Kapitalismus ist die Entwicklungsstufe der Klassengesellschaft, in der die Arbeit die Stufe der maschinellen Großproduktion in Fabriken erreicht. Der **Prozess der Lebensmittelproduktion ist vergesellschaftet,** während **die Erhaltung und Fortpflanzung der Gattung Mensch private Angelegenheit der Einzelfamilie** bleibt.

Die Produktionsmittel sind Eigentum der Kapitalistenklasse. Darauf beruht ihre beherrschende Stellung in der Gesellschaft, die sie mit Hilfe des Staates verwirklicht. Die Arbeiterklasse muss ihre Arbeitskraft an die Kapitalisten verkaufen, um sich die zum Leben notwendigen Mittel kaufen zu können. Die Klasse der Kapitalisten lebt von der Ausbeutung der Lohnarbeit. Kapitalistische Ausbeutung ist an die Warenproduktion gebunden. Dazu führte Friedrich Engels aus:

*»Wir bezeichnen als ›Warenproduktion‹ diejenige ökonomische Phase, in welcher die Gegenstände nicht nur für den Gebrauch der Produzenten, sondern auch für Zwecke des Austausches produziert werden, d. h. **als Waren,** nicht als Gebrauchswerte. Diese Phase reicht von den ersten Anfängen der Produktion für den Austausch bis herab in unsre gegenwärtige Zeit; sie erlangt ihre volle Entwicklung erst unter der kapitalistischen*

Produktion, d. h. unter Bedingungen, wo der Kapitalist, der Eigentümer der Produktionsmittel, gegen Lohn Arbeiter beschäftigt, Leute, die aller Produktionsmittel, ihre eigne Arbeitskraft ausgenommen, beraubt sind, und den Überschuß des Verkaufspreises der Produkte über seine Auslagen einsteckt.« (»Einleitung zur englischen Ausgabe der ›Entwicklung des Sozialismus von der Utopie zur Wissenschaft‹«, Marx/Engels, Werke, Bd. 22, S. 291)

Bei der Warenproduktion geht es um die Produktion von Tauschwerten für den Verkauf. Waren sind solche Gebrauchsgegenstände, die einem Käufer übertragen werden. Das geschieht im Kapitalismus durch den Austausch von Ware gegen Geld.

Im Kapitalismus wird auch die Arbeitskraft des Menschen zur Ware, indem die Arbeiter ihre Arbeitskraft an die Kapitalisten verkaufen. Wie bei jeder Ware ist ihr Wert bestimmt durch die zu ihrer Produktion und Reproduktion gesellschaftlich notwendige Arbeitszeit, also durch den Wert der Lebensmittel, die zur Produktion und Reproduktion dieser Arbeitskraft notwendig sind. Die Kontinuität der kapitalistischen Produktion setzt aber Fortpflanzung voraus, so dass die *»durch Abnutzung und Tod dem Markt entzogenen Arbeitskräfte ... beständig ersetzt werden. Die Summe der zur Produktion der Arbeitskraft notwendigen Lebensmittel schließt also die Lebensmittel der Ersatzmänner ein, d. h. der Kinder der Arbeiter ...*« (»Das Kapital, Erster Band«, Marx/Engels, Werke, Bd. 23, S. 186)

Die Arbeitskraft ist aber nicht nur rein physischer Natur. Besonders heute, im Zeitalter der Mikroelektronik, ist ein hohes Bildungs- und Ausbildungsniveau erforderlich. In der Lean Production werden von den Arbeitern schöpferisches Denken und eigenverantwortliches Handeln, Sprachkenntnisse, kommunikative Fähigkeiten und dergleichen mehr verlangt. Die menschliche Arbeitskraft ist also auch umso mehr wert, je mehr an Mitteln für Bildung und Ausbildung verbraucht und je mehr Zeit dafür verwendet wurde.

Die **menschliche Arbeitskraft** ist eine ganz besondere Ware. Sie ist eine **Wert schaffende Kraft,** Quelle von Wert. Sie kann mehr Wert produzieren, als sie selbst besitzt. So brauchen die Arbeiter nur einen Teil des Arbeitstags, um den Gegenwert ihres Arbeitslohns zu produzieren. Den anderen Teil des Tages arbeiten sie unbezahlt und schaffen Mehrwert für den Kapitalisten:

»Die kapitalistische Produktion ist nicht nur Produktion von Ware, sie ist wesentlich Produktion von Mehrwert. Der Arbeiter produziert nicht für sich, sondern für das Kapital. Es genügt daher nicht länger, daß er überhaupt produziert. Er muß Mehrwert produzieren. Nur der Arbeiter ist produktiv, der Mehrwert für den Kapitalisten produziert oder zur Selbstverwertung des Kapitals dient.« (ebenda, S. 532)

Die Arbeiter sind aber nicht nur wesentliche Produktivkraft in der Warenproduktion, sondern zugleich die entscheidenden Konsumenten. Produktion und Konsumtion von Waren werden im gesellschaftlichen Prozess der Arbeit identisch. Karl Marx führte über den dialektischen Prozess von Konsumtion und Produktion im Arbeitsprozess aus:

»Die Arbeit verbraucht ihre stofflichen Elemente, ihren Gegenstand und ihr Mittel, verspeist dieselben und ist also Konsumtionsprozeß. Diese produktive Konsumtion unterscheidet sich dadurch von der individuellen Konsumtion, daß letztere die Produkte als Lebensmittel des lebendigen Individuums, erstere sie als Lebensmittel der Arbeit, seiner sich betätigenden Arbeitskraft, verzehrt. Das Produkt der individuellen Konsumtion ist daher der Konsument selbst, das Resultat der produktiven Konsumtion ein vom Konsumenten unterschiednes Produkt.« (ebenda, S. 198)

In der **Identität von kapitalistischer Produktion und Konsumtion gesellschaftlicher Arbeit** erscheint die Produktion und Reproduktion des unmittelbaren Lebens in der kapitalistischen Gesellschaft. Produktion von Waren ist zugleich Konsumtion menschlicher Arbeit und individuelle Konsumtion von Waren fällt zusammen mit der Produktion menschlicher Arbeitskraft. Beide stehen in wechselseitiger Abhängigkeit: Ohne Produktion keine Konsumtion und umgekehrt. Produktion und Konsumtion verwandeln sich ineinander: So vollendet die Konsumtion die Produktion, und die Produktion erzeugt neue Bedürfnisse für die Konsumtion.

Der Verbrauch menschlicher Arbeit ist im Kapitalismus nicht nur die Grundlage für Produktion und Reproduktion des Lebens der Arbeiter, sondern auch die für das Leben der Kapitalisten. Dazu schrieb Karl Marx:

»Die produktive und die individuelle Konsumtion des Arbeiters sind also total verschieden. In der ersten handelt er als bewegende Kraft des Kapitals und gehört dem Kapitalisten; in der zweiten gehört er sich selbst und verrichtet Lebensfunktionen außerhalb des Produktionsprozesses. Das Resultat der einen ist das Leben des Kapitalisten, das der andern ist das Leben des Arbeiters selbst.« (ebenda, S. 596/597)

In der kapitalistischen Gesellschaft ist die Produktion von Lebensmitteln für den Austausch die bestimmende Seite in der Produktion und Reproduktion des unmittelbaren Lebens. Die kapitalistische Lohnarbeit und ihre Aneignung durch die Kapitalisten ist ihre wesentliche Basis.

Bürgerliche und kleinbürgerliche Kritik am doppelten Produktionsbegriff

Das Buch von Friedrich Engels »Der Ursprung der Familie, des Privateigentums und des Staats« wurde von Lenin als

»eines der grundlegenden Werke des modernen Sozialismus« hervorgehoben, *»worin man zu jedem Satz Vertrauen haben, worin man sich darauf verlassen kann, **daß kein einziger Satz aufs Geratewohl ausgesprochen,** daß jeder auf der Grundlage eines riesigen historischen und politischen Materials niedergeschrieben ist.«* (»Über den Staat«, Lenin, Werke, Bd. 29, S. 463 – Hervorhebung Red. RW) Es ist eine hervorragende Anleitung für die Aneignung der **materialistischen Geschichtsauffassung** und ihre Anwendung auf die gesetzmäßige Entwicklung des gesellschaftlichen Lebens. Gerade die Eindeutigkeit seiner Aussagen und Verallgemeinerungen rief bei den Theoretikern des Revisionismus heftigen Widerspruch hervor. So behauptete der sozialdemokratische Historiker Heinrich Cunow:

*»**Eine Entwicklung der Menschenproduktion, die der Entwicklung der Lebensmittelproduktion entspricht, gibt es nicht** ... Nicht die beim Zeugungs- und Geburtsakt beobachteten Gebräuche bestimmen das Gesellschaftsleben, sondern umgekehrt: aus dem Gesellschaftsleben ergeben sich die betreffenden Gebräuche.*

*Das ist so klar, wenigstens für einen jeden, der die Marxsche materialistische Geschichtsauffassung begriffen hat, daß es fast unverständlich scheint, wie Engels die ›**Menschenerzeugung**‹ als selbständigen Entwicklungsfaktor der Wirtschaftsentwicklung koordinieren konnte.«* (»Die Marxsche Geschichts-, Gesellschafts- und Staatstheorie«, II. Bd., Buchhandlung Vorwärts, Berlin 1921, S. 140/41)

Cunow spielt sich hier als Verteidiger der materialistischen Geschichtsauffassung auf, um davon abzulenken, dass er selber den Marxismus angreift. Es ist vollkommen realitätsfremd, wenn er den dialektischen Zusammenhang von Lebensmittelproduktion und »Menschenproduktion« leugnet. Für was werden denn die Lebensmittel gebraucht, wenn nicht für die

Erhaltung und Fortpflanzung des menschlichen Lebens? Und ist nicht umgekehrt die Entwicklung des menschlichen Lebens aufs engste verknüpft mit immer neuen Bedürfnissen und der Höherentwicklung der Produktion von Lebensmitteln?

Karl Kautsky schloss sich wie Eduard Bernstein und andere namhafte Revisionisten dem Kern der Kritik Cunows an:

»Wenn wir annehmen, daß die an den Geschlechtsverkehr anknüpfenden gesellschaftlichen Verhältnisse in ihrem Entstehen und ihren Wandlungen nicht durch die Wandlungen der Technik oder der Ökonomie, sondern durch einen anderen, noch unbekannten Faktor bestimmt werden, so durchbrechen wir damit die Einheitlichkeit der materialistischen Geschichtsauffassung. Darin muß ich Cunow zustimmen«. (»Die materialistische Geschichtsauffassung«, Bd. 1, Dietz Verlag, Berlin 1927, S. 849/850)

Als ob es keine anderen materiellen Faktoren in der Entwicklung der Gesellschaft gäbe als Technik und Ökonomie! In der Urgesellschaft hatte zum Beispiel das gewachsene Bewusstsein der Menschen über die biologischen Zusammenhänge bei ihrer Fortpflanzung Rückwirkungen sowohl auf die Entwicklung der Familie wie auch auf die der Arbeitsproduktivität. Die Menschen gingen schrittweise dazu über, die Fortpflanzung unter Blutsverwandten zu vermeiden, und begannen mit der Zähmung von wilden Tieren und der Züchtung von Haustieren. Sie fingen an, die Natur zu begreifen und ihre Gesetze zweckmäßig zur Höherentwicklung der Produktion und Reproduktion des unmittelbaren Lebens anzuwenden. Darin kam die Höherentwicklung der dialektischen Einheit von Mensch und Natur zum Ausdruck.

Bei der Betrachtung der gesellschaftlichen Revolution von der Urgesellschaft zur Klassengesellschaft der modernen Zivilisation fand Engels zum Beispiel heraus:

*»Je weniger die Arbeit noch entwickelt ist, je beschränkter die Menge ihrer Erzeugnisse, also auch der Reichtum der Gesellschaft, desto überwiegender erscheint die Gesellschaftsordnung beherrscht durch Geschlechtsbande. Unter dieser, **auf Geschlechtsbande begründeten Gliederung der Gesellschaft** entwickelt sich indes die Produktivität der Arbeit mehr und mehr; mit ihr Privateigentum und Austausch, Unterschiede des Reichtums, Verwertbarkeit fremder Arbeitskraft und damit die Grundlage von Klassengegensätzen: neue soziale Elemente, die im Lauf von Generationen sich abmühen, die alte Gesellschaftsverfassung den neuen Zuständen anzupassen, bis endlich die Unvereinbarkeit beider eine vollständige Umwälzung herbeiführt.«* (Marx/Engels, Werke, Bd. 21, S. 28 – Hervorhebung Red. RW)

In einem Brief an Marx unterstreicht Engels 1882 seine Ansicht, dass in der Urgesellschaft noch nicht in erster Linie die Art der Produktion für die Entwicklung der Gesellschaft bestimmend war, sondern der Grad der Auflösung der Geschlechtsbande:

*»Um endlich mit der Parallele zwischen Tacitus' Germanen und amerikanischen Rothäuten ins reine zu kommen, habe ich mir den ersten Band von Deinem Bancroft gelind exzerpiert. Die Ähnlichkeit ist in der Tat um so überraschender, als die Produktionsweise so grundverschieden – hier Fischer und Jäger ohne Viehzucht und Ackerbau, dort Wanderviehzucht übergehend in Ackerbau. Es beweist eben, wie auf dieser Stufe die **Art der Produktion weniger entscheidend ist als der Grad der Auflösung der alten Blutbande** und der alten gegenseitigen Gemeinschaft der Geschlechter (sexus) im Stamm.«* (Marx/Engels, Werke, Bd. 35, S. 125 – Hervorhebung Red. RW)

Die Art des Zusammenlebens war in der Urgesellschaft also die bestimmende materielle Bedingung für die gesellschaftliche Entwicklung. Das konnte auf dieser niedrigen Entwick-

lungsstufe der Produktion von Lebensmitteln gar nicht anders
sein. Die Art des Zusammenlebens in der Urgesellschaft stellte die wesentlichen Anforderungen an die Höherentwicklung
des menschlichen Bewusstseins. Das bestätigen neuere wissenschaftliche Forschungen, wonach die Entwicklung des Ge-
hirns bei den früheren Menschen nicht allein aus der unmittelbaren Nahrungsbeschaffung resultiert:

*»Am Anfang unserer Überlegungen über die Wurzeln des
menschlichen Bewußtseins stand die Frage, warum höhere Primaten intelligenter sind, als es die alltägliche Bewältigung ihrer
praktischen Angelegenheiten erfordert. Die Antwort ergibt sich
nach meiner Vorstellung aus den hohen intellektuellen Anforderungen bei den sozialen Wechselwirkungen der Primaten.«*
(Als Primaten gelten in der Biologie Halbaffen, Affen und als
höchste Stufe der Mensch – Red. RW.) (Richard Leakey/Roger
Lewin, »Der Ursprung des Menschen«, Fischer Taschenbuch
Verlag, Frankfurt am Main 1998, S. 297)

Erst mit der Höherentwicklung des menschlichen Zusammenlebens entwickelte sich sprunghaft die Lebensmittelproduktion und wurden durch die größere Zahl von Menschen, die
gemeinschaftlich zusammenlebten, umfassendere und neue
Bedürfnisse erzeugt.

Als eine Entwicklungsstufe der Arbeit erreicht war, die gesellschaftlichen Reichtum an Lebensmitteln hervorbrachte, da
konnte die urkommunistische Gesellschaft nicht weiter existieren. Entscheidende Grundlage der sozialen Beziehungen in
der jetzt entstehenden Klassengesellschaft wurden das **Privateigentum** und die damit verbundenen Eigentumsverhält-
nisse. Zugleich aber behielten die Verwandtschaftsbande eine
bestimmte Funktion und spielten im Leben der Menschen eine
mehr oder weniger wichtige Rolle, zum Beispiel bei Versor-
gungsansprüchen, im Erbrecht usw. Aber in der Klassengesellschaft sind die Verwandtschaftsverhältnisse den Eigen-

tumsverhältnissen untergeordnet, dienen ihrer Erhaltung und Festigung.

Die Revisionisten Cunow, Kautsky und Bernstein griffen die von Marx und Engels begründete Politische Ökonomie des Marxismus in zweifacher Hinsicht an:

Erstens leugneten sie den doppelten Produktionsbegriff, nach dem die Produktion und Reproduktion des menschlichen Lebens Bestandteil der Basis jeder Gesellschaft ist. Das hat ein Motiv: Wenn es die von Engels formulierte Dialektik in der doppelten Art der Produktion und Reproduktion nicht gäbe und stattdessen nur das bloße Abbild der Verhältnisse der Lebensmittelproduktion in den Lebensverhältnissen der Menschen, dann könnte es auch nichts wesentlich anderes geben als die Ausbeutergesellschaft, in der alles der Warenproduktion unterworfen ist. Dann könnte es auch keine Gesellschaft geben, in der die allseitige Befriedigung der materiellen und geistigen Bedürfnisse der Menschen im Mittelpunkt steht. Einziges Ziel der Revisionisten ist es, durch einzelne Reformen für die arbeitende Bevölkerung auf die revolutionäre Umgestaltung der kapitalistischen Lebensverhältnisse zu verzichten. Als letzter Grund der revisionistischen Kritik an Engels bleibt die Aussöhnung mit der kapitalistischen Gesellschaft und damit der Verrat am Sozialismus.

Zweitens behaupten sie einen platten **mechanischen Zusammenhang von ökonomischer Basis und politischem Überbau** als einfache Kausalität von Ursache und Wirkung. Kautskys Forderung nach *»Einheitlichkeit der materialistischen Geschichtsauffassung«* entpuppt sich bei genauem Hinsehen als purer Ökonomismus. Friedrich Engels schrieb 1890 in einem Brief an Joseph Bloch:

*»Nach materialistischer Geschichtsauffassung ist das **in letzter Instanz** bestimmende Moment in der Geschichte die Produktion und Reproduktion des wirklichen Lebens. Mehr hat*

*weder Marx noch ich je behauptet. Wenn nun jemand das dahin verdreht, das ökonomische Moment sei das **einzig** bestimmende, so verwandelt er jenen Satz in eine nichtssagende, abstrakte, absurde Phrase. Die ökonomische Lage ist die Basis, aber die verschiedenen Momente des Überbaus ... üben auch ihre Einwirkung auf den Verlauf der geschichtlichen Kämpfe aus und bestimmen in vielen Fällen vorwiegend deren **Form**. Es ist eine Wechselwirkung aller dieser Momente, worin schließlich durch alle die unendliche Menge von Zufälligkeiten ... als Notwendiges die ökonomische Bewegung sich durchsetzt.«* (Marx/ Engels, Werke, Bd. 37, S. 463).

Man kann das System der Produktion und Reproduktion des unmittelbaren Lebens nur begreifen, wenn man von der **Dialektik in den allseitigen Wechselbeziehungen von Basis und Überbau** in jeder Gesellschaft ausgeht. Engels' Kritiker sind daran gescheitert, weil sie mit der metaphysisch-idealistischen Methode herangingen.

Lenin verteidigte den doppelten Produktionsbegriff ausdrücklich gegen die *»Volksfreunde«* und entlarvte den *»ökonomischen Materialismus«* als eine Widerspiegelung der bürgerlichen Ideologie:

»Zweitens, meint unser Philosoph, sei die Kindererzeugung kein ökonomischer Faktor. Wo aber haben Sie bei Marx oder Engels gelesen, daß sie unbedingt von ökonomischem Materialismus sprechen? Bei der Charakterisierung ihrer Weltanschauung haben sie diese einfach als Materialismus bezeichnet. Ihre Grundidee ... bestand darin, daß die gesellschaftlichen Verhältnisse in materielle und ideologische zerfallen ... Wie denn, glaubt Herr Michailowski am Ende, die Verhältnisse bei der Kindererzeugung gehörten zu den ideologischen?« (»Was sind die ›Volksfreunde‹ ...?«, Lenin, Werke, Bd. 1, S. 142/143)

Der *»ökonomische Materialismus«* gehört zur weltanschaulichen Grundlage der bürgerlichen Ökonomie. Lenin kennzeichnete den Unterschied zwischen bürgerlicher und marxistischer Theorie und Methode in der Politischen Ökonomie:

*»Wo die bürgerlichen Ökonomen ein Verhältnis von Dingen sahen (Austausch von Ware gegen Ware), dort enthüllte Marx ein **Verhältnis von Menschen**.«* (»Drei Quellen und drei Bestandteile des Marxismus«, Lenin, Werke, Bd. 19, S. 6)

Lenin kritisierte auch ausdrücklich die Einengung des Anwendungsgebiets der marxistischen Politischen Ökonomie auf die Warenproduktion. In seiner Schrift »Bemerkungen zu Bucharins Ökonomik der Transformationsperiode« notierte er zur These Bucharins *»Die politische Ökonomie erforscht daher die **Waren**-Wirtschaft«* ein deutliches *»nicht nur!«* und kritisierte Bucharins Auffassung als *»Schritt zurück gegenüber Engels«*. (Nikolai Bucharin, »Ökonomik der Transformationsperiode«, mit Randbemerkungen von Lenin, Moskau 1929, Dietz Verlag, Berlin 1990, S. 26 – Hervorhebung im Original)

Es widerspiegelt einen Einfluss der bürgerlichen Theorie und Methode in der Politischen Ökonomie der alten internationalen kommunistischen und Arbeiterbewegung, wenn auch verschiedene Propagandisten der KPD den revisionistischen Kritiken Cunows an Engels eine gewisse Berechtigung einräumten. Im Vorwort zu seiner Schrift »Urkommunismus und Urreligion« verkündete Heinrich Eildermann 1921: *»Engels sowohl wie Cunow irrten in dem Punkte, daß sie **die Erzeugung von Menschen als ein die Geschichte in letzter Instanz bestimmendes Moment betrachteten.** Die Familie wie alle Verwandtschaftsorganisation ist, soweit sie ein die soziale Entwicklung bestimmendes Faktum bildet, **eine rein ökonomische Einrichtung.**«* (A. Seehof & Co. Verlag, Berlin 1921, S. 8 – Hervorhebungen Red. RW)

In der Zeitschrift der Kommunistischen Internationale erschien 1932 ein Artikel des sowjetischen Autors Ladislaus

Rudas, in dem er verschiedene Kritiken am doppelten Produktionsbegriff ausführlich widerlegte:

»Will man glauben machen, daß Engels die Produktion der Menschen und die Produktion der Güter trennte, daß er der Meinung war, sie liefen vollständig unabhängig, miteinander in keinerlei Wechselwirkung tretend, nebeneinander her und bildeten in dieser Weise die Grundlage der gesellschaftlichen Entwicklung? Man lese sein Buch ›Der Ursprung der Familie‹. Jede Zeile ist hier der Darlegung gewidmet, wie diese zwei Momente der Produktion und Reproduktion des unmittelbaren Lebens in beständiger Wechselwirkung stehen, bis die entwickelte materielle Produktion der Güter mit der Zivilisation die Geschlechtsverbände endgültig in den Hintergrund drängt.« (»Wie Engels von der bürgerlichen ›Wissenschaft‹ widerlegt wird«, in: »Unter dem Banner des Marxismus«, Jahrgang VI, Heft 1/1932, Verlag für Literatur und Politik, Berlin 1932, S. 52/53)

Der letzte Halbsatz erweckt allerdings den falschen Eindruck, als würde das Gesetz der Produktion und Reproduktion des unmittelbaren Lebens in den Klassengesellschaften nicht mehr gelten, weil die Geschlechtsbande in den Hintergrund gedrängt wurden. Das zeigt, dass diese Auseinandersetzung in der kommunistischen Bewegung nicht zu Ende geführt worden war.

1943 merkten sowjetische Autoren in der offiziell autorisierten Ausgabe der Marx/Engels Werke in einer Fußnote zu Engels' Definition der doppelten Produktion und Reproduktion des unmittelbaren Lebens an:

»Hier ist Engels eine Ungenauigkeit unterlaufen, insofern als er die Fortpflanzung der Gattung und die Erzeugung von Existenzmitteln nebeneinanderstellt als die Bedingungen, die die Entwicklung der Gesellschaft und der gesellschaftlichen Einrichtungen bestimmen. In seinem Werk ›Der Ursprung der Familie, des Privateigentums und des Staats‹ zeigt jedoch Engels selbst an Hand der Analyse des konkreten Materials,

*daß die materielle Produktionsweise der Hauptfaktor ist, der
die Entwicklung der Gesellschaft und der gesellschaftlichen
Einrichtungen bedingt.«* (Fußnote zu Engels' Vorwort zur ersten Auflage von »Der Ursprung der Familie, des Privateigentums und des Staats« von 1884, Marx/Engels, Ausgewählte
Schriften in zwei Bänden, Bd. 2, Berlin 1955, S. 160)

Für Marx und Engels waren jedoch der Erhalt und die Fortpflanzung der Gattung und die Erzeugung von Lebensmitteln
stets nur zwei Seiten im dialektischen Entwicklungsprozess
des menschlichen Lebens, wobei einmal die eine und einmal
die andere Seite in den Vordergrund rückt.

In der Klassengesellschaft ist eindeutig die Warenproduktion zur charakteristischen Seite dieser dialektischen Wechselbeziehung geworden. In der künftigen klassenlosen Gesellschaft wird dagegen der **kommunistische Mensch**, das in
jeder Beziehung gesellschaftliche Leben der klassenlosen
Gesellschaft, im Mittelpunkt der Produktion und Reproduktion des unmittelbaren Lebens stehen. Es ist eine scheinbare
Rückkehr der urkommunistischen Lebensverhältnisse auf
höherer Grundlage. Im REVOLUTIONÄREN WEG 19 heißt
es zu den Voraussetzungen für diese kommunistische Gesellschaft:

*»Diese höhere Phase der kommunistischen Gesellschaft hat
jedoch zwei elementare Voraussetzungen, die in enger, gegen-
seitiger Abhängigkeit stehen: **erstens** ein hohes Niveau der Entwicklung der Produktivkräfte und einen damit verbundenen
Reichtum der Gesellschaft, der es zuläßt, die Bedürfnisse aller
zu befriedigen, und **zweitens** ein hochentwickeltes sozialistisches Bewußtsein der Menschen, für die die Arbeit nicht nur
Mittel zum Leben ist, sondern der bewußte Einsatz für das Ge-
meinwohl der ganzen Gesellschaft.«* (Willi Dickhut, »Der staats-
monopolistische Kapitalismus in der BRD«, Bd. II, Stuttgart
1979, S. 509)

Die KPdSU gab 1954 ein Lehrbuch der Politischen Ökonomie heraus. Es wurde auf Grundlage einer breiten Diskussion in der Partei im November 1951 zusammengestellt und von Stalin ausdrücklich gutgeheißen. Es gibt zweifellos eine gute Anleitung für die Aneignung der von der Politischen Ökonomie des Marxismus-Leninismus ermittelten Gesetzmäßigkeiten der kapitalistischen und sozialistischen Produktionsweise. Aber es enthält auch Einseitigkeiten und Mängel, die mit der Leugnung des doppelten Produktionsbegriffs von Marx und Engels zusammenhängen. In dem Lehrbuch ist zum Beispiel folgende Definition zu lesen:

*»Somit ist die **politische Ökonomie die Wissenschaft von der Entwicklung der gesellschaftlichen Produktionsverhältnisse, das heißt der ökonomischen Verhältnisse der Menschen. Sie ergründet die Gesetze, denen die Produktion und die Verteilung der materiellen Güter in der menschlichen Gesellschaft auf ihren verschiedenen Entwicklungsstufen unterworfen sind.«*** (»Politische Ökonomie, Lehrbuch I«, Dietz Verlag, Berlin 1955; westdeutsche Ausgabe, Druck-Verlags-Vertriebs-Kooperative, Frankfurt am Main 1971, S. 12)

Diese Begriffsbestimmung der Politischen Ökonomie des Marxismus-Leninismus geht nicht von der **Gesamtheit der Beziehungen der Menschen in der Gesellschaft** aus, ihrer Lebens- und Arbeitsweise, sondern engt den Gegenstand unzulässig ein: An die Stelle des Begriffs **der Produktion und Reproduktion des materiellen Lebens** setzt sie den Begriff der *»Produktion und Verteilung der materiellen Güter«.* Nach Marx aber ist der gesellschaftliche Produktionsprozess *»sowohl Produktionsprozeß der materiellen Existenzbedingungen des menschlichen Lebens wie ein in spezifischen, historisch-ökonomischen Produktionsverhältnissen vor sich gehender, diese Produktionsverhältnisse selbst und damit die Träger dieses Pro-*

zesses, ihre materiellen Existenzbedingungen und ihre gegen-
seitigen Verhältnisse, d. h. ihre bestimmte ökonomische Gesell-
schaftsform produzierender und reproduzierender Prozeß. Denn
das Ganze dieser Beziehungen, worin sich die Träger dieser Pro-
duktion zur Natur und zueinander befinden, worin sie produ-
zieren, **dies Ganze ist eben die Gesellschaft, nach ihrer**
ökonomischen Struktur betrachtet.« (»Das Kapital, Dritter
Band«, Marx/Engels, Werke, Bd. 25, S. 826/827 – Hervorhebungen Red. RW)

In dem Lehrbuch der KPdSU wird abweichend von diesem
allseitigen Verständnis unter **materieller Produktion** lediglich die Produktion von Gütern verstanden:

»Die Grundlage des Lebens der Gesellschaft ist die materielle
Produktion. Um zu leben, müssen die Menschen Nahrung,
Kleidung und andere materielle Güter haben. Um diese Güter
zu haben, müssen die Menschen sie produzieren, müssen sie
arbeiten.« (»Politische Ökonomie, Lehrbuch I«, Dietz Verlag,
Berlin 1955; westdeutsche Ausgabe, Druck-Verlags-Vertriebs-
Kooperative, Frankfurt am Main 1971, S. 7)

Auch wenn das Buch an keiner Stelle den doppelten Produktionsbegriff von Marx und Engels ausdrücklich kritisiert,
so kommt doch in diesen Formulierungen eine eindeutige Abgrenzung davon zum Ausdruck. Die Seite der Produktion von
Gütern wird fast wörtlich von Marx übernommen, die Seite der
Familie, der Erhaltung und Fortpflanzung des Menschen mit
keinem Wort erwähnt.

Schon 40 Jahre vor der Veröffentlichung der Schrift »Der Ursprung der Familie, des Privateigentums und des Staats«
schrieben Marx und Engels in »Die deutsche Ideologie«:

»Die Produktion des Lebens, sowohl des eignen in der Arbeit
wie des fremden in der Zeugung, erscheint nun schon sogleich
als ein **doppeltes Verhältnis – einerseits als natürliches,**

andrerseits als gesellschaftliches Verhältnis –, gesell-
schaftlich in dem Sinne, als hierunter das Zusammenwirken
mehrerer Individuen, gleichviel unter welchen Bedingungen, auf
welche Weise und zu welchem Zweck, verstanden wird. Hieraus
geht hervor, daß eine bestimmte Produktionsweise oder indu-
strielle Stufe stets mit einer bestimmten Weise des Zusammen-
wirkens oder gesellschaftlichen Stufe vereinigt ist, und diese Wei-
se des Zusammenwirkens ist selbst eine ›Produktivkraft‹ ...«
(Marx/Engels, Werke, Bd. 3, S. 29/30 – Hervorhebung Red. RW)

2. Die doppelte Ausbeutung der Masse der lohn- und gehaltsabhängigen Frauen

Will man dem Wehklagen von Unternehmerverbänden und Regierung Glauben schenken, wird in Deutschland heute kaum noch profitabel produziert. In Wirklichkeit hat 1997 ein Beschäftigter in der Industrie durchschnittlich Waren im Wert von 346 321 DM produziert, aber nur einen Bruttolohn oder ein Bruttogehalt von 64 121 DM erhalten. Umgerechnet auf die Arbeitsstunde benötigte ein Beschäftigter nur elf Minuten, um den seinem Lohn entsprechenden Wert zu erarbeiten. (Institut der deutschen Wirtschaft, »Zahlen zur wirtschaftlichen Entwicklung der BRD«, Deutscher Instituts-Verlag, Köln 1998, S. 64/65)

Um den Mehrwert exakt zu bestimmen, muss vom Umsatz nicht nur der Lohn, sondern auch der Wert der Rohstoffe, der Vorprodukte, des Energieverbrauchs und der Abnutzung von Maschinen und Anlagen abgezogen werden. Diese Werte sind Ergebnis vorangegangener Produktion, werden aber erst durch die Leistung der Arbeiter auf das neue Produkt übertragen. Durch den Verkauf der Waren (Umsatz) realisiert der Kapitalist das für Rohstoffe, Vorprodukte, Maschinen und Löhne vorgeschossene Kapital und den darüber hinausgehenden Mehrwert (Profit). Der Umsatz je Arbeiter und der Lohnanteil am Umsatz sind also kein absolutes Maß für die kapitalistische Ausbeutung, aber wichtige Gradmesser für ihre Entwicklung.

Die Kapitalisten sind bestrebt, den Mehrwert möglichst hoch zu treiben. Das gilt besonders für die herrschenden Monopole, für die nur Höchstprofite interessant sind. Dazu dienen die Verlängerung des Arbeitstags und die Verkürzung der notwendigen Arbeitszeit, die die Arbeiter brauchen, um den Gegenwert für ihren Lohn zu erarbeiten. Das geschieht durch Steigerung der Arbeitsproduktivität mittels besserer Technik, besserer Organisation der Produktionsabläufe und Steigerung der Arbeitsintensität durch neue Antreibermethoden.

Durch die Einführung der modernen Lean Production und durch Flexibilisierung der Arbeitszeit wurde in der monopolisierten Großindustrie die Ausbeutung in den letzten Jahren extrem gesteigert. Von 1991 bis 1997 stieg der Umsatz je Arbeiterstunde von 218,40 DM um 60 % auf 347,80 DM. Der Lohnanteil am Umsatz sank in dieser Zeit von 11,9 % auf 9,6 %. Die Monopole sind bestrebt, die Löhne möglichst niedrig zu halten. Dabei haben sie in den letzten Jahren absolute Lohnsenkungen möglichst vermieden, um offenen Klassenauseinandersetzungen aus dem Weg zu gehen. Sie bevorzugen den indirekten Lohnabbau, indem sie zum Beispiel über Preiserhöhungen die Reallöhne entwerten und durch Erhöhung der direkten und indirekten Steuern und Sozialversicherungsabgaben mit Hilfe des Staates die Nettolöhne senken.

Von ihrem Lohn kaufen die Arbeiterfamilien, was sie zum Leben brauchen. Welche und wie viele Waren für notwendig gehalten werden, hängt von den natürlichen Gegebenheiten eines Landes ab, vor allem aber von der jeweiligen Stufe der gesellschaftlichen Organisation der Arbeit und der Familie.

Die bürgerliche Statistik hat für die monatlichen Lebenshaltungskosten einer vierköpfigen Familie von Arbeitern und

Tabelle 1:
Entwicklung der Lebenshaltungskosten für eine durchschnittliche Arbeiterfamilie

| Jahr | Monatliche Verbrauchsausgaben je Haushalt[1] | | | |
| | alte Bundesländer | | | neue Bundesländer |
	nominale Kosten in DM	Preis-index	reale Kosten in Preisen von 1970, in DM	nominale Kosten in DM
1968	928,09			
1970	1 089,17	100,0	1 089,17	
1975	1 801,21	133,8	1 346,20	
1980	2 443,15	161,9	1 509,05	
1985	2 861,81	195,5	1 463,84	
1990[2]	3 452,39	208,7	1 641,30	
1991	3 773,13	216,5	1 742,76	2 568,99
1992	3 976,24	225,3	1 764,86	2 965,38
1993	3 986,62	233,8	1 705,14	3 201,85
1994	3 957,97	240,3	1 647,10	3 344,78
1995	4 103,06	244,4	1 678,83	3 364,35
1996	4 265,23	247,6	1 722,63	3 540,64
1997	4 292,58	253,4	1 694,00	3 556,29

[1] »4-Personen-Arbeitnehmerhaushalte mit mittlerem Einkommen«
[2] Von 1986 an sind die Zahlen mit denen der vorangegangenen Jahre wegen Änderungen in der Systematik nur eingeschränkt vergleichbar.

Quelle: »Arbeits- und Sozialstatistik« 1998 des Bundesministeriums für Arbeit; eigene Berechnungen

Angestellten mit mittlerem Einkommen in Deutschland die in Tabelle 1 genannten Zahlen berechnet. Der durchschnittliche monatliche Nettoverdienst eines männlichen Facharbeiters im produzierenden Gewerbe (verheiratet, zwei Kinder) lag 1997 einschließlich Kindergeld, Urlaubs- und Weihnachtsgeld nur bei etwa 3 800 DM in den alten und bei etwa 3 160 DM in den neuen Bundesländern. (»Statistisches Taschenbuch '98«, Bundesministerium für Arbeit und Sozialordnung, 5.15 und 5.16; eigene Berechnungen) Der Großteil der Arbeiter erreicht ein solches Einkommen überhaupt nicht. Daraus wird deutlich, dass für die meisten Arbeiterfamilien das Einkommen einer Erwerbsperson nicht ausreicht, um die Lebenshaltungskosten der Familie zu decken. Dadurch sind sie gezwungen, dass mindestens ein weiteres Familienmitglied seine Arbeitskraft gegen Lohn verkauft.

Die **massenhafte Einbeziehung von Frauen in den öffentlichen Produktionsprozess** ist für die Kapitalisten eine **Methode, das allgemeine Lohnniveau der Arbeiterklasse zu senken.** Über diesen gesetzmäßigen Prozess schrieb Friedrich Engels:

».. wo jeder in der Familie arbeitet, braucht der einzelne um soviel weniger zu erhalten, und die Bourgeoisie hat die Gelegenheit zur Beschäftigung und Rentbarmachung der Weiber ... zur Herabdrückung des Lohns weidlich benutzt.« (»Die Lage der arbeitenden Klasse in England«, Marx/Engels, Werke, Bd. 2, S. 308)

Der Wert der weiblichen Arbeitskraft wird allgemein viel geringer bewertet als der Wert der männlichen Arbeitskraft. 1996 lagen die Wochenlöhne der Industriearbeiterinnen in Westdeutschland bei 72,1 % und in Ostdeutschland bei 77,1 % der Wochenlöhne der Industriearbeiter. Das Monatsgehalt weiblicher Angestellter in der Industrie lag in Westdeutschland sogar nur bei 68,2 %, in Ostdeutschland bei 75,2 % des Gehalts der männlichen Angestellten. (»Frauen in der BRD«, Hrsg. Bundesministerium für Familie, Senioren, Frauen und Jugend, Bonn 1998, S. 67/68)

Die Kapitalisten versuchen zwar nicht die Tatsache, aber die Gründe für die Lohn- und Gehaltsunterschiede zwischen Männern und Frauen zu vertuschen. So hieß es in einer Broschüre der Bundesvereinigung Deutscher Arbeitgeberverbände (BDA):

»... es gibt eine Reihe sachlicher Gründe für diese Verdienstunterschiede. Sie liegen in der bisher immer noch ungünstigeren Qualifikationsstruktur der Arbeiterinnen, ferner in kürzeren Arbeitszeiten der Frauen, im Wegfall von Zuschlägen (weniger zuschlagspflichtige Mehrarbeit, keine zuschlagspflichtige Nachtarbeit bei Arbeiterinnen) sowie darin, daß weibliche Angestellte überwiegend im kaufmännischen Bereich und weniger im höherbezahlten technischen Bereich tätig sind. Nicht zuletzt sind sie das Ergebnis von Unterschieden im allgemeinen Lohn- und Gehaltsniveau der Wirtschaftszweige, in denen vor allem Frauen beschäftigt sind.« (Bundesvereinigung der Deutschen Arbeitgeberverbände e. V., »Chancen für Frauen in der Wirtschaft«, Deutscher Instituts-Verlag, Köln 1989, S. 46)

Diese Gründe berühren alle nicht den Kern der Sache. Der erheblich niedrigere Durchschnittslohn oder das niedrigere Durchschnittsgehalt der werktätigen Frauen sind Ausdruck **ihrer doppelten Ausbeutung im Kapitalismus.** Diese beruht wesentlich auf der Produktion und Reproduktion der Arbeitskraft in der **privat organisierten Einzelfamilie** und der Tatsache, dass diese Tätigkeit hauptsächlich auf die Frauen abgewälzt wird.

Der Umfang der **in den privaten Einzelhaushalten zu leistenden unbezahlten Arbeit** ist erheblich: 1992 umfasste sie in Deutschland 95,5 Milliarden Arbeitsstunden gegenüber 60 Milliarden Stunden bezahlter Erwerbsarbeit. Von der unbezahlten Arbeit wurden 76 % für Hauswirtschaft, 11 % für Pflege und Betreuung, 9 % für handwerkliche Tätigkeiten und 4 % für ehrenamtliche soziale Tätigkeit aufgewandt. Hinzu kommen 10 Milliarden Stunden unbezahlter Wegezeit für die Erwerbsarbeit.

Frauen leisten wöchentlich 35 Stunden, Männer 19,5 Stunden dieser unbezahlten Familienarbeit. Das Ausmaß der Belastung berufstätiger Mütter liegt nach Erhebungen der Gewerkschaften bei 12 bis 16 Stunden täglich. Die Hälfte von ihnen leistet eine 90-Stunden-Woche. (»Zeit im Blickfeld, Ergebnisse einer repräsentativen Zeitbudgeterhebung«, Hrsg. Bundesministerium für Familie, Senioren, Frauen und Jugend, Köln 1996, S. 6, 7 und 42)

Die Hausarbeit in der Familie hat keinen Tauschwert, weil sie nicht als Ware in Erscheinung tritt und für den Eigenbedarf geleistet wird. Somit existiert eine Art innerfamiliäres ökonomisches Verhältnis, das **naturalwirtschaftlichen** Charakter hat. Der Mann als so genannter Alleinverdiener kauft die Leistung seiner Frau in der Hausarbeit nicht. Deshalb kann nicht davon die Rede sein, dass er sie ausbeutet, das heißt sich unbezahlte Arbeit der Hausfrau aneignet. Die Hausfrau hat kein eigenes Einkommen. Sie ist ökonomisch abhängig vom Einkommen des Mannes, das die Kosten für Produktion und Reproduktion der ganzen Familie abdecken muss.

Die Kapitalisten machen sich vermittels der bürgerlichen Familienordnung den **Gebrauchswert der Hausarbeit** zu eigen, der gerade in ihrem Produkt besteht: der potenziellen Ware Arbeitskraft. So ist die unbezahlte Arbeitskraft in der Familie eine **notwendige Bedingung für die Produktion und Reproduktion des Kapitals**. Dass die Hausarbeit ökonomisch wertlos erscheint, obwohl ihr Gebrauchswert für die Kapitalisten unverzichtbar ist, wirft ein grelles Licht auf die Widersinnigkeit der kapitalistischen Produktionsweise.

Frauen, die der Kapitalistenklasse angehören, müssen ihre Arbeitskraft nicht gegen Lohn verkaufen, wenn sie leben wollen. Sie sind vielmehr selbst Nutznießerinnen der Ausbeutung der Lohnarbeit. Aber auch ihre häusliche Arbeitskraft in der Familie ist im kapitalistischen Sinn wertlos.

Die Masse der berufstätigen Frauen wird ausgebeutet, indem sie ihre Arbeitskraft an einen Kapitalisten verkauft. Darin besteht kein Unterschied zu den Männern. Ihre **doppelte Ausbeutung** kommt in der noch geringeren Bezahlung der weiblichen Arbeitskraft gegenüber der männlichen zum Ausdruck. Das hat zwei hauptsächliche Gründe:

1. **steht die Arbeitskraft der Frauen,** insbesondere wenn es in der Familie Kinder gibt, aufgrund ihrer Belastungen in der häuslichen Familienarbeit **nicht uneingeschränkt zur Ausbeutung zur Verfügung.** Der Kapitalist stellt in Rechnung, dass weibliche Arbeitskraft in der privaten Hausarbeit verbraucht wird. Da der Kapitalist nicht die geleistete Arbeit entlohnt, sondern die für die Ausbeutung zur Verfügung stehende Arbeitskraft kauft, führt das allgemein zu einer **niedrigeren Bewertung.** Frauen verfügen zudem wegen ihrer Rolle in der Familie zum Teil über eine geringere Qualifizierung und Berufserfahrung.

2. wird weibliche Erwerbstätigkeit im Kapitalismus überwiegend immer noch **nicht als Arbeit für einen selbständigen Lebensunterhalt bewertet,** sondern als Hinzuverdienst zum Einkommen des Ehemanns, dem die hauptsächliche Aufgabe des Unterhalts der Familie zugeschrieben wird. Die Kapitalisten gehen davon aus, dass die Reproduktionskosten für die Frau nicht noch einmal denselben Umfang benötigen wie für den Mann, da viele Dinge bereits durch den Verdienst des Mannes finanziert sind. Deshalb wird der Großteil der Teilzeitarbeitsplätze oder der Jobs mit Niedriglöhnen und -gehältern von Frauen besetzt.

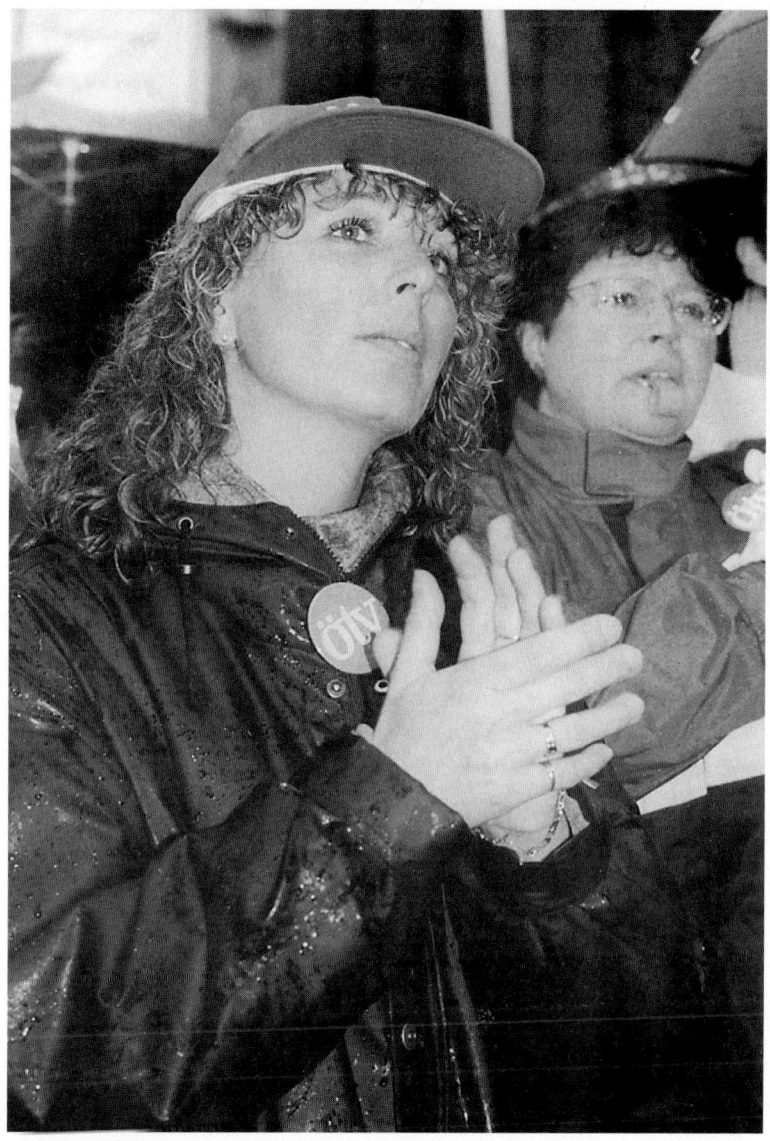

Arbeiterinnen erhalten ein Viertel, Angestellte ein Drittel weniger Lohn als ihre männlichen Kollegen.

Als Wirkung des kleinbürgerlichen Feminismus ist die Ansicht weit verbreitet, die doppelte Ausbeutung der Frau bezöge sich auf die Ausbeutung im Betrieb einerseits und die unbezahlte Hausarbeit andererseits. Diese Kritik geht jedoch von einem grundsätzlich falschen Verständnis der kapitalistischen Ausbeutung aus und führt zu der spalterischen kleinbürgerlich-feministischen Theorie von der Ausbeutung der Frau durch den Mann. Familienarbeit ist aber **keine kapitalistische Ausbeutung**, weil nicht für den Austausch, sondern für den eigenen Bedarf produziert wird. Karl Marx betonte im »Kapital«:

»Ein Ding kann Gebrauchswert sein, ohne Wert zu sein ... Ein Ding kann nützlich und Produkt menschlicher Arbeit sein, ohne Ware zu sein. Wer durch sein Produkt sein eigenes Bedürfnis befriedigt, schafft zwar Gebrauchswert, aber nicht Ware ... Um Ware zu werden, muß das Produkt dem andern, dem es als Gebrauchswert dient, durch den Austausch übertragen werden.« (Marx/Engels, Werke, Bd. 23, S. 55)

Familienarbeit ist auch **keine entfremdete Arbeit**, die durch einen Ausbeuter unmittelbar angeeignet wird. Das Produkt der Familienarbeit bleibt Eigentum der Familie. Die Arbeitskraft wird erst zur Ware durch das Kapitalverhältnis, also dadurch, dass der Arbeiter sie verkauft und der Kapitalist sie kauft und im kapitalistischen Produktionsprozess als Lohnarbeit einsetzt. Außerhalb dieses Produktionsprozesses gehört der Arbeiter, im Unterschied zu Sklaven und Leibeigenen früherer Klassengesellschaften, nicht dem Ausbeuter.

Die kleinbürgerlich-feministische Theorie von der Ausbeutung der Frau durch den Mann dient ebenso wie die Forderung nach einem »Hausfrauenlohn« der Vertuschung der gesellschaftlich bedingten Ausbeutungsverhältnisse im Kapitalismus. Die eigentliche Ursache, sowohl für die Ausbeutung der Lohnarbeiter wie für die doppelte Ausbeutung der Masse der lohn- und gehaltsabhängigen Frauen, liegt in der kapitalisti-

schen Lohnarbeit. Erst wenn nicht mehr für den Profit, sondern für die Befriedigung der Bedürfnisse der Gesellschaft produziert wird, kann auch der Unterschied in der Bewertung von
gesellschaftlicher Produktionsarbeit und privater Hausarbeit
verschwinden. Die unwissenschaftliche und kleinbürgerliche
Kritik der doppelten Ausbeutung der Frau läuft auf die Spaltung von Männern und Frauen hinaus und leugnet die **Notwendigkeit, den Kapitalismus zu überwinden und die
Familie als Wirtschaftseinheit und die private Organisation des menschlichen Lebens aufzuheben.**

3. Die bürgerliche Staats- und Familienordnung

Es ist die Aufgabe der Staats- und Familienordnung, das gesellschaftliche Leben der Klassengesellschaft zu gewährleisten,
das heißt die Herrschaft der Ausbeuterklasse aufrechtzuer-
halten und ausgebeutete und unterdrückte Klassen niederzu-
halten. Den Zusammenhang von Staats- und Familienordnung
beschrieb Friedrich Engels so:

*»Die der Zivilisation entsprechende und mit ihr definitiv zur
Herrschaft kommende Familienform ist die Monogamie, die
Herrschaft des Mannes über die Frau, und die Einzelfamilie
als wirtschaftliche Einheit der Gesellschaft. Die Zusammen-
fassung der zivilisierten Gesellschaft ist der Staat, der in allen
mustergültigen Perioden ausnahmslos der Staat der herrschenden Klasse ist und in allen Fällen wesentlich Maschine
zur Niederhaltung der unterdrückten, ausgebeuteten Klasse
bleibt.«* (»Der Ursprung der Familie, des Privateigentums und
des Staats«, Marx/Engels, Werke, Bd. 21, S. 170/171)

Die **bürgerliche Staats- und Familienordnung** stellt den
Kern des politischen Überbaus dar, der die kapitalistische

Gesellschaft aufrechterhalten soll, und ist auch auf Gedeih und Verderb mit ihr verbunden. Im staatsmonopolistischen Kapitalismus ist der Staat vollständig den Monopolen untergeordnet und ihre Organe sind mit den Organen des Staats verschmolzen. Die Monopole üben ihre wirtschaftliche und politische Herrschaft über die gesamte Gesellschaft aus.

Über den antagonistischen Charakter der bürgerlichen Einzelfamilie führte Friedrich Engels aus:

»Die moderne Einzelfamilie ist gegründet auf die offne oder verhüllte Haussklaverei der Frau, und die moderne Gesellschaft ist eine Masse, die aus lauter Einzelfamilien als ihren Molekülen sich zusammensetzt. Der Mann muß heutzutage in der großen Mehrzahl der Fälle der Erwerber, der Ernährer der Familie sein, wenigstens in den besitzenden Klassen, und das gibt ihm eine Herrscherstellung, die keiner juristischen Extrabevorrechtung bedarf. Er ist in der Familie der Bourgeois, die Frau repräsentiert das Proletariat.« (ebenda, S. 75)

Die Einzelfamilien bilden die wirtschaftlichen Grundeinheiten, aus denen sich die bürgerliche Gesellschaft zusammensetzt. Sie stellen sowohl die wesentliche Bedingung für die private Aneignung der gesellschaftlichen Produktion durch die Kapitalisten dar als auch für die freie Lohnarbeit der Arbeiterklasse. In den Einzelfamilien und zwischen ihnen spiegelt sich der die Gesellschaft prägende Klassengegensatz zwischen der Klasse der kapitalistischen Ausbeuter und der Klasse der ausgebeuteten Proletarier wider. In der bürgerlichen Familie äußert er sich als Gegensatz von Mann und Frau.

Dieser **Antagonismus zwischen Mann und Frau** liegt der klassischen Einzelehe jedoch nicht erst seit der gesellschaftlichen Stufe des Kapitalismus zugrunde, sondern ist ihr grundlegender Charakter seit der Herausbildung der Klassengesellschaft überhaupt. Dazu schrieb Friedrich Engels:

»So tritt die Einzelehe keineswegs ein in die Geschichte als die Versöhnung von Mann und Weib, noch viel weniger als ihre höchste Form. Im Gegenteil. Sie tritt auf als Unterjochung des einen Geschlechts durch das andre, als Proklamation eines bisher in der ganzen Vorgeschichte unbekannten Widerstreits der Geschlechter ... Der erste Klassengegensatz, der in der Geschichte auftritt, fällt zusammen mit der Entwicklung des Antagonismus von Mann und Weib in der Einzelehe, und die erste Klassenunterdrückung mit der des weiblichen Geschlechts durch das männliche. Die Einzelehe war ein großer geschichtlicher Fortschritt, aber zugleich eröffnet sie neben der Sklaverei und dem Privatreichtum jene bis heute dauernde Epoche, in der jeder Fortschritt zugleich ein relativer Rückschritt, in dem das Wohl und die Entwicklung der einen sich durchsetzt durch das Wehe und die Zurückdrängung der andern. Sie ist die Zellenform der zivilisierten Gesellschaft, an der wir schon die Natur der in dieser sich voll entfaltenden Gegensätze und Widersprüche studieren können.« (ebenda, S. 68)

Die Geschichte der Klassengesellschaften widerspiegelt sich in der Geschichte der ihnen zugehörigen Typen von Einzelfamilien. **Die römische Familie war** der vollendete Typus der patriarchalischen Familienform, die **Miniaturform der Sklavenhaltergesellschaft**. Das Wort *familia* stammt von den Römern und bedeutet ursprünglich die Gesamtheit der einem Mann gehörenden Hausklaven (lateinisch: *famulus*). Das Wesen der patriarchalischen Familie im alten Rom war die Einverleibung der Unfreien und die väterliche Gewalt über die ganze Familie. Weib, Kinder und Sklaven waren gleichermaßen der patriarchalischen Gewalt unterworfen, die Gewalt über Leben und Tod aller Familienmitglieder einschloss.

Die **feudal-patriarchalischen Familienverhältnisse** drückten die Bedingungen der Leibeigenschaft aus. Die Frau war nicht mehr Eigentum des Mannes, aber ihre rechtliche

Stellung war der des Mannes klar untergeordnet. Nach dem Recht der Kirche hatte *»das Weib dem Manne untertan«* zu sein. Außerhalb der Hauswirtschaft, im gesellschaftlichen Leben standen den Frauen keinerlei Rechte zu. In der Regel hatten sie auch kein oder nur ein eingeschränktes Erbrecht. Die Bauern waren zu Frondiensten gegenüber den Feudalherren verpflichtet. Der Feudalherr nahm sich das Recht, beliebig außerehelich zu verkehren. Er entschied über die Heiraten seiner Gefolgsleute und besaß gegenüber den Bräuten *»das Recht der ersten Nacht«.*

Der Fabrikbesitzer, der Kaufmann oder Bankdirektor verkörperte gegenüber dem reaktionären feudalen Patriarchen eine neue Lebensweise. Er verrichtete seine Erwerbstätigkeit außer Haus in der öffentlichen Industrie und verdiente die Mittel für den Lebensunterhalt. Die Frau blieb zuständig für die private Hausarbeit und die Erziehung der Kinder. Damit bildete sich der Kern der **bürgerlichen Familienordnung** heraus, die **ökonomische Abhängigkeit der ganzen Familie von den Einkünften des allein erwerbstätigen Mannes**.

Die bürgerliche Ehe bildet zweifellos einen wichtigen Fortschritt gegenüber der patriarchalischen Einzelehe im Feudalismus: erstens dadurch, dass die **Ehe ein von beiden Teilen freiwillig eingegangener Vertrag** sein muss, der auch beiderseits freiwillig wieder gelöst werden kann; zweitens weil auch während der Ehe beide Teile einander **mit gleichen Rechten und Pflichten** gegenüberstehen. Die Kritik an der patriarchalischen Einzelehe war wichtiger Bestandteil der bürgerlich-demokratischen Revolution und wurde zu einer bedeutenden Grundlage der bürgerlichen klassischen Literatur und Kunst.

Doch die gesellschaftliche Wirklichkeit wird nicht von formalen Rechten und Pflichten bestimmt, sondern von den ökonomischen Verhältnissen, in denen sie Anwendung finden sollen.

Die vollständige rechtliche Gleichstellung von Mann und Frau in der modernen Familie lässt in Wahrheit nur die Notwendigkeit der wirklichen gesellschaftlichen Gleichstellung grell hervortreten, die im Rahmen der bürgerlichen Familienordnung und der kapitalistischen Gesellschaft unmöglich ist. Vor allem warfen die Jahrhunderte währenden Traditionen und Gewohnheiten der patriarchalischen Familie des Feudalismus noch lange Zeit ihre Schatten in die bürgerliche Gesellschaft. Es dauerte in Deutschland bis in die Zeit nach dem Hitler-Faschismus, bis die bürgerliche Familie ihre feudalpatriarchalische Prägung ablegte. Doch der Einfluss patriarchalischer Denk- und Verhaltensmuster war auch damit noch nicht beseitigt.

Für die Frauen bedeutet die bürgerliche Ehe enge **Bindung an den Haushalt**, Fernhalten von der gesellschaftlich organisierten Warenproduktion und relative **Isolierung** vom gesellschaftlichen Leben. So ist die politische Entrechtung und Entwürdigung der Preis der bürgerlichen und eines Teils der kleinbürgerlichen Frauen, den sie für ihre privilegierte Stellung zu zahlen haben. Gegen die Heuchelei, die von Anfang an die bürgerliche Familienordnung begleitete, polemisierten Karl Marx und Friedrich Engels scharf:

*»Der liederliche Bourgeois umgeht die Ehe und begeht heimlichen Ehebruch ... der junge Bourgeois macht sich von seiner eignen Familie unabhängig, wenn er kann, löst für sich die Familie praktisch auf; **aber die Ehe, das Eigentum, die Familie** bleiben theoretisch unangetastet, weil sie **praktisch die Grundlagen** sind, **auf denen die Bourgeoisie ihre Herrschaft errichtet** hat, weil sie in ihrer Bourgeoisform die Bedingungen sind, die den Bourgeois zum Bourgeois machen ... Dieses Verhältnis des Bourgeois zu seinen Existenzbedingungen erhält eine seiner allgemeinen Formen in der bürgerlichen Moralität. Es ist überhaupt nicht von ›der‹ Familie zu*

sprechen. Die Bourgeoisie gibt historisch der Familie den Cha-
rakter der bürgerlichen Familie, worin die Langweile und das
Geld das Bindende ist und zu welcher auch die bürgerliche Auf-
lösung der Familie gehört, bei der die Familie selbst stets fort-
existiert. Ihrer schmutzigen Existenz entspricht der heilige Be-
griff in offiziellen Redensarten und in der allgemeinen Heu-
chelei.« (»Die Deutsche Ideologie«, Marx/Engels, Werke, Bd. 3,
S. 164 – Hervorhebung Red. RW)

Die Einzelehe bedeutet in allen Klassengesellschaften für die
Ehefrauen **Monogamie** und für die Männer **Hetärismus**, also
außerehelichen Verkehr, der sich im Lauf der Zeit immer mehr
zur offenen Prostitution entwickelte. Der Zweck der Monogamie
ist die Erzeugung von Kindern mit unbestrittener Vaterschaft,
die in das väterliche Erbe eintreten können. Die ökonomische
Notwendigkeit dieser größeren Festigkeit des Ehebandes in
der monogamen Familie, das namentlich im Christentum mit
dem Siegel *»bis dass der Tod euch scheidet«* versehen wurde,
ergibt sich allein aus dem **Privatbesitz.**

Die Geschichte der Klassengesellschaften bringt aber nicht
nur die jeweils für die gesellschaftliche Stufe typische Familienform hervor, sondern eine unter den besitzlosen und unterdrückten Klassen verbreitete **Form des Zusammenlebens,**
die **wirklich auf Liebe beruht.** Dazu schrieb Friedrich
Engels:

»Wirkliche Regel im Verhältnis zur Frau wird die Geschlechts-
liebe und kann es nur werden unter den unterdrückten Klas-
sen, also heutzutage im Proletariat – ob dies Verhältnis nun ein
offiziell konzessioniertes oder nicht. Hier sind aber auch alle
Grundlagen der klassischen Monogamie beseitigt. Hier fehlt
alles Eigentum, zu dessen Bewahrung und Vererbung ja gera-
de die Monogamie und die Männerherrschaft geschaffen wur-
den, und hier fehlt damit auch jeder Antrieb, die Männerherr-
schaft geltend zu machen. Noch mehr, auch die Mittel fehlen;

das bürgerliche Recht, das diese Herrschaft schützt, besteht nur für die Besitzenden und deren Verkehr mit den Proletariern; es kostet Geld und hat deshalb armutshalber keine Geltung für die Stellung des Arbeiters zu seiner Frau ... Und vollends seitdem die große Industrie die Frau aus dem Hause auf den Arbeitsmarkt und in die Fabrik versetzt hat und sie oft genug zur Ernährerin der Familie macht, ist dem letzten Rest der Männerherrschaft in der Proletarierwohnung aller Boden entzogen – es sei denn etwa noch ein Stück der seit Einführung der Monogamie eingerissenen Brutalität gegen Frauen.« (Marx/Engels, Werke, Bd. 21, S. 73/74)

Die individuelle Geschlechtsliebe und wirkliche Gleichberechtigung als Grundlage der Beziehung zwischen Mann und Frau kann erst dann allgemein wirksam werden, wenn mit dem Übergang der Produktionsmittel in Gemeineigentum die Einzelfamilie aufhört, wirtschaftliche Einheit zu sein.

Mit dem Aufkommen des Kapitalismus wurde auch die alte, über Jahrhunderte relativ stabile Familienordnung zerschlagen, die die Lebensweise der Masse der Bevölkerung in der feudalen Gesellschaft geprägt hatte. Ihre Familien waren zumeist Produktions- und Lebensgemeinschaften auf dem Land, an denen vom Kind bis zum Greis alle gleichermaßen teilhatten. Ihnen oblag die Versorgung aller Familienmitglieder.

Das schnell wachsende Proletariat sprengte die dörfliche Enge dieser Familien, als es in die großen Städte zog. Lebten 1871 noch 63,9 % der Bevölkerung in Gemeinden mit weniger als 2 000 Einwohnern, waren es 1910 nur noch 40 %. Hatten 1871 noch 36,1 % in Städten (davon 4,8 % in Großstädten) gelebt, waren es 1910 bereits 60 % (davon 21,3 % in Großstädten). (Jürgen Kuczynski, »Die Geschichte der Lage der Arbeiter unter dem Kapitalismus«, Bd. 3, Akademie-Verlag, Berlin/DDR 1962, S. 253)

Die Lebensbedingungen der Masse der Proletarier in den Städten ließen aber für sie den Übergang zu neuen, bürgerlichen Familienverhältnissen gar nicht zu. Insbesondere im vorimperialistischen Stadium des Kapitalismus konnte das bürgerliche Familienideal nur in den Familien der Bourgeoisie und in Teilen des Kleinbürgertums verwirklicht werden. Dazu heißt es im »Kommunistischen Manifest« von Karl Marx und Friedrich Engels:

»Worauf beruht die gegenwärtige, die bürgerliche Familie? Auf dem Kapital, auf dem Privaterwerb. Vollständig entwickelt existiert sie nur für die Bourgeoisie; aber sie findet ihre Ergänzung in der erzwungenen Familienlosigkeit der Proletarier und der öffentlichen Prostitution.« (Marx/Engels, Werke, Bd. 4, S. 478)

Die Familien der herrschenden Klasse haben die Hauptaufgabe, das Privateigentum an Produktionsmitteln durch Vererbung an die leiblichen Kinder zu sichern und zu vermehren und Nachkommen für die herrschende Klasse zu züchten. Die Familien der unterdrückten Klasse dagegen haben die Hauptaufgabe, die menschliche Arbeitskraft zu produzieren und zu reproduzieren, damit sie immer wieder neu für die Ausbeutung durch die herrschende Klasse zur Verfügung steht.

Der Grundwiderspruch im Kapitalismus zwischen gesellschaftlicher Produktion und privater Aneignung bedingt den Widerspruch zwischen gesellschaftlicher Produktion der materiellen Güter und privater Produktion und Reproduktion der menschlichen Arbeitskraft. Dieser antagonistisch gewordene Widerspruch zwischen den beiden Arten der Produktion und Reproduktion des unmittelbaren Lebens stürzte die Proletarierfamilien im Kapitalismus der freien Konkurrenz in größte existentielle Not.

Die Wohnverhältnisse der Proletarierfamilien waren erbärmlich. Wo sie nicht in Bretterbuden am Rand der Städte hausen mussten, wurden sie in Mietskasernen gezwängt, die in billiger Bauweise aus dem Boden gestampft wurden – in dumpfe, ungeheizte Löcher, in schrecklicher Beengtheit für oft vielköpfige Familien. Dazu schrieb Friedrich Engels in »Die Lage der arbeitenden Klasse in England«:

»Die großen Städte sind hauptsächlich von Arbeitern bewohnt ... diese Arbeiter haben selbst durchaus kein Eigentum und leben von dem Arbeitslohn, der fast immer aus der Hand in den Mund geht; die in lauter Atome aufgelöste Gesellschaft kümmert sich nicht um sie, überläßt es ihnen, für sich und ihre Familien zu sorgen, und gibt ihnen dennoch nicht die Mittel an die Hand, dies auf eine wirksame und dauernde Weise tun zu können; jeder Arbeiter, auch der beste, ist daher stets der Brotlosigkeit, das heißt dem Hungertode ausgesetzt, und viele erliegen ihm ...« (Marx/Engels, Werke, Bd. 2, S. 304)

Die moderne Industrie zog massenhaft Frauen und Kinder, die vom Hunger dazu getrieben waren, in die Produktion. Sie stellten bald in manchen Industriezweigen die Mehrheit der Arbeitskräfte. Friedrich Engels schrieb über die Folgen für das Familienleben:

»So macht die soziale Ordnung dem Arbeiter das Familienleben fast unmöglich; ein unwohnliches, schmutziges Haus, das kaum zum nächtlichen Obdach gut genug, schlecht möbliert und oft nicht regendicht und nicht geheizt ist, eine dumpfige Atmosphäre im menschengefüllten Zimmer erlaubt keine Häuslichkeit; der Mann arbeitet den ganzen Tag, vielleicht auch die Frau und die älteren Kinder, alle an verschiedenen Orten, sehen sich nur morgens und abends – dazu die stete Versuchung zum Branntweintrinken; wo kann dabei das Familienleben existieren? Dennoch kann der Arbeiter der Familie nicht entrinnen, er muß in der Familie leben, und die Folge davon sind fortwährende Familienzerrüttungen und häusliche Zwiste, die sowohl auf die Eheleute wie namentlich auf ihre Kinder im höchsten Grade demoralisierend wirken. Vernachlässigung aller häuslichen Pflichten, Vernachlässigung besonders der Kinder ist nur zu häufig unter den englischen Arbeitern und wird nur

Mit der Einführung der Maschinen zogen Frauen und Kinder in die Fabriken ein.

zu sehr durch die bestehenden Einrichtungen der Gesellschaft hervorgebracht. Und Kinder, die auf diese Weise wild, in der demoralisierendsten Umgebung, zu der oft genug die Eltern selbst gehören, heranwachsen, die sollen nachher noch fein moralisch werden? Es ist wirklich zu naiv, welche Forderungen der selbstzufriedene Bourgeois an den Arbeiter stellt.« (ebenda, S. 356)

Es war vor allem die lebensnotwendige Lohnarbeit der Proletarierinnen, die mit der bürgerlichen Familienordnung unvereinbar wurde:

»Die Arbeit der Weiber löst vor allen Dingen die Familie gänzlich auf; denn wenn die Frau den Tag über 12 bis 13 Stunden in der Fabrik zubringt und der Mann ebendaselbst oder an einem andern Orte arbeitet, was soll da aus den Kindern werden? Sie wachsen wild auf wie Unkraut, sie werden zum Verwahren ausgemietet für einen oder anderthalb Shilling die Woche, und welch eine Behandlung ihnen da wird, läßt sich denken. Daher vermehren sich auch in den Fabrikdistrikten die Unglücksfälle, denen kleine Kinder wegen Mangels an Aufsicht zum Opfer fallen, auf eine schreckenerregende Weise ... Die Frauen kommen oft schon drei bis vier Tage nach der Niederkunft wieder in die Fabrik und lassen ihren Säugling natürlich zurück; in den Freistunden müssen sie eilig nach Hause laufen, um das Kind zu stillen und nebenbei selbst etwas zu genießen – was das für eine Stillung sein muß, ist klar.« (ebenda, S. 367/368)

Die wichtigsten Merkmale der **Familienlosigkeit** der Arbeiterinnen und Arbeiter im Kapitalismus der freien Konkurrenz bestanden:

- im fehlenden Eigentum
- in der Beschäftigung von immer mehr Frauen in der Industrie, was durch Arbeitsteilung und Mechanisierung erleichtert wurde

- in elenden Wohnverhältnissen
- in der fortwährenden Zerrüttung der Familienverhältnisse
- in fehlendem Mutterschutz
- im Fehlen jeglicher medizinischer Versorgung für die Arbeiterfamilien
- in der Unfähigkeit der bis zur Erschöpfung berufstätigen Männer und Frauen zur Haushaltsführung
- in der erzwungenen Vernachlässigung wichtiger Haushaltsfunktionen
- in der Verwahrlosung und Verwilderung der Kinder und der hohen Kindersterblichkeit
- in der Gleichgültigkeit gegenüber dem Familienleben oder gar in seiner Ablehnung
- in der Arbeitslosigkeit der Männer und der ökonomischen Abhängigkeit von ihren Frauen und Kindern
- in der Entwicklung gemeinschaftlich organisierter Einrichtungen zur Bewältigung des Alltagslebens
- in der Abwesenheit der Männer aufgrund von Arbeitsstellen fern ihrer Familien
- in der frühen Emanzipation der Kinder
- in der Demoralisierung der Arbeiter vor allem durch Alkohol

Die kleinbürgerlichen Sozialisten beklagten fortwährend die erbärmlichen Lebensverhältnisse und die Demoralisierung der unteren Klassen. Sie verkannten dabei das fortschrittliche Element, das dieser Entwicklung innewohnte, indem es die ganze Lebensorganisation des Kapitalismus in Frage stellte. Friedrich Engels polemisierte dagegen:

»Die Sozialisten sind durchaus zahm und friedfertig ... Dabei klagen sie fortwährend über die Demoralisation der unteren Klassen, sind blind gegen das Fortschrittselement in dieser Auflösung der gesellschaftlichen Ordnung und bedenken nicht, daß die Demoralisation des Privatinteresses und der Heuche-

lei unter den besitzenden Klassen bei weitem schlimmer ist.« (»Die Lage der arbeitenden Klasse in England«, Marx/Engels, Werke, Bd. 2, S. 452)

Die Familienlosigkeit in der Arbeiterklasse war auch eine wichtige materielle Bedingung für die Entstehung der sozialistischen Jugendbewegung. In einem 1919 erschienenen Buch des russischen Revolutionärs Georgij Tschitscherin heißt es dazu:

»Der Hauptfaktor, der zur Entstehung der sozialistischen Jugendbewegung geführt hatte, ist die kapitalistische Gesellschaftsordnung. Sie ist es gerade, die den Knaben und das Mädchen aus der Familie herausreißt, sie auf den Arbeitsmarkt hinausschleudert und sie bereits in den Kindheitsjahren zum Gegenstande der Herauspressung des Mehrwerts zu Gunsten der herrschenden Klasse macht. Aber zu gleicher Zeit vollzieht das die Jugend ausbeutende Kapital eine tiefe Umwälzung in ihren Beziehungen zur Familie und überhaupt in ihrem ganzen Bewußtsein. Wirtschaftlich steht die in die Reihen der Lohnarbeiterarmee eingetretene Jugend bereits auf eigenen Füßen und die Familie hört auf, für sie ein Ort des Schutzes und der Erziehung zu sein ... Kurz, das Dröhnen der Dampfhämmer und das Sausen der Räder der kapitalistischen Unternehmungen erweckt in den jungen Proletariern das Bewußtsein dessen, daß sie menschliche Persönlichkeiten mit eigenen Rechten und eigenen Pflichten sind.« (»Skizzen aus der Geschichte der Jugend-Internationale«, Nachdruck, Karl-Liebknecht-Verlag, Erlangen 1971, S. 44/45)

Auch Lenin betonte gegenüber der Verherrlichung der *»guten alten Zeit«* durch die Bewegung der *»Volkstümler«:*

»Die progressive Bedeutung des Kapitalismus besteht doch gerade darin, daß er die früher so beengten Verhältnisse des menschlichen Lebens zerstört hat, die geistige Stumpfheit erzeugten und es den Produzenten verwehrten, ihr Schicksal selbst in die Hand zu nehmen. Die gewaltige Entwicklung der

Handelsbeziehungen und des weltweiten Austausches, die stän-
dige Wanderung gewaltiger Bevölkerungsmassen haben die
althergebrachten Bindungen der Sippe, der Familie, der terri-
torialen Gemeinschaft gesprengt und jene Mannigfaltigkeit der
Entwicklung, jene ›Verschiedenheit der Talente‹, jenen ›Reich-
tum der gesellschaftlichen Verhältnisse‹ geschaffen, die in der
neuesten Geschichte des Westens eine so große Rolle spielen.«
(»Der ökonomische Inhalt der Volkstümlerrichtung«, Lenin,
Werke, Bd. 1, S. 428/429)

So elend die Lebensverhältnisse der Proletarierinnen er-
scheinen mochten, so sehr bereiteten sie auch die Lösung des
Antagonismus in ihrem Leben vor. Im »Kommunistischen
Manifest« heißt es dazu:

»Alle früheren Klassen, die sich die Herrschaft eroberten, such-
ten ihre schon erworbene Lebensstellung zu sichern, indem sie
die ganze Gesellschaft den Bedingungen ihres Erwerbs unter-
warfen. Die Proletarier können sich die gesellschaftlichen
Produktivkräfte nur erobern, indem sie ihre eigene bisherige
Aneignungsweise und damit die ganze bisherige Aneignungs-
weise abschaffen. Die Proletarier haben nichts von dem Ihrigen
zu sichern, sie haben alle bisherigen Privatsicherheiten und
Privatversicherungen zu zerstören.« (Marx/Engels, Werke, Bd. 4,
S. 472)

Die Förderung der Familienbindung unter den Arbeitern mit dem Aufkommen des Imperialismus

Durch die erzwungene Familienlosigkeit wurde die Funktion
der Arbeiterfamilie als Wirtschaftseinheit zur Produktion und
Reproduktion der menschlichen Arbeitskraft in Frage gestellt.

Es war unübersehbar, dass es gerade die familienlosen, ledigen Arbeiter und Arbeiterinnen waren, die sich zur Wehr
setzten, abwanderten, wenn ihnen die Arbeitsbedingungen

unerträglich wurden. David Crew stellte in einer Analyse über die Stadt Bochum fest:

»Zwischen 1880 und 1900 wuchs die Bevölkerung Bochums von 32 798 auf 64 702 – dies ist ein Zuwachs von 31 904. Der reale Geburtenüberschuß betrug etwa 21 097, so daß man annehmen kann, daß in diesen 20 Jahren mindestens 10 807 Zuwanderer nach Bochum gezogen sind. Örtliche Polizeiberichte geben an, daß der tatsächliche Umfang der Zuwanderung wesentlich größer war, und zwar insgesamt 232 092. Die gewaltige Diskrepanz zwischen den beiden Zahlen erklärt sich daraus, daß während des fraglichen Zeitraums mindestens 194 836 Personen die Stadt verlassen haben.« (David F. Crew, »Bochum, Sozialgeschichte einer Industriestadt 1860–1914«, Verlag Ullstein, Berlin 1980, S. 71)

Das rief mitunter schnell einen Mangel an Fachkräften hervor. Die familienlosen Arbeiterinnen und Arbeiter waren es auch, die sich an die Spitze der jungen, aufstrebenden Arbeiterbewegung stellten. Mit der Gewährung sozialer Reformen und der Förderung von Familienbindungen wurde dem entgegengewirkt. Das beschrieb David Crew so:

»Ein sicherer Arbeitsplatz und ein ständiges Einkommen waren für den verheirateten Arbeiter wichtiger als die ungewisse Aussicht auf eine Verbesserung der Lage in einer anderen Stadt. Daher nahm er eine unbefriedigende Arbeitsplatzsituation und niedrigere Löhne in Kauf. Die Bochumer Unternehmer wußten das durchaus, und sie versuchten, daraus Vorteile zu ziehen. So boten sie den verheirateten Arbeitern für ihre Loyalität eine gewisse Sicherheit an. Sie investierten beträchtliche Summen in Werkswohnungen und für andere Sozialmaßnahmen, entließen bei Wirtschaftsflauten zunächst die ledigen Arbeiter und erlaubten wenigstens in einem Fall, daß die verheirateten Arbeiter nach einem Streik an ihren Arbeitsplatz zurückkehren

durften. Die ledigen Arbeiter dagegen waren alle durch Streik-
brecher ersetzt worden.« (ebenda, S. 74)

Der Staat musste durch soziale Zugeständnisse und Gesetze
die Funktionsfähigkeit der Familie wiederherstellen und erhalten. Die Monopole brauchten eine stabile gesellschaftliche
Grundlage, auf der ihre imperialistische Politik funktionieren
konnte. Die imperialistische Entwicklung wiederum bescher-
te den kapitalistischen Monopolen Extraprofite, die ihnen er-
möglichten, eine privilegierte Schicht von Arbeitern mit einigen zusätzlichen Brosamen zufrieden zu stellen.

Unter dem Reichskanzler Bismarck wurde die Arbeiterbewegung mit dem Sozialistengesetz brutal unterdrückt – zugleich wurden zwischen 1883 und 1889 erstmals Gesetze zur
Krankenversicherung, Unfallversicherung und Altersversi-
cherung erlassen, die es bis dahin nur als gewerkschaftliche
Selbstorganisationen gegeben hatte. Offen bekundete Bismarck
den damit verfolgten Zweck:

»Wer eine Pension hat für sein Alter, der ist viel zufriedener
und viel leichter zu behandeln, als wer darauf keine Aussicht
hat. Sehen Sie den Unterschied zwischen einem Privatdiener
und einem Kanzleidiener oder einem Hofbedienten an; der letz-
tere wird sich weit mehr bieten lassen, viel mehr Anhänglich-
keit an seinen Dienst haben als jener; denn er hat Pension zu
erwarten.« (zitiert in: Jürgen Kuczynski, »Geschichte des All-
tags des deutschen Volkes«, Bd. 4, Pahl-Rugenstein Verlag,
Köln 1982, S. 47)

So sollte grundlegenden Forderungen der Arbeiterbewegung
durch soziale Zugeständnisse die Spitze genommen werden.
Die herrschende Klasse hatte den Wert der bürgerlichen Familienordnung für die Masse der Arbeiter zur Stabilisierung
ihrer Machtverhältnisse erkannt. Am 1. Januar 1900 trat das
Bürgerliche Gesetzbuch (BGB) in Kraft mit umfassenden Fest-
schreibungen der bürgerlichen Familienordnung, der noch

deutlich patriarchalisch-feudale Züge anhafteten. Danach war die Ehefrau dem Ehemann zu unbedingtem Gehorsam verpflichtet. Sein Name wurde Familienname. Er entschied in allen Angelegenheiten des ehelichen Lebens; er bestimmte den Wohnort, verwaltete das Vermögen, auch das der Ehefrau; während der Ehe erworbenes Vermögen gehörte ihm allein; er besaß die alleinige *»elterliche Gewalt«* über die Kinder. Wenn Frauen ein uneheliches Kind zur Welt brachten, wurde ein staatlicher Vormund verordnet. Die Ehefrau war verpflichtet, den Haushalt zu führen und, wenn vom Ehemann gewünscht, in dessen Geschäft zu helfen. Ein Arbeitsverhältnis mit Dritten durfte sie nur mit Zustimmung des Ehemanns eingehen. Selbst die jederzeitige sexuelle Verfügbarkeit für den Ehemann gehörte zu ihren *»ehelichen Pflichten«.* Erst 1958 wurden diese halbfeudalen Regelungen des Bürgerlichen Gesetzbuchs aufgehoben.

Auch wenn es den Imperialisten nur in einer privilegierten Schicht der Arbeiteraristokratie gelang, die bürgerliche Familienordnung zu verwirklichen, so wirkten doch diese Ehegesetze als Ordnungsfaktor bis in die untersten Schichten der Arbeiterklasse hinein.

Faschistische Familienpolitik

Der Hitler-Faschismus war nicht nur die **offen terroristische Herrschaft** der Monopole gegen die Arbeiterklasse, er war auch mit einem regelrechten Rückfall in das Dunkel feudaler Familienverhältnisse verbunden.

Frauen wurden mit Antritt der faschistischen Diktatur systematisch aus dem öffentlichen Leben vertrieben. Unter der Losung, dass *»Politik etwas der Frau Artfremdes«* sei (Gerda Szepansky, »Blitzmädel, Heldenmutter, Kriegerwitwe«, Fischer Taschenbuch Verlag, Frankfurt am Main 1986, S. 11), wurde ihnen das passive Wahlrecht, das heißt die Möglichkeit, in öffentliche Funktionen und Ämter gewählt zu werden, entzogen. In großen Bereichen des öffentlichen Dienstes verloren sie jeden Anspruch auf einen Arbeitsplatz.

Gleichzeitig wurde eine regelrechte Glorifizierung der Familie und der Mutterschaft betrieben. Schon in seinem programmatischen Buch »Mein Kampf« hatte Hitler erklärt:

*»Das **Ziel** der weiblichen Erziehung hat unverrückbar die kommende Mutter zu sein.«* (Adolf Hitler, »Mein Kampf«, Zentralverlag der NSDAP, München 1927, S. 460)

Geködert wurden die Frauen in faschistischen Massenorganisationen, insbesondere der NS-Frauenschaft, die 1941 über sechs Millionen Mitglieder zählte. 1934 hatte Hitler zu ihrer Aufgabe erklärt, das Programm der NS-Frauenschaft enthalte *»nur einen einzigen Punkt – und dieser Punkt heißt das Kind.«* (Hans-Jürgen Arendt, »Nationalsozialistische Frauenpolitik vor 1933«, dipa-Verlag, Frankfurt am Main 1995, S. 30)

Im Deutschen Frauenwerk und im Bund deutscher Mädel (BDM) wurde demagogisch eine *»Aufwertung«* der Frau als Hausfrau und Mutter sowie als *»Dienerin ihres Volkes«* betrieben. Mit Mutterkreuzen und Ehestandsdarlehen wurde die *»deutsche«* Frau in rassistischer Weise *»geehrt«*, um sie zugleich zur Produzentin des allein *»lebenswerten«* deutschen Volkes herabzuwürdigen. Ein Ehestandsdarlehen – 600 bis 1000 Reichsmark, rund fünf Monatslöhne eines Industriearbeiters – gab es nur, wenn die Frau ihren vorher ausgeübten Beruf aufgab. 1933 führten die Faschisten den *»Muttertag«* in Deutschland als feste Einrichtung ein. Dazu gab es seit 1939 das Mutterkreuz – allerdings erst ab dem vierten Kind.

Am 20. Juni 1938 wurde mit der jungen Kommunistin und Widerstandskämpferin Liselotte Herrmann erstmals eine Frau und Mutter von den Faschisten zum Tode verurteilt und hingerichtet – ein Schlag ins Gesicht der ganzen Familiendemagogie der Faschisten.

Am 18. März 1943 wurde wegen *»Beeinträchtigung der Lebenskraft des deutschen Volkes«* die Todesstrafe für denjenigen verordnet, der Beihilfe zur Abtreibung leistet, und für die betroffenen Frauen wurden wieder Zuchthausstrafen eingeführt. Diese Regelung wurde erst 1953 vom Deutschen Bundestag aufgehoben. (SPD Bayern, »Zusammenstellung von Daten und Fakten zur Reform des § 218«, München 1997, S. 1; Tursky-Hartmann, »Die Berichterstattung über Abtreibung im ›Spiegel‹ von 1975–1990«, Magisterarbeit, Mainz 1996, S. 5) Jüdische Frauen, Zwangsarbeiterinnen aus anderen Ländern oder behinderte Frauen wurden dagegen zu Abtreibungen und zur Sterilisation gezwungen. Homosexuelle wurden in Konzentrationslager verschleppt. Einen Gipfelpunkt der Herabwürdigung der Frau stellte die Einrichtung des *»Lebensborns«* dar, wo *»rassereine«* SS-Männer mit unverheirateten Frauen Kinder zeugen sollten und aus anderen Ländern verschleppte, für *»arisch«* befundene Kinder aufgezogen wurden. (Georg Lilienthal, »Der ›Lebensborn e. V.‹«, Fischer Taschenbuch Verlag, Frankfurt am Main 1993)

Der II. Weltkrieg setzte auch der **faschistischen Familienordnung** ein Ende. Millionen Frauen waren gezwungen, den Lebensalltag im Krieg mit ihren Kindern zu bewältigen, während die Männer in Hitlers imperialistischem Raubkrieg kämpften und starben. Das ließ die Kriegsmüdigkeit unter den Frauen wachsen, die faschistischen Kampagnen zur Gewinnung von Frauen als Arbeitskräfte zeigten immer weniger Wirkung. Im Alltag begannen Frauen mit antifaschistischem Widerstand, versorgten beispielsweise Kriegsgefangene heimlich mit Lebensmitteln oder hielten Juden und Widerstandskämpfer bei eigener Lebensgefahr versteckt. Frauen beteiligten sich aktiv am organisierten Widerstand gegen den Hitler-Faschismus.

Die bürgerliche Staats- und Familienordnung zeigte im Hitler-Faschismus offen ihr reaktionäres und frauenfeindliches Gesicht. Sie offenbarte aber auch den Antagonismus der kapitalistischen Produktions- und Lebensweise, der notwendig in der Barbarei enden muss, wenn der Kapitalismus nicht durch den Sozialismus abgelöst wird.

4. Die besondere Unterdrückung der Frau und die Rolle der bürgerlichen Tradition und Moral in der kapitalistischen Gesellschaft

Die besondere Unterdrückung der Frau ist ein wesentliches Element jeglicher Herrschaftsausübung in der auf Ausbeutung und Unterdrückung beruhenden Klassengesellschaft. In ihr konzentriert sich der Charakter der jeweiligen Klassengesellschaft. Sie ist keineswegs nur Fessel der Frauen, sondern auch eine **Fessel aller Unterdrückten und Ausgebeuteten.**

Die Masse der Frauen ist in allen bisherigen Klassengesellschaften mehrfach unterdrückt. Zum einen als Teil der ausgebeuteten und unterdrückten Schichten. Zum anderen sorgt ein ganzes System der besonderen Unterdrückung der Frau für die **systemerhaltende Wahrnehmung ihrer Funktionen** in der Produktion und Reproduktion des menschlichen Lebens. Diese wiederum hat zwei **grundlegende** Seiten:

1. die Erhaltung und ständige Reproduktion **bestehenden menschlichen Lebens,** insbesondere von Arbeitskräften;
2. mit Schwangerschaft, Geburt, Ernährung und Erziehung von Kindern die »Produktion« **neuen menschlichen Lebens.**

Mao Tsetung schrieb im Jahr 1927 über die Stellung der chinesischen Frauen:

»Die Männer Chinas werden gewöhnlich von drei systematisch gegliederten Gewalten (politische Gewalt, Sippengewalt, religiöse Gewalt ...) beherrscht ... Was die Frauen betrifft, so werden sie außer von diesen drei Gewaltensystemen auch noch von ihren Ehemännern beherrscht (Gattengewalt). Diese vier Gewalten – politische Gewalt, Sippengewalt, religiöse Gewalt und Gattengewalt – bilden die Verkörperung der Gesamtheit der feudal-patriarchalischen Ideologie und des feudal-patriarchalischen Systems; das sind die vier dicken Stricke, mit denen das chinesische Volk, insbesondere die Bauernschaft, gefesselt ist.« (Worte des Vorsitzenden Mao Tsetung, Peking 1967, S. 348)

Die Frauen der herrschenden Klassen unterliegen nicht der mehrfachen Unterdrückung, da sie selbst Teil der unterdrückenden Klasse sind. Sie sind aber als Frauen ebenfalls Opfer der besonderen Unterdrückung. Das ist eine wichtige materielle Grundlage für die Tatsache, dass die Frauenbewegung aus mehr oder weniger **allen Klassen und Schichten der Bevölkerung** hervorgeht. Die besondere Unterdrückung der Frauen in den herrschenden Klassen ist aufgrund ihrer ökonomischen Abhängigkeit oft noch weitreichender als in den unterdrückten Klassen. Umgekehrt ist die Grundlage für die Unterdrückung der Frauen in den untersten Schichten und Klassen weit weniger ausgeprägt. Mao Tsetung schrieb über dieses Phänomen im halbfeudalen China vor seiner Befreiung:

»Was die Gattengewalt betrifft, so war diese bei den armen Bauern stets schwächer, weil ihre Frauen infolge der wirtschaftlichen Notlage mehr arbeiten mußten als die Frauen, die den wohlhabenden Klassen angehörten, und daher mehr berechtigt waren, in Familienangelegenheiten mitzusprechen, ja sogar mitzuentscheiden.« (ebenda, S. 349)

Auch für den **Kapitalismus ist die doppelte Unterdrückung** der Masse der Frauen charakteristisch. Lenin kennzeichnete sie folgendermaßen:

»Denn die weibliche Hälfte des Menschengeschlechts ist unter dem Kapitalismus doppelt unterdrückt. Die Arbeiterin und die Bäuerin werden vom Kapital unterdrückt und bleiben darüber hinaus selbst in den allerdemokratischsten bürgerlichen Republiken erstens nicht gleichberechtigt, denn das Gesetz gewährt ihnen kein gleiches Recht mit dem Mann; zweitens – und das ist die Hauptsache – verbleiben sie in der ›häuslichen Sklaverei‹, ... weil sie durch die gröbste, schwerste, den Menschen am meisten abstumpfende Arbeit, die Kleinarbeit in der Küche und überhaupt im vereinzelten Familienhaushalt niedergedrückt werden.« (»Der internationale Frauentag«, Lenin, Werke, Bd. 32, S. 159/160)

In der **Verantwortung der Frauen für die private Haushalts- und Familienführung** liegt die materielle Grundlage für die doppelte Unterdrückung der Masse der Frauen im Kapitalismus. Diese doppelte Unterdrückung tritt durchaus nicht in erster Linie als offene Gewaltanwendung der Männer gegen die Frauen zu Tage. Diese Tatsache hat gerade in der heutigen Zeit vielfach zu dem Trugschluss geführt, dass eine besondere Unterdrückung der Frau kaum noch bestehe. Marx wies im »Kapital« darauf hin, wie das Kapital für die Reproduktion seiner grundlegenden Existenzbedingung – den Erhalt der Arbeiterklasse – die natürlichen Lebensbedürfnisse der Menschen vereinnahmt:

»Die beständige Erhaltung und Reproduktion der Arbeiterklasse bleibt beständige Bedingung für die Reproduktion des Kapitals. Der Kapitalist kann ihre Erfüllung getrost dem Selbsterhaltungs- und Fortpflanzungstrieb der Arbeiter überlassen. Er sorgt nur dafür, ihre individuelle Konsumtion möglichst auf das Notwendige einzuschränken ...« (»Das Kapital, Erster Band«, Marx/Engels, Werke, Bd. 23, S. 597/598)

Ein anschauliches Bild der **komplexen organisatorischen und sozialen Aufgaben** von Frauen mit Kindern in der

Weltweit liegt die Verantwortung für die private Familienarbeit vorwiegend bei den Frauen. Bilder: Frauen in Nepal waschen Wäsche auf öffentlichen Plätzen.

Familie ergibt sich aus einer 1991/92 erstmalig in der Nach-
kriegsgeschichte durchgeführten Erhebung des Statistischen
Bundesamts »*über die Zeitverwendung der Bevölkerung in der
Bundesrepublik Deutschland*«:

**Tabelle 2:
Unbezahlte tägliche Tätigkeit (Montag bis
Sonntag!) einer nicht erwerbstätigen Ehefrau
mit Kind unter 18 Jahre**

Tätigkeit	Std:Min.
Hauswirtschaftliche Tätigkeiten, davon	**4:45**
Mahlzeitenzubereitung, Tisch decken, Geschirrreinigung	1:43
Wäschepflege	0:48
Wohnungsreinigung	0:56
Pflanzen- und Tierpflege	0:18
Einkäufe	0:27
Behördengänge, Organisation	0:14
Wegezeiten	0:16
Handwerkliche Tätigkeiten	**0:09**
Gespräche, Problembewältigung, Geselligkeit	**1:23**
Pflege und Betreuung von Personen, darunter	**1:52**
Kinderbetreuung	1:47
Betreuung von Pflegebedürftigen	0:05
Ehrenamt, soziale Hilfeleistungen	**0:07**

Quelle: »Zeit im Blickfeld, Ergebnisse einer repräsentativen Zeitbudgeterhebung«, Hrsg. Bundesministerium für Familie, Senioren, Frauen und
Gesundheit, Verlag Kohlhammer, Stuttgart 1996, S. 80 und 114

Dabei unterscheidet sich der Umfang unbezahlter Arbeit zwischen erwerbstätigen und nicht erwerbstätigen Frauen nur unwesentlich. Der tägliche Aufwand für Kinderbetreuung zum Beispiel reduziert sich bei einer erwerbstätigen Frau mit einem Kind im Alter von unter sechs Jahren von 2 Stunden und 27 Minuten auf 1 Stunde und 53 Minuten.

Mit sinkendem Einkommen nimmt der zeitliche Aufwand für die private Reproduktion zu. Einkaufen wird zur Jagd nach Sonderangeboten, Ordnung und Instandhaltung in einer kleinen Wohnung mit schlechter Ausstattung wesentlich aufwendiger. Das macht zwischen der niedrigsten und der höchsten erfassten Einkommensstufe einen monatlichen Unterschied von 23 Stunden und 25 Minuten aus!

Die ökonomische Abhängigkeit der Frauen

Durch die private Organisierung der Haushaltsführung und die unentgeltliche Hausarbeit entsteht – unabhängig von den subjektiven Einstellungen des Ehepaares – objektiv eine **grundlegende ökonomische Abhängigkeit der Frau vom Mann als Ernährer**, die ihr eine eigenständige ökonomische Existenz unmöglich macht. Diese Abhängigkeit setzt sich fort bis ins hohe Alter. Die Rente wird nicht aufgrund der gesellschaftlichen Lebensleistung zum Beispiel in der Kindererziehung oder Pflege von Familienangehörigen errechnet, sondern aufgrund der Dauer der Erwerbstätigkeit und der Höhe des Einkommens. Sie macht die Masse der Frauen im Alter von ihrem Mann oder der Hinterbliebenenrente abhängig.

Die Hausfrauentätigkeit bzw. Teilzeitarbeit programmiert damit die **Armut im Alter** vor. Ende 1996 lag die durchschnittliche eigene Altersrente von Frauen bei 816 DM, die der Männer bei 1796 DM. Die durchschnittliche Witwenrente betrug 1996 in den alten Bundesländern 1022 DM, in den neuen

Bundesländern 896 DM. (»Frauen in der Bundesrepublik Deutschland«, Hrsg. Bundesministerium für Familie, Senioren, Frauen und Jugend, Bonn 1998, S. 131)

Zwar wurde inzwischen die Anrechnung von Kindererziehungs- und Pflegezeiten auf die Rente durchgesetzt, doch sie ist weiterhin mehr Almosen als Existenzsicherung. So hebt der Bericht »Frauen in der BRD« stolz die *»rentenrechtliche Anerkennung von Pflegezeiten«* hervor: *»Der monatliche Rentenbetrag für ein Jahr Pflegetätigkeit ... beträgt derzeit mindestens 12,07 und höchstens 36,21 DM.«* (ebenda, S. 95) Umgerechnet bedeutet dies, dass eine Frau für eine Rente von 1 600 DM monatlich beim niedrigsten Anrechnungssatz 132 Jahre pflegen müsste!

Die Ehe mit niedrigem oder ohne eigenes Einkommen der Ehefrau wird vom Staat vielfältig gefördert. Im Steuerrecht wird dies am deutlichsten in den Regelungen des *»Ehegattensplittings«*. Danach wird das Einkommen beider Ehepartner zusammengezählt und für jeden zu 50 % versteuert. Damit sparen insbesondere Ehepaare mit sehr hohem Einkommen des Mannes und keinem Einkommen der Frau erheblich Steuern.

Die ökonomische Abhängigkeit der Frauen ist eine strukturell bedingte Unterdrückung, die das Leben der Familien und insbesondere die **Produktion und Reproduktion der Arbeitskraft** von Mann und Frau absichert.

Die Kontrolle der Sexualität

Die **Kontrolle der Fortpflanzung** zielt vor allem auf Schaffung und Erhalt menschlichen Lebens entsprechend den Erfordernissen des Ausbeutungs- und Unterdrückungssystems. Dies findet weltweit seinen Niederschlag in staatlichen Gesetzen, Verordnungen und Programmen. So verkündete der »Tätigkeitsbericht der Bundesregierung für das Jahr 1958«:

»Aus Gründen des Jugendschutzes, aber insbesondere auch zum Schutz von Ehe und Familie, hat das Bundesministerium für Familien- und Jugendfragen an einem dem Deutschen Bundestag vorgelegten Regierungsentwurf betreffend Änderung der Gewerbeordnung mitgewirkt, der unter anderem ein Verbot des Verkaufs empfängnisverhütender Mittel aus Automaten vorsieht.« (»Deutschland im Wiederaufbau«, Hrsg. Presse- und Informationsamt der Bundesregierung, Bonn 1958, S. 467)

Bis heute kriminalisiert in Deutschland der reaktionäre § 218 die Entscheidung einer Frau gegen die Austragung einer Schwangerschaft und spricht ihr weitgehend das Recht der eigenen Entscheidung über Kinder ab. Darüber hinaus sind Frauen, die sich bewusst für ein Leben ohne eigene Kinder entscheiden, oft einem starken gesellschaftlichen und moralischen Druck ausgesetzt.

Umgekehrt wird international gegenüber den Entwicklungsländern eine imperialistische, rassistische Bevölkerungspolitik betrieben. UNO-Programme zur Geburtenkontrolle verwirklichen unter der Flagge der Armutsbekämpfung und der Emanzipation der Frauen Zwangsmaßnahmen zur Eindämmung von Geburten. In dem Buch »Frauen der Welt« schildert die Journalistin und Entwicklungspolitikerin Christa Wichterich anschaulich die erpresserischen imperialistischen Methoden:

»Ziel war, Schwangerschaften zu verhindern, die Geburtenrate zu senken … Thailand wurde zum Musterbeispiel integrierter Programme: Kredite für Schweine bekamen die Frauen dann, wenn sie verhüteten … Auf den Wassertanks armer Familien in Nordostthailand prangt neben dem Emblem der Deutschen Welthungerhilfe ein Symbol für die gewählte Verhütungsmethode: Weil die Frau sich die Dreimonatsspritze setzen läßt, hat die Familie den aus dem fernen Deutschland

finanzierten Kredit für Zement bekommen.« (Christa Wichterich, »Frauen der Welt, Vom Fortschritt der Ungleichheit«, Lamuv-Verlag, Göttingen 1995, S. 89/90)

Oftmals machen sich reaktionäre Regimes und örtliche Behörden, die dafür mit Prämien bezahlt werden, zu Schergen dieser menschenfeindlichen Politik:

»Offener Zwang wurde auch wieder angewendet: Im indischen Bundesstaat Andhra Pradesh wurden Bauernfamilien 1994 am Abernten ihrer Felder gehindert, weil sie sich nicht sterilisieren ließen; Frauen bekamen nur gegen Vorlage eines Sterilisationsnachweises verbessertes Saatgut und Kredite.« (ebenda, S. 91)

Hauptmethode zur unterdrückerischen Kontrolle der Sexualität der Frauen ist das sich ergänzende **System von Monogamie und Prostitution.** Die Monogamie bezog sich seit jeher vor allem auf die Frauen. Sie dient seit ihrer Entstehung der Disziplinierung der Frauen. Auf diese Weise wird die Sexualität zur Herrschaftsmethode und die Frau wird zum bloßen Produktionsinstrument, die Sexualität zur Ware.

Mit der Entwicklung von sicheren und für die meisten Männer und Frauen erschwinglichen Mitteln zur Empfängnisverhütung, vor allem seit Mitte der 60er Jahre, ließen sich Sexualität und Zeugung von Kindern trennen. Die revolutionäre Entwicklung der Produktivkräfte eröffnete ganz neue Möglichkeiten der persönlichen und gesellschaftlichen Entscheidung über Kinder und für eine unbelastete Sexualität ohne ständige Angst vor ungewollter Schwangerschaft.

Unter den Bedingungen der Allgemeinen Krise des Kapitalismus werden aus diesen Produktivkräften Destruktivkräfte zur Ausbeutung der Sexualität von Frauen und Mädchen bis zu ihrer psychischen und physischen Zerstörung in Massen-

umfang. 400 000 Prostituierte werden allein in den alten
Bundesländern täglich von 1,2 Millionen Männern frequen-
tiert. (Info-Blatt des Prostituierten-Projekts Hydra, 28. 8. 1998)
Die Prostitution hat ein bisher nicht gekanntes Ausmaß an-
genommen in Form eines internationalen Frauen- und Mäd-
chenhandels, von Gewalt verherrlichender und rassistischer
Pornographie und Sextourismus. Die sexuelle Ausbeutung mit
ihren immer perverseren und zerstörerischeren Praktiken
schreckt sogar vor Kindern nicht zurück.

Auch in den Familien ist sexuelle Gewalt weit verbreitet.
Jährlich werden etwa vier Millionen Frauen von ihren Ehemännern misshandelt – jede zweite Frau gab bei einer Untersuchung des Sozialministeriums NRW an, dass ihr Mann ihr
gegenüber schon **Gewalt** angewendet habe. 24 000 Frauen suchen jedes Jahr Schutz in einem Frauenhaus; 300 000 Kinder
werden jährlich sexuell misshandelt. (»Armut von Frauen, gewollt, gefördert, hingenommen?«, Hrsg. Diakonisches Werk,
Berlin 1989, S. 18; »Sexueller Mißbrauch«, Hrsg. »Wildwasser«,
Marburg 1988, S. 10) Viele leiden lebenslang an den psychischen Folgen erlebter sexueller Gewalt. Die Angst vor sexuel-
len Übergriffen schränkt die Bewegungsfreiheit von Frauen
und Mädchen oft drastisch ein.

Die Rolle der bürgerlichen Weltanschauung, von Tradition und Moral

Es liegt in der Natur der Sache, dass sich die Aufgaben der
Produktion und Reproduktion des menschlichen Lebens nicht
auf Dauer durch offene Gewalt, durch Gesetze, Verordnungen
oder Strafandrohung durchsetzen lassen. Es ist die Aufgabe
der bürgerlichen Weltanschauung, besonders von Tradition
und Moral, die Rolle der Frau dabei als natürlich, gottgegeben
und gar nicht anders denkbar erscheinen zu lassen.

Eine der **wichtigsten Formen der bürgerlichen Ideologie war und ist die Religion**, die sich im Lauf der Entwicklung der Klassengesellschaft den jeweils herrschenden Verhältnissen anpasste, deren Kernaussagen aber erhalten geblieben sind. Diese werden im REVOLUTIONÄREN WEG 26 so gekennzeichnet:

»Die Unzufriedenheit der Menschen über die irdischen Verhältnisse und die scheinbare Unerklärlichkeit der komplizierten Wirklichkeit beantwortet die Religion mit den unterschiedlichsten Denkgebäuden, deren gemeinsamer metaphysischer Kern die Leugnung der Fähigkeit des Menschen zur wissenschaftlichen Erkenntnis der Wirklichkeit und zu ihrer selbstbestimmten revolutionären Veränderung ist. Statt dessen gibt die Religion Erklärung und Trost in Gottes Gesetzen und der leeren Hoffnung auf eine ausgleichende Gerechtigkeit in einem Leben nach dem Tod.« (Stefan Engel, »Der Kampf um die Denkweise in der Arbeiterbewegung«, Essen 1995, S. 15/16)

Kirche und Religion waren für die Herrschenden seit jeher auch Hauptstützen für die Aufrechterhaltung der patriarchalischen Familienordnung und der besonderen Unterdrückung der Frauen. Insbesondere die katholische Kirche zeichnete sich dabei durch tiefe Frauenfeindlichkeit aus. Der extrem frauen- und sexualfeindliche Kirchenlehrer Paulus schrieb:

»Ich lasse euch aber wissen, daß Christus das Haupt eines jeden Mannes ist; der Mann aber ist das Haupt der Frau ... Und der Mann ist nicht geschaffen um der Frau willen, sondern die Frau um des Mannes willen.« (»Die Bibel nach der Übersetzung Martin Luthers«, 1. Korinther 11, Vers 3 und 9, Stuttgart 1985)

Frauen hatten in der Kirche wie in allen öffentlichen Angelegenheiten zu schweigen. Frauen, die aus dieser Rolle ausscherten, sich beispielsweise als Hebammen oder Heilkundige unerlaubtes Wissen aneigneten, wurden im Mittelalter als Hexen verbrannt.

Die »Beweise« für die angebliche Unterlegenheit der Frauen nahmen absurd erscheinende Formen an. In der jüdisch-christlichen Schöpfungsgeschichte entspringt Eva einer Rippe des Adam, damit der Mann nicht von der Frau abstammen musste. Den katholischen Theologen galt der männliche Fötus bereits vierzig Tage nach der Befruchtung als »beseelt«, der weibliche dagegen erst nach achtzig. Bis in die jüngste Zeit hinein stellten Moraltheologen das Dogma auf, dass bei Lebensgefahr während einer Geburt das Leben des Kindes vor dem der Mutter Vorrang hatte, da das Kind nur so getauft werden und ewigen Höllenqualen entkommen konnte.

Die Sexualität – und ganz besonders die weibliche – wurde von der Kirche als schmutzige *»Fleischeslust«* verteufelt. Eva war schon im Paradies eine gefährliche Verführerin. Als Strafe für diese *»Erbsünde«* hatten alle Menschen zu leiden. Eigentlich *»rein«* blieb nur die Frau, die nach dem entsagungsvollen Vorbild der Jungfrau Maria lebte, der Mutter des Gottessohns. Geschlechtlicher Verkehr war demnach nur mit dem Zweck der Erzeugung ehelicher Kinder erlaubt. Sexualität ohne den Zweck der Kindererzeugung und schon gar Homosexualität wurde als schwerste Sünde verfolgt.

Inzwischen haben sich die Kirchen – insbesondere die evangelische – von solch offen mittelalterlichen Vorstellungen distanziert. Das ändert allerdings nichts am Bannstrahl der katholischen Kirche gegen Empfängnisverhütung, Schwangerschaftsabbruch oder Ehescheidung. Gerne stellt sich die evangelische Kirche als in der Frauenfrage fortschrittlicher dar und verweist darauf, dass in der Reformation das Zölibat (die Ehelosigkeit für Priester und Nonnen) aufgehoben und Klöster

aufgelöst wurden. Aber auch ihre sich aufgeklärt und »huma-
nistisch« gebende Moral versucht, die »heilige Familie« als die
moralisch höchststehende Lebensform zu verankern. So heißt
es in einer gemeinsamen Erklärung der katholischen und evangelischen Kirche Deutschlands von 1989:

*»Auch wenn es in unserer Lebenswirklichkeit verschiedene
Formen des Zusammenlebens von Frau und Mann gibt, so ist
doch die auf Dauer angelegte Gemeinschaft in einer Ehe dafür
die geeignetste und verläßlichste Form. Für das Neue Testa-
ment und das von ihm bestimmte christliche Verständnis ist
die Ehe die von Gott gewiesene Ordnung; ... das bedeutet offen
zu sein für Veränderungen, für Unvorhersehbares, auch für das
aus gemeinsamer Liebe, sei es gewollt oder ungewollt, ent-
stehende neue Leben. Partnerschaftliches Zusammenleben in
gegenseitigem Vertrauen stärkt und erweitert die Lebensmög-
lichkeiten des einzelnen und schafft die Voraussetzungen für
die Gründung einer Familie.«* (»Gott ist ein Freund des Lebens«,
in: »Herausforderungen und Aufgaben zum Schutze des
Lebens«, Paulinus-Verlag, Trier 1989, S. 75)

Vor allem unter türkischen Familien in Deutschland wird
unter dem Einfluss reaktionärer, zum Teil faschistischer Kräfte verstärkt der Islam zur Propagierung patriarchalischer feudaler Familienbeziehungen verbreitet.

Natürlich unterwarfen sich die Menschen zu keiner Zeit
widerspruchslos diesen lebensfeindlichen Vorgaben. Aber die
kirchlichen Moralvorstellungen verknüpften die Sexualität mit
tiefen Schuldgefühlen. Statt eine erfüllte Sexualität als wesentliches Element einer sich gegenseitig stärkenden Liebesbeziehung entwickeln zu können, wurde sie zutiefst mit Strafandrohungen und Ängsten verbunden. In allen bürgerlichen
Gesellschaften herrscht deshalb eine widerliche Doppelmoral,
die den Reichen erlaubt, was den Armen verboten ist, oder den
Männern zugesteht, was den Frauen untersagt bleibt.

Die bürgerliche und kleinbürgerliche Massenkultur verbreitet vor allem mit den Massenmedien die kleinbürgerliche Denkweise auch in Fragen von Liebe, Ehe und Familie. Die Medien tragen in vielfältiger Weise dem unterschiedlichen Alter und Kulturniveau Rechnung: Comedy- und Familienserien, eine Flut von Talkshows, spezielle Frauenmagazine, Sex-Sender, Frauenkanäle. Dabei wird die funktionierende bürgerliche Kleinfamilie als selbstverständliches Ideal vorausgesetzt. Verbreitete Probleme in Ehen und Familien werden zwar aufgeworfen, aber unter dem Anschein praktischer Lebenshilfe wird von den gesellschaftlichen Wurzeln abgelenkt.

Über Gefühle und Gewohnheiten wirken **die modernen Ketten der bürgerlichen Moral**, die wie ungeschriebene Gesetze das praktische Verhalten bestimmen.

Eine zentrale Rolle spielt dabei die Sexualität. Sie wird übermäßig als zentraler Lebensinhalt hochstilisiert und damit von einer allseitigen Liebesbeziehung auf der Basis der Gleichberechtigung der Partner getrennt. Die Erniedrigung und Unterwerfung der Frauen zum Objekt männlicher Lust und die Bestätigung männlicher Stärke und Überlegenheit wird in Videos, Filmen oder Zeitschriften zur Normalität. Von klein auf werden besonders Mädchen mit Spielzeug wie der »Barbie-Puppe« oder über spezielle Zeitschriften wie »Bravo Girl« mit Schönheits-Normen unter Druck gesetzt und dazu erzogen, ihren Wert und ihr Selbstvertrauen vornehmlich aus ihrer Figur und ihrem Aussehen zu ziehen. So wirkt die Unterdrückung der Frauen bis hinein in das Verhalten in Beziehungen und Familien, spiegelt sich in Gewalt, (sexueller) Ausbeutung der Frauen oder Kinder wider.

Eine andere Kette der Moral ist die innere Verpflichtung zu einer lebenslangen Ehe oder Lebensgemeinschaft, selbst wenn deren gemeinsame Grundlagen nicht mehr gegeben sind. Die

Lösung einer Beziehung wird immer als ihr Scheitern dar-
gestellt, ohne eine unterschiedliche Entwicklung, neue Lebensumstände, Ziele und Veränderungen in Rechnung zu stellen.
Der Erhalt einer Beziehung wird immer höher bewertet als
ihre Auflösung – egal auf welcher Grundlage. Das wird mit der
Anmaßung verbunden, jederzeit über die Beziehungen anderer urteilen zu können. Auf diese Weise wird eine Einmischung
in private Entscheidungen auf der Grundlage bürgerlicher und
kleinbürgerlicher Moralvorstellungen organisiert und massiver Druck auf die Betreffenden ausgeübt. Diese müssen sich
erst einmal durch einen Damm von Vorbehalten, Vorurteilen,
Tratsch und Rechtfertigungen durcharbeiten, um ihre freie
Entscheidung treffen zu können. Das gilt vor allem, wenn
Kinder betroffen sind und besonders die Mütter als »Raben-
mütter« verunglimpft werden, wenn sie sich von ihrem Mann
trennen wollen. Dieser Damm gegen selbständige Lebens-
entscheidungen ist – zusammen mit der wirtschaftlichen
Abhängigkeit – zweifellos wirksamer als alle staatlichen Gesetze
zur Stabilisierung der bürgerlichen Familienordnung.

Massiv wird die oftmals sogar »wissenschaftlich« verbrämte
Vorstellung verbreitet, die positive oder negative Entwicklung
eines Kindes sei der Familie und vor allem der Mutter zuzu-
schreiben. Bei den Frauen selbst wirkt dieser Vorbehalt als
massiver Druck und idealistische Anforderung, gesellschaftlich verursachte Probleme individuell zu lösen.

Frauen wird allgemein weniger zugetraut als Männern. Das
hat sein Gegenstück in einem mangelnden Selbstbewusstsein
der Frauen, was sie nicht selten davon abhält, gesellschaftlich
aktiv zu werden. Werden sie politisch aktiv, werden sie moralisch gleich an den Pranger gestellt, sie würden ihre Familie,
ihre Kinder und ihren Mann vernachlässigen. Nach der bürgerlichen Moral ist selbstloser Einsatz in der Familie eine

heilige Pflicht. Der selbstlose Einsatz von Frauen für gesellschaftliche Belange wird dagegen als Missachtung ihrer Familienverpflichtungen ausgelegt, als Vorwand, um ihren persönlichen Neigungen nachzugehen.

Völlig berechtigt wehren sich immer mehr Frauen gegen diese Ansprüche, die ihnen die Schuld für untragbare gesellschaftliche Zustände zuschieben. Doch auch diese berechtigte Kritik wird von der kleinbürgerlichen Denkweise systemerhaltend verarbeitet. Die Kritik am Missbrauch der Selbstlosigkeit der Frauen für Partnerschaft und Familie wird in eine **individualistische Selbstverwirklichung** umgemünzt. Unter der Flagge der Emanzipation von den ständigen auszehrenden Ansprüchen der Umgebung wird das Motto, *»endlich mal etwas für sich selbst zu tun«* zur **individualistischen Lebensphilosophie.**

Die kleinbürgerliche Denkweise passt sich der Form nach der berechtigten Kritik an allen einengenden, überkommenen Traditionen und Moralvorstellungen wie patriarchalischen Denk- und Verhaltensweisen an. Statt diese zu überwinden, werden sie aber im Sinn einer kleinbürgerlichen, egoistischen Denk- und Lebensweise pervertiert und vor allem zu einer zersetzenden Konkurrenz und Spaltung genutzt. Die kleinbürgerliche Denkweise nährt die Illusion, dass mit einer individuell anderen Lebensform die Unterdrückung der Frauen aufgehoben werden könne. Single-Dasein, nicht eheliches Zusammenleben, Wohngemeinschaften, homosexuelle Beziehungen und die Umverteilung der unbezahlten Arbeit innerhalb einer Beziehung werden selbst schon als Befreiung der Frauen interpretiert. Doch sie lassen allesamt die **private Organisation der Lebensführung unangetastet**, reproduzieren sie selbst nur in subjektiv erträglicheren Formen. Ein individueller Ausweg aus der bürgerlichen Familienordnung stößt aber auf enge Grenzen. Das betonte bereits Friedrich Engels.

*»Aber die Arbeiterklasse kann der sozialen Ordnung, solange
diese besteht, nicht entrinnen, und wenn der einzelne Arbeiter
gegen sie aufsteht, so fällt der größte Schaden auf ihn.«* (»Die
Lage der arbeitenden Klasse in England«, Marx/Engels, Werke,
Bd. 2, S. 356)

In der Einladung zu einer »Tagung zur Neubewertung und
Umverteilung von unbezahlter Arbeit in Haus und Familie«
der PDS in Dresden im Mai 1997 heißt es:

*»In der frauenpolitischen Debatte herrscht Einigkeit darüber,
daß das Vereinbarkeitsdilemma (Vereinbarkeit von Beruf und
Familie – Red. RW) nur gelöst werden kann, wenn die in Haus
und Familie geleistete Arbeit **neu bewertet** und zwischen
Frauen und Männern umverteilt wird. Dies ist zugleich die Voraussetzung für eine wirkliche Chancengleichheit von Frauen
auf eine qualifizierte und existenzsichernde Erwerbsarbeit.«*
(Hervorhebung Red. RW)

Letzten Endes fällt der PDS auch nicht viel mehr ein als die
Verteidigung der privaten Organisation des Lebens, in der
Männer und Frauen bestenfalls um gerechte Aufteilung der
Arbeit ringen, ohne die gesellschaftlichen Wurzeln der Geringschätzung dieser gesellschaftlich notwendigen Arbeit prinzipiell in Frage zu stellen. Demgegenüber kennzeichnete Lenin
unmissverständlich die Auflösung dieser bürgerlichen Familienform als Voraussetzung der Frauenbefreiung.

*»Die wahre **Befreiung der Frau**, der wahre Kommunismus
wird erst dort und dann beginnen, wo und wann der Massen-
kampf (unter Führung des am Staatsruder stehenden Proletariats) gegen diese Kleinarbeit der Hauswirtschaft oder, richti-
ger, ihre **massenhafte Umgestaltung** zur sozialistischen
Großwirtschaft beginnt.«* (»Die große Initiative«, Lenin, Werke,
Bd. 29, S. 419)

5. Die massenhafte Herausbildung kleinbürgerlicher Familienverhältnisse in der BRD

Der II. Weltkrieg und der faschistische Terror hatten den Bevölkerungen aller Krieg führenden Länder riesige Opfer abverlangt: 55 Millionen Tote, 35 Millionen Verwundete, 3 Millionen Vermisste werden geschätzt. In Deutschland wurden 6,5 Millionen Tote gezählt und 2 Millionen Kriegsverletzte. 11 Millionen Menschen wurden in deutschen Konzentrationslagern umgebracht, mehr als 40 Millionen mussten weltweit ihre Heimat verlassen. (»dtv-Atlas zur Weltgeschichte«, Bd. 2, Deutscher Taschenbuch Verlag, München 1973, S. 218; »Historisch-Politische Weltkunde, Weimarer Republik und Nationalsozialismus«, Ernst Klett Verlag, Stuttgart 1992, S. 228)

20 Millionen verwaiste Kinder zeugten von der massenhaften Zerrüttung von Familien infolge des faschistischen Krieges. Darüber hinaus standen viele Familien vor dem Nichts. Sie hatten keine Wohnung, keinen festen Arbeitsplatz, der Hunger und das Elend waren groß.

Es waren in dieser Stunde Null vor allem Frauen, die die Gesellschaft in harter Arbeit wieder mit Leben erfüllten. Sie räumten mit ihren bloßen Händen die Trümmer beiseite, richteten notdürftig Wohnplätze her und bekämpften in gemeinsamer Aktion den Hunger und das Elend. Sie standen auch in der ersten Reihe, als die ersten Fabriken wieder instand gesetzt wurden. Bis 1948 hatten die Arbeiterinnen und Arbeiter die zerstörten oder angeschlagenen Anlagen wieder aufgebaut.

Nach dem verlorenen II. Weltkrieg waren die deutschen Monopolherren zunächst durch die Alliierten entmachtet worden. Sie waren aus dem wirtschaftlichen und politischen Leben ausgeschaltet. Mit der Währungsreform konnten die westdeutschen Monopole mit Rückendeckung der USA wieder ihre wirtschaftliche Rolle einnehmen. Bereits mit der Gründung der BRD 1949 saßen sie wieder fest im Sattel und erstrebten den Aufstieg des neudeutschen Imperialismus zu einer neuen Weltmacht.

Ab den Jahren 1947/48 erwachte das **Klassenbewusstsein der Arbeiterklasse auf breiter Front**, was sich vor allem in großen gewerkschaftlichen Streiks und in Volksbewegungen wie gegen die Remilitarisierung äußerte. Dabei spielte die Frauenbewegung eine wichtige Rolle.

Im Interesse des beginnenden Wirtschaftsaufschwungs und der antikommunistischen Politik des Kalten Krieges mussten die Monopole die **innere Stabilisierung des aufstrebenden deutschen Imperialismus** erreichen. Ohne die nachhaltige **Wiederherstellung einer funktionierenden Familienordnung** war aber an eine Festigung der Macht der Monopole nicht zu denken. Das war auch der Ausgangspunkt der Anfang der 50er Jahre begonnenen Familienpolitik der Adenauer-Regierung.

Die massenhafte Entstehung kleinbürgerlicher Familienverhältnisse unter der Arbeiterklasse

Die Monopole brauchten die Masse der Frauen in dreifacher Hinsicht:

- als **Arbeitskräfte** für den Wiederaufbau und den wirtschaftlichen Aufschwung,

- als **Mütter**, um Nachwuchs an Arbeitskräften in die Welt zu setzen und zu erziehen, und nicht zuletzt

- als **Organisatorinnen** zur Wiederherstellung und Stabilisierung der durch den Krieg stark **zerrütteten Kleinfamilien**.

Diese drei Vorgaben an die Masse der werktätigen Frauen waren jedoch in der Praxis unvereinbar. So stand den westdeutschen Monopolen, auch bedingt durch die Spaltung Deutschlands, für ihre wirtschaftliche Expansion nur eine eingeschränkte Zahl von Arbeitskräften zur Verfügung. Deshalb wurden zwischen 1950 und 1960 innerhalb von zehn Jahren 2,6 Millionen Frauen zusätzlich in die Erwerbstätigkeit einbezogen. Das ist der größte Sprung in der Frauen-Erwerbstätigkeit in der Nachkriegsgeschichte!

Tabelle 3:
Entwicklung der Erwerbstätigkeit in der BRD und Westberlin 1950–1962

Jahr	Erwerbstätige BRD insgesamt[2]		Erwerbstätige Männer		Erwerbstätige Frauen	
	in 1000	Index, 1950=100	in 1000	Index, 1950=100	in 1000	Index, 1950=100
1950	20 376	100,0	13 109	100,0	7 262	100,0
1952	21 300	104,5	13 690	104,4	7 610	104,8
1954	22 395	109,9	14 345	109,4	8 050	110,9
1956	23 830	117,0	15 195	115,9	8 635	118,9
1957	25 335	124,3	15 963	121,8	9 372	129,1
1958[1]	25 530	125,3	16 010	122,1	9 520	131,1
1960	26 247	128,8	16 442	125,4	9 805	135,0
1962	26 783	131,4	16 896	128,9	9 887	136,1
Zunahme	+6 407	+31,4%	+3 787	+28,9%	+2 625	+36,1%

[1] Alle Zahlen bis 1957 einschließlich Saargebiet, aber ohne Westberlin
[2] Dazu gehören abhängig Beschäftigte, selbständig Beschäftigte, mithelfende Familienangehörige
Quelle: Statistisches Bundesamt, Statistische Jahrbücher, »Leistung in Zahlen« 1968, Hrsg. BMWI; eigene Berechnungen

Das hatte jedoch einen hemmenden Einfluss auf die Familien-
entwicklung. Die Geburtenzahlen stagnierten auf niedrigem
Niveau. Die Zahlen für Eheschließungen blieben hinter den
Erwartungen von Monopolen und Regierung zurück. Es wurde
zu einer Hauptaufgabe staatlicher Politik im staatsmonopolistischen Kapitalismus, den **Erhalt und die Festigung der
bürgerlichen Familienordnung** zu sichern und sie zu einem
**Ordnungsfaktor des kapitalistischen Systems gegenüber
den Massen** zu machen.

Auch zur Entlastung der Frauen forcierte die Bundesregierung die Anwerbung neuer Arbeitskräfte. Die Hauptquelle für
neue qualifizierte Arbeitskräfte war bis zum Mauerbau 1961
die DDR. Der Nettozustrom ehemaliger DDR-Bürger nach
Westdeutschland betrug in diesem Zeitraum allein 2,55 Millionen Personen, hinzu kamen noch zirka 350 000 Zuwanderer
aus den ehemals deutschen Ostgebieten.

Mit der Einrichtung des Familienministeriums 1953 und dem
ultrareaktionären Minister Wuermeling wurde eine Familienpolitik der Förderung und Stabilisierung der Kleinfamilien ein-
geleitet. Er propagierte die Familie ausdrücklich als *»Bollwerk
gegen die kommunistische Gefahr«*. Die Frau sollte dabei eine
Funktion *»als segenspendendes Herz der Familie«* übernehmen.
Entsprechend forderte er ein Scheidungsrecht, *»das die Auflösung der Ehe auf das geringste Maß beschränkte«*, und wandte
sich intensiv gegen die Erwerbstätigkeit von Frauen. (»Chronik der Frauen«, Chronik Verlag, Dortmund 1992, S. 536)

Eine Welle der Propaganda für die Kleinfamilie nach dem
Vorbild der bürgerlichen Familie (Mann als Ernährer, Frau
als Hausfrau und Mutter) wurde losgetreten und gesetzlich
flankiert. 1954 wurde das Kindergeld eingeführt und 1957 das
Auskommen von Ehefrauen durch die Hinterbliebenenrente
geregelt. Im Lauf der 50er Jahre entwickelten sich zwei wichtige materielle Faktoren, damit sich ein geordnetes Familien-

leben nach dem Muster der bürgerlichen Familie herausbilden konnte:

• Von 1950 bis 1975 **stiegen die Löhne und Gehälter kontinuierlich** an. Es kam in diesem Zeitraum zu einer Verdreifachung der monatlichen Reallöhne und -gehälter. Dadurch wurde es für viele Arbeiterfamilien möglich, von nur einem Einkommen zu leben.

• Durch einen staatlich geförderten, aber auch von der Industrie forcierten **sozialen Wohnungsbau** wurden von 1949 bis 1960 jährlich eine halbe Million Wohnungen fertig gestellt. Dadurch wurde es für viele junge Leute überhaupt erst möglich, eine eigene Familie zu gründen. Noch 1950 standen für 17 Millionen Haushalte erst 10 Millionen Wohnungen zur Verfügung. 1968 waren es schon 20 Millionen Wohnungen für 22 Millionen Haushalte.

Tabelle 4:
Entwicklung der Monatslöhne und -gehälter
von 1950 bis 1975

Jahr	Brutto in DM	in %	Netto in DM	in %	Preis-index	Real in DM	in %
1950	278	100	213	100	100	213	100
1955	414	148,9	315	147,9	110	286	134,3
1960	595	214,0	432	202,8	120,5	358	168,1
1965	897	322,7	645	302,8	138,3	466	218,8
1970	1 351	486,0	894	419,7	155,1	576	270,4
1975	2 202	792,1	1 343	630,5	207,6	647	303,8

Quellen: Statistisches Bundesamt, 1997; Statistisches Taschenbuch des Bundessozialministeriums, 1996; eigene Berechnungen

Um die Masse der Arbeiter und Angestellten an das kapitalistische System zu binden, begannen die Monopole und ihre
Regierung eine Politik der Gewährung von Reformen von oben.
Dazu heißt es in dem Buch »Der Kampf um die Denkweise in
der Arbeiterbewegung«:

»Aber 1957 begann das Jahrzehnt der ›Reformen von oben‹,
in dem echte Reformen für die Lebenslage der Arbeiter nicht als
Ergebnis gewerkschaftlicher Kämpfe durchgesetzt wurden,
sondern durch die Arbeitsgemeinschaft zwischen der Gewerk-
schaftsbürokratie und den Unternehmerverbänden: Arbeits-
zeitverkürzung von sechs auf fünf Tage bzw. von 45 auf 40 Stun-
den in der Woche, Urlaubsverlängerung, Urlaubsgeld und An-
stieg der Tariflöhne. Gleichzeitig entstanden ein umfassendes
Sozialversicherungssystem mit Kranken-, Unfall-, Renten- und
Arbeitslosenversicherung, ein weitgehend kostenloses Bildungs-
system und ein Programm für kostengünstigen Wohnraum, der
sogenannte ›soziale Wohnungsbau‹.

*Das alles gab der Masse der Werktätigen ein **Gefühl** nie*
dagewesener relativer sozialer Sicherheit, wie sie bisher dem
Sozialismus vorbehalten schien.« (Stefan Engel, »Der Kampf
um die Denkweise in der Arbeiterbewegung«, Essen 1995, S. 50)

Eine wachsende Zahl von Arbeitern bekam die Möglichkeit,
Kleineigentum in verschiedener Form zu erwerben:

• Im Mittelpunkt der Herausbildung von Kleineigentum für
  eine Masse von Arbeiterfamilien stand der **Erwerb von**
  Wohneigentum: Der Anteil der Haushalte, die in den
  eigenen vier Wänden wohnen, stieg von 15 % im Jahr 1950
  über 29 % im Jahr 1961 auf über 40 % im Jahr 1987. Die
  Bildung von Wohneigentum wird systematisch von allen
  Regierungen durch staatliche Zuschüsse und Steuerabschrei-
  bungen unterstützt, was eine zusätzliche Bindung der Familien an die staatliche Ordnung bewirkt.

- Viele Arbeiterfamilien konnten größere Summen sparen, Lebensversicherungen abschließen, Bausparverträge anlegen. So verfügten Haushalte in den alten Bundesländern mit einem durchschnittlichen Monatseinkommen bis 1 800 DM 1993 immerhin durchschnittlich über 24 000 DM **Sparguthaben**, bis 2 500 DM Einkommen über 38 800 DM und bis 4 000 DM Einkommen über 56 900 DM.

- Schritt für Schritt veränderte sich auch die Ausstattung der Haushalte: 1950 betrug das in privaten Haushalten in Einrichtung, Haushaltgeräten usw. angelegte Sachvermögen 6 Milliarden DM, 1970 200 Milliarden DM und 1984 700 Milliarden DM. In den **Wohnungseinrichtungen** einer breiten Masse der Arbeiterfamilien steckt heute ein beträchtliches Kleineigentum.

- 1950 waren in der BRD noch knapp 500 000 Pkws zugelassen, 1995 waren es bereits 30 Millionen. Die meisten Arbeiterhaushalte besitzen heute einen **eigenen Pkw.**

Mit der Errungenschaft vermehrter Urlaubstage und kürzerer Arbeitszeiten stiegen die **Aufwendungen für Freizeit und Urlaub** von 94 DM monatlich im Jahre 1965 auf 791 DM monatlich 1995 an, bezogen auf einen 4-Personen-Arbeiter-/Angestelltenhaushalt mit einem maximalen Bruttoeinkommen zwischen 3 750 und 5 700 DM. (Egon Hölder, »Im Zug der Zeit«, Metzlersche Verlagsbuchhandlung, Stuttgart 1989, S. 69–71, 83, 116; »Datenreport 1997«, Hrsg. Statistisches Bundesamt, Bonn 1997, S. 123, 127, 148)

Kurz, es wurde einer **Masse von Arbeiterfamilien** möglich, ein **Leben** zu führen, das **bislang nur dem Kleinbürgertum vorbehalten** blieb. Allerdings war der Preis für solche kleinbürgerlichen Lebensverhältnisse eine wachsende private Verschuldung von immer mehr Arbeiterhaushalten bei den Banken. Dazu wurden systematisch proletarische Prinzipien der Sparsamkeit und Schuldenfreiheit durch eine Propaganda

Trautes Heim, Glück zu zwei'n – das wurde zum Leitbild der kleinbürgerlichen Familie.

der leicht zu erhaltenden Kredite untergraben und zersetzt. Bis 1995 erwarben 49,1 % der Arbeiterfamilien Immobilienbesitz, von denen 68,7 % mit erheblichen Schulden in Höhe von insgesamt 223 Milliarden DM belastet waren. (Deutsches Institut für Wirtschaft, »Wochenbericht 35/98«, Immobilienvermögen privater Haushalte in Deutschland 1995, Tabelle 5) Im Zusammenhang mit der wachsenden Arbeitslosigkeit hängt über vielen Hausbesitzern das Damoklesschwert der Zwangsversteigerungen, deren Zahl sich allein von 1992 bis 1997 von 20 800 auf 39 400 fast verdoppelte (Globus-Grafik 4536). Auch für Autos, Wohnungseinrichtungen und andere Haushaltsgegenstände wurde ein System von Konsumentenkrediten eingerichtet. 1997 beliefen sie sich auf eine Gesamtsumme von 394,8 Milliarden DM.

Diese Verschuldung wird von den Herrschenden gezielt gefördert, da sie einen beständigen Druck zur Anpassung an das kapitalistische System erzeugt. Überstunden, Samstagsarbeit usw. erscheinen oft als einziger Weg, die Zinslasten tragen zu können, und der gemeinsame Kampf der Arbeiterklasse zur Verbesserung der Lebens- und Arbeitsbedingungen wird zuweilen gar als eine Bedrohung für die Verwirklichung des erträumten sozialen Aufstiegs angesehen. So wurden die kleinbürgerlichen Familienverhältnisse zu einer Falle für eine Masse von Arbeiterfamilien.

Kleinbürgerliche Familienverhältnisse als Nährboden für die kleinbürgerliche Denkweise unter der Arbeiterklasse

Die soziale Hauptwirkung der Reformen von oben war, dass unter einer Masse von Arbeitern **kleinbürgerliche Lebens- und Familienverhältnisse** aufkamen. Der Höhepunkt in der Herausbildung kleinbürgerlicher Familienverhältnisse in der BRD widerspiegelte sich in einem Höchststand an Geburten und Eheschließungen und einem Tiefststand an erwerbstätigen Frauen in den Jahren zwischen 1963 und 1966: Die Zahl der Eheschließungen stieg zwischen 1953 und 1963 um 54 % von 435 000 auf 673 000. Die Geburtenzahl explodierte von 1955 bis 1965 sogar um 142 % von 785 000 auf 1 904 000 im Jahr. Die Frauenerwerbsquote sank von 33,6 % 1960 auf einen Tiefpunkt von 30,2 % 1970. (»Datenreport 1997«, Hrsg. Statistisches Bundesamt, Bonn 1997, S. 80; »Das 20. Jahrhundert, eine Chronik«, Serges Medien GmbH, Compactdisk)

Die kleinbürgerlichen Lebens- und Familienverhältnisse machten für einen Teil der Arbeiter einen Aufstieg ins Kleinbürgertum möglich:

• Durch den großen Bedarf an qualifizierten Fachkräften und das allgemein gewachsene Bildungsniveau erhielt ein Teil der Kinder aus Arbeiterfamilien die **Möglichkeit, über Ausbildung und Beruf ins Kleinbürgertum aufzusteigen.** So stieg der Anteil von Arbeiterkindern an Hochschulen von 4 % 1953 auf 16 % 1982. (»15. Sozialerhebung des Deutschen Studentenwerks«, Hrsg. Bundesministerium für Bildung und Forschung, Bonn 1998, S. 104) Von staatlicher Seite wurde die Möglichkeit des massenhaften Aufstiegs für Arbeiterkinder in kleinbürgerlich-intellektuelle Berufe durch Ausbildungsförderungsmaßnahmen unterstützt. 1980 wurden 830 000 Schüler und Studenten durch das »Bafög« (Bundesausbildungsförderungsgesetz) gefördert.

• Die **Bildung von Wohneigentum** ist zum Teil mit der Möglichkeit verbunden, Mieten einzunehmen. Als Vermieter können sich solche Arbeiter aus den Löhnen und Gehältern anderer Arbeiter bereichern.

Das Kleineigentum erzeugt gesetzmäßig eine kleinbürgerliche Denkweise. Lenin beschrieb die Denkweise der Kleinbesitzer so:

Im »*Kleinbesitzer* ... *lebt der Instinkt des Eigentümers* ... *Dieser Besitzer-, dieser Eigentümerinstinkt stößt* ... *vom Proletariat ab, er läßt ihn davon träumen und danach streben, zu etwas zu kommen, selber ein Bourgeois zu werden, sich gegen die ganze Gesellschaft abzukapseln* ...« (»V. Parteitag der SDAPR«, Lenin, Werke, Bd. 12, S. 469)

Die kleinbürgerliche Denkweise beinhaltet das Streben nach Vergrößerung des Besitzes und gesellschaftlichem Aufstieg, Individualismus, Egoismus, Konkurrenz sowie Illusionen in die Reformierbarkeit der kapitalistischen Ausbeutungsverhältnisse.

Für die große Mehrheit der Arbeiter blieb dieser Aufstieg ein Traum – jedoch ein Traum, der in Massenumfang zum Lebensinhalt werden und den Blick von den gemeinsamen Klasseninteressen weg auf die Verwirklichung kleinbürgerlicher Ziele lenken sollte. Das wurde durch die bürgerliche und kleinbürgerliche Massenkultur, die Mode, die Musik, Zeitschriften oder Filme massiv gefördert. Mit Radio und Fernsehen wird heute systematisch jeder Haushalt erreicht und mehr oder weniger beeinflusst.

Die Trennungslinien zwischen Proletariat und Kleinbürgertum wurden fließend. Da die Arbeiter lohnabhängig blieben, war es eher die Denk- und Lebensweise der unteren Schichten der abhängigen Intelligenz, mit der sich ihre Denk- und Lebensweise durchdrang. Dazu heißt es in dem Buch »Der Kampf um die Denkweise in der Arbeiterbewegung«:

»*Zwar unterscheidet sich nach wie vor die proletarische von der kleinbürgerlichen Klassenlage im unteren Bereich der abhängigen Intelligenz. Doch gibt es heute hinsichtlich der Lebensumstände zwischen der Arbeiterklasse und der kleinbürgerlichen Intelligenz keine scharfe Trennung mehr. Die traditionellen Arbeiterwohnbezirke sind weitgehend aufgelöst. Einerseits gehen Jugendliche aus Arbeiterfamilien studieren und werden Intellektuelle; andererseits werden Kinder von kleinbürgerlichen Intellektuellen Arbeiter oder einfache Angestellte. Der Lebensstandard hat sich immer mehr angeglichen, und die Masse der Arbeiter hat ein Bildungs- und Kulturniveau erreicht, das früher den kleinbürgerlichen Schichten vorbehalten blieb.«* (Stefan Engel, »Der Kampf um die Denkweise in der Arbeiterbewegung«, Essen 1995, S. 76/77)

Das Gefühl privater Zufriedenheit erzeugt in Verbindung mit der Manipulation der öffentlichen Meinung unter den Massen Lebensansichten, Gefühle und alltägliche Gepflogenheiten, die nur mit einer kapitalistischen Gesellschaftsordnung zu vereinbaren sind. Der Kern der kleinbürgerlich-reformistischen und kleinbürgerlich-revisionistischen Denkweise ist der Verzicht auf den revolutionären Klassenkampf zur Überwindung der kapitalistischen Ausbeutergesellschaft. Die kleinbürgerliche Denkweise untergräbt den proletarischen Klassenkampf und wandelt bei Arbeitern das Gefühl der Klassenzugehörigkeit in eine schwankende und indifferente Position zwischen Bourgeoisie und Proletariat um. Der Einfluss der kleinbürgerlich-reformistischen und kleinbürgerlich-revisionistischen Denkweise unter der Masse der Arbeiter und unteren Angestellten wurde zum Haupthemmnis der Entwicklung des proletarischen Klassenbewusstseins der Arbeiterklasse.

Im Zuge der Reformen von oben entstand ein **ganzes System der kleinbürgerlichen Denkweise** in der Gesellschaft, das zu einer **Hauptmethode der Herrschaftsausübung** der Monopole wurde. Dazu heißt es im Politischen Bericht des Zentralkomitees der MLPD vom Februar 1998:

»Die Monopole stützen sich bei der Ausübung ihrer wirtschaftlichen und politischen Macht über die gesamte Gesellschaft auf den staatlichen Gewaltapparat. Aber sie vermeiden nach Möglichkeit die offene Konfrontation mit der Arbeiterklasse, soweit ihre Macht noch nicht prinzipiell berührt ist und

*die Gefahr der unkontrollierten Entwicklung der Klassenwidersprüche besteht. Deshalb haben sie zur Dämpfung der Klassenwidersprüche ein **gesellschaftlich organisiertes System der kleinbürgerlichen Denkweise** zur Zersetzung des Klassenbewußtseins entwickelt.«* (S. 74)

Die kleinbürgerlichen Familienverhältnisse unter den Massen bilden neben der Politik der Klassenzusammenarbeit zwischen der rechten Gewerkschaftsbürokratie und den Kapitalisten eine wesentliche Basis für das gesellschaftliche System der kleinbürgerlichen Denkweise. Es ist deshalb kein Zufall, dass die Unternehmerverbände der Familie eine elementare systemerhaltende Bedeutung beimessen. Die Bundesvereinigung der Deutschen Arbeitgeberverbände (BDA) formulierte das 1980 so:

»Eine Rückbesinnung auf die Grundwerte und gesellschaftlichen Aufgaben von Ehe und Familie ist erforderlich mit dem Ziel, der Hausfrau und Mutter in der gesellschaftlichen Wertschätzung wieder den Rang zu geben, der ihr entsprechend ihrer Bedeutung zukommt.« (BDA, »Stellungnahme zu aktuellen Frauen- und Familienfragen«, Köln 1980, S. 42; zitiert in: Trappe/Steller, »Die gewalttätige Familie«, Elefanten Press Verlag, Berlin 1982, S. 177)

Völlig unverhüllt hieß es hierzu im Aufsatz »Die Bedeutung der Familie für unsere freiheitliche Gesellschaftsordnung« in einer Dokumentation des bayerischen Staatsministeriums für Arbeit und Sozialordnung von 1979:

*»... die Familie (erweist sich) als geeignet, bestimmten Funktionsbedürfnissen des Staates und der Wirtschaft zu entsprechen. ... (Dort) erhalten ... (die Menschen) noch immer die grundlegenden **Einstellungen zum Arbeitsleben** überhaupt ... Die Familie trägt dazu bei, daß einer lernt, einer geregelten Arbeit nachzugehen ...*

*Allergrößte Bedeutung gewinnt die Familie für die industrielle Arbeitswelt dadurch, daß sie die Arbeitenden ... **regeneriert,** so daß die kostbarste Ressource einer industriellen Leistungsordnung, die **Arbeitsmoral, nicht dem Raubbau ... zum Opfer** fällt ...*

*Besonders die personalen Tugenden und sozialen Dienstwerte werden im Familienleben gefordert: Liebe, Verständnis, Versöhnung... Sie können einen solchen Überschuß an Lebensmut, an sozialem Optimismus, an Daseinssinn erzeugen, daß der einzelne über sinnleere Zeitabschnitte seiner Existenz, über **manche Fehler und Ungereimtheiten der gesellschaftlichen Verhältnisse hinweggetragen** wird. Wie wichtig dies ist, um der drohenden Gefahr der Mutlosigkeit **oder revolutionären Aggressivität zu entgehen,** bedarf in Zeiten der Parteienverdrossenheit und des Terrorismus keiner langen Erklärungen.«* (»Wieviel Familie braucht das Kind«, S. 87/88, zitiert in: Trappe/Steller, »Die gewalttätige Familie«, Elefanten Press Verlag, Berlin 1982, S. 178/179 – Hervorhebungen Red. RW)

Die Arbeiter sind im Kapitalismus auf das Leben in Familien (oder vergleichbaren privat organisierten Formen des Zusammenlebens) angewiesen, um ihre Arbeitskraft zu reproduzieren, ihr Alltagsleben zu organisieren und Kinder großzuziehen. Die Familie hat für das Arbeiterleben eine entscheidende soziale Funktion. Sie ist der Ort, wo Probleme der Arbeitslosigkeit, Krankheit und sozialen Not einzelner Familienmitglieder in einer solidarischen Gemeinschaft teilweise aufgefangen und gelindert werden.

Der **kleinbürgerliche Familiendünkel** jedoch greift die berechtigten Bedürfnisse nach solidarischem Zusammenleben und sozialer Verantwortung für die Zukunft der Kinder auf, verkürzt sie aber auf die Privatsphäre der Familienbeziehungen und blendet den Zusammenhang zu den Klassenverhält-

nissen in der Gesellschaft aus. Der kleinbürgerliche Familiendünkel ist eine Erscheinungsform der kleinbürgerlichen Denkweise. Einerseits spiegelt er die bürgerliche und kleinbürgerliche Familienordnung im Denken, Fühlen und Handeln der
Massen wider. Andererseits trägt er maßgeblich dazu bei, dass
die gesellschaftlichen Verhältnisse trotz aller Krisenhaftigkeit
des Kapitalismus und trotz veränderter materieller Verhältnisse immer noch funktionieren. Er wurde zu einer wesentlichen Säule im gesellschaftlichen System der kleinbürgerlichen
Denkweise. Seine typischen Merkmale wirken regelrecht gegen die Entfaltung und Höherentwicklung des proletarischen
Klassenkampfs:

- Die **Überordnung der Familien- über die Klasseninteressen** nach dem Motto *»Die Familie geht vor«* richtet sich
  gegen die persönliche und organisierte Beteiligung an der
  Arbeiter-, Frauen- oder Jugendbewegung und an der revolutionären Parteitätigkeit. Freizeit, Feste wie Geburtstag
  oder Weihnachten, Urlaub, Erholung am Feierabend oder
  am Wochenende usw. spielen sich hauptsächlich innerhalb
  der Familie ab. Mit der stolzen Aussage *»Meine Frau hat es
  nicht nötig, arbeiten zu gehen«* wird die Isolierung der Frauen
  von der gesellschaftlichen Produktion als Errungenschaft im
  sozialen Aufstieg verstanden.

- Probleme von Familienmitgliedern wie Krankheiten, Arbeitslosigkeit, soziale Not oder auch Familienzerwürfnisse
  werden oft regelrecht unter der Decke gehalten nach dem
  Motto: *»Was in der Familie passiert, geht keinen was an«.* Das
  geht mitunter einher mit einem völlig unrealen Schuld- und
  Schamgefühl, das jedes Missgeschick ausschließlich aus den
  privaten Versäumnissen und Unzulänglichkeiten erklärt.
  Ein solches Verhalten trägt mit dazu bei, dass die **tatsächlichen gesellschaftlichen Probleme der kapitalistischen Gesellschaft vertuscht** werden können.

- Zu einer regelrechten Lebensphilosophie wurde in den 60er
  und 70er Jahren die Hoffnung: *»Meine Kinder sollen es einmal besser haben!«* Die strikte **Hervorhebung der Interessen der eigenen Kinder** gegenüber dem Wohl und der
  Zukunft der gesamten Arbeiterklasse und ihrer Kinder trägt
  kleinbürgerlichen Charakter und hat negative Auswirkungen auf die Erziehung der Kinder. Unbedingt müssen sie
  demnach auf eine höhere Schule und den Aufstieg ins besser
  gestellte Kleinbürgertum versuchen. Im Alltagsleben werden
  sie über die Maßen in den Mittelpunkt gestellt, mit über-
  triebenen Taschengeldern ausgestattet und mit Geschenken
  verwöhnt und weitgehend von der körperlichen Arbeit und
  der Eigenverantwortung für ihr Leben befreit. Antiautoritäre
  Erziehungsmethoden sind heute unter der Flagge *»demokratischer Respekt vor Kindern und Jugendlichen«* weit
  verbreitet. Sie gelten als modern und beanspruchen, den Kindern und Jugendlichen Vertrauen und Respekt entgegenzubringen, statt blinden Gehorsam und gewaltsame Unterwerfung zu verlangen. In Wahrheit bringt der Antiautoritarismus nur Individualismus, Selbstsucht und Disziplin-
  losigkeit hervor. Es entsteht eine tendenzielle Unfähigkeit,
  die praktischen Dinge des Lebens selbständig zu meistern.
  Mit der Ablehnung jeglicher Autorität unabhängig von ihrem
  Klassencharakter werden Grundvoraussetzungen der Arbeit
  in der Produktion und im Klassenkampf angegriffen. In Verbindung mit der Wirkung der kleinbürgerlichen Massenkultur entsteht dadurch selbst unter vielen Arbeiterjugend-
  lichen eine **kleinbürgerliche Lebensperspektive.**

- Mit der zeitweiligen massenhaften Verwirklichung kleinbürgerlicher Familienverhältnisse nach dem II. Weltkrieg
  in der BRD erhielten überholte **patriarchalische Verhaltensmuster** in den Familien eine neue Grundlage. *»Hausarbeit ist Frauensache«* blieb eine weit verbreitete Ein-

stellung. Entsprechend den ipos-Umfragen von 1992 und 1994 stellt auch deren Fortschreibung von 1996 fest: *»Unabhängig von der Berufstätigkeit wird die Hausarbeit auch 1996 zum größten Teil von Frauen erledigt.«* Demnach sind bei 83 % der Paare Frauen allein für das Putzen, bei 77 % der Paare Frauen allein für das Kochen und bei 65 % der Paare Frauen allein für das Einkaufen zuständig. (»Frauen in der Bundesrepublik Deutschland«, Hrsg. Bundesministerium für Familie, Senioren, Frauen und Jugend, Bonn 1998, S. 96)

• Jungen werden auch heute noch auf einen entsprechenden Beruf ausgerichtet, um später einmal eine Familie gründen und ernähren zu können. Bei Mädchen wird häufig die schulische und berufliche Ausbildung auf eine spätere Vereinbarkeit mit der Rolle als Ehefrau und Mutter gelenkt. Darin drückt sich die **allgemeine Akzeptanz der Rollenverteilung in der bürgerlichen Familienordnung** aus. Das bedeutet aber objektiv auch ein Einverständnis mit der kapitalistischen Gesellschaftsordnung. Es erscheint selbstverständlich, dass *»jeder seines Glückes Schmied«* und die Verantwortung für den Erhalt des menschlichen Lebens eine private Angelegenheit der einzelnen Familie ist.

• Als Keimzelle der bürgerlichen Gesellschaft ist die Kleinfamilie eine Wirtschaftseinheit. Damit verbunden ist gesetzmäßig das **Prinzip der Konkurrenz**. Das ist die materielle Wurzel für das auch unter einfachen Leuten nicht unbekannte kleinkarierte Gezänk in der Nachbarschaft, für den Familienstreit um Erbschaftsanteile, für den mitunter ätzenden Tratsch oder die blinde Eifersucht. Mit der Entwicklung kleinbürgerlicher Familienverhältnisse hat sich auch eine Konkurrenz um materiellen Wohlstand innerhalb der Arbeiterklasse verstärkt mit allen ihren spalterischen Folgen für die Klassensolidarität.

Der kleinbürgerliche Familiendünkel kennzeichnet ein
ganzes **System kleinbürgerlicher Ansichten, Gefühle und
Gepflogenheiten im Alltagsleben** rund um den Erhalt der
kleinbürgerlichen Familienordnung. Er spielt objektiv eine zer-
setzende Rolle gegenüber dem proletarischen Klassenkampf,
weil er an die Stelle des Klassendenkens der Arbeiterklasse
und ihrer Klassenorganisation die kleinbürgerlich-individua-
listische Familienidylle setzt. Ohne das Wesen der bürgerlichen
Familienordnung zu durchschauen und den kleinbürgerlichen
Familiendünkel zu überwinden, wird die Arbeiterklasse nicht
in der Lage sein, ihre führende Rolle im Kampf für den Sozialismus zu spielen.

6. Die staatliche Institutionalisierung der kleinbürgerlich-feministischen Denkweise

**Die Durchsetzung der rechtlichen Gleichstellung der
Frauen in der BRD**

Die freie Lohnarbeit setzt die freie Verfügung des Arbeiters
über seine Arbeitskraft voraus sowie die rechtliche Gleichstellung von Kapitalist und Arbeiter auf dem Markt. Dazu heißt
es im »Kapital« von Karl Marx:

*»Unter dieser Voraussetzung kann die Arbeitskraft als Ware
nur auf dem Markt erscheinen, sofern und weil sie von ihrem
eignen Besitzer, der Person, deren Arbeitskraft sie ist, als Ware
feilgeboten oder verkauft wird. Damit ihr Besitzer sie als Ware
verkaufe, muß er über sie verfügen können, also freier Eigentümer seines Arbeitsvermögens, seiner Person sein. Er und der
Geldbesitzer begegnen sich auf dem Markt und treten in Verhältnis zueinander als ebenbürtige Warenbesitzer, nur dadurch
unterschieden, daß der eine Käufer, der andre Verkäufer, beide
also juristisch gleiche Personen sind.«* (Marx/Engels, Werke,
Bd. 23, S. 182)

Aus dem gleichen Grund ist für den Kapitalismus die juristische Gleichberechtigung der Frau ökonomisch notwendig, um sie in die industrielle Produktion einzubeziehen. Darauf machte auch Lenin aufmerksam:

»Die maschinelle Großindustrie … verträgt sich in keiner Weise mehr mit den Überresten der Patriarchalität und der persönlichen Abhängigkeit … Und gerade dieser Bruch mit den überlebten Traditionen war eine der wesentlichen Bedingungen, durch die die Regulierung und gesellschaftliche Kontrolle der Produktion möglich und notwendig gemacht wurde.« (»Die Entwicklung des Kapitalismus in Rußland«, Lenin, Werke, Bd. 3, S. 563)

Bis Ende der '70er Jahre kam die formaljuristische Gleichstellung der Frauen in der BRD zu einem relativen Abschluss. Das war eine wesentliche Bedingung für die flexible Einbeziehung einer wachsenden Zahl von Frauen in die Erwerbstätigkeit. Andererseits waren diese rechtlichen Fortschritte auch heftig umkämpft. Sie mussten gegen traditionell patriarchalische Strukturen und Denkmuster durchgesetzt werden, die zum Teil noch aus vorbürgerlichen Gesellschaften herrühren und bis zum heutigen Tag die bürgerliche Familienordnung nachhaltig prägen. Das wird an der Geschichte der rechtlichen Gleichstellung der Frauen in der BRD deutlich.

1949 wurde das **Grundgesetz** verabschiedet. In Artikel 3, Absatz 2 ist erstmals in Deutschland die Gleichberechtigung von Mann und Frau festgeschrieben. Das geschah gegen den Willen der CDU/CSU, die zunächst entsprechend der Weimarer Verfassung nur *»gleiche staatsbürgerliche Rechte und Pflichten von Männern und Frauen«* gelten lassen wollte. Das richtete sich insbesondere gegen die Gleichberechtigung der Frau in Ehe und Familie. Zugleich blieben die reaktionären Regelungen des Bürgerlichen Gesetzbuches (BGB) aus dem Jahr 1900 weiter in Kraft.

1953 erst trat entsprechend der Übergangsregelung in Artikel 117, Absatz 1 Grundgesetz **sämtliches dem Verfassungsgrundsatz der Gleichberechtigung widersprechendes Recht außer Kraft.**

1955 wurden **Frauenlohngruppen für gesetzwidrig erklärt.**

1958 wurde das **Gesetz über die Gleichberechtigung von Mann und Frau** verabschiedet, das endlich die extrem reaktionären Regelungen des BGB aufhob. Von nun an durfte die Ehefrau unabhängig von der Zustimmung des Ehemanns erwerbstätig sein, jedoch nur, *»soweit ihre Ehe- und Familienpflichten nicht darunter leiden«.* Diese Einschränkung zeigt, dass die Leitlinie der bürgerlichen Rechtsprechung immer noch die *»Hausfrauenehe«* war. Das sollte noch fast 20 Jahre so bleiben.

1974 wurde zusammen mit der **Herabsetzung der Volljährigkeit** auch die Ehemündigkeit von Männern und Frauen angeglichen und **auf 18 Jahre** festgesetzt. Vorher konnten Mädchen bereits mit 14 Jahren mit Zustimmung des Vormundes heiraten – oder verheiratet werden.

1976: Durch die Änderung des BGB darf seit 1. Juli 1976 auch der Geburtsname der Ehefrau zum **Familiennamen** werden.

1977 kam das **»Erste Gesetz zur Reform des Ehe- und Familienrechts«.** Hier wird die freie Entscheidung über die Aufgabenverteilung in der Ehe zwischen Mann und Frau festgeschrieben. Das Leitbild der Hausfrauenehe wird aufgehoben. Bei Scheidungen wird das *»Schuldprinzip«* durch das *»Zerrüttungsprinzip«* ersetzt. Die elterliche Sorge für die Kinder liegt nun gemeinsam bei Vater und Mutter. Damit ist die rechtliche Gleichstellung in den wesentlichen Fragen erreicht.

1980 folgte das **»Arbeitsrechtliche EG-Anpassungsgesetz«** über die *»Gleichbehandlung von Männern und Frauen* *am Arbeitsplatz«* und den *»Anspruch auf gleiches Entgelt«* sowie das *»Gebot geschlechtsneutraler Stellenausschreibungen«.*

In den 90er Jahren wurden das **Erbrecht und das Unterhaltsrecht für eheliche und nicht eheliche Kinder vereinheitlicht**, so dass sich für immer mehr Frauen der ökonomische Zwang verringerte, zu heiraten, nur weil sie ein Kind erwarteten.

1994 wurde das Grundgesetz ausgehend von einer **parteiübergreifenden Fraueninitiative** erneut geändert. Ergänzend zu dem Satz *»Männer und Frauen sind gleichberechtigt«* wurde eingefügt:

»Der Staat fördert die tatsächliche Durchsetzung der Gleichberechtigung von Frauen und Männern und wirkt auf die Beseitigung bestehender Nachteile hin.« (Artikel 3, Absatz 2 Grundgesetz)

Doch alle diese Schritte zur rechtlichen Gleichstellung von Mann und Frau konnten ihre **gesellschaftlich bedingte Ungleichheit** nicht aufheben. Alle Rechte und Freiheiten der Frauen treffen auf gesellschaftliche Verhältnisse, durch die sie bei Bedarf wieder ausgehebelt oder gar in ihr Gegenteil verkehrt werden können. Was nützt die Stellenausschreibung »Lagerarbeiter/in« oder »Sachbearbeiter/in«, wenn schließlich doch Männer bevorzugt eingestellt werden? Was sagt die über viele Jahre geringere Arbeitslosigkeit der Frauen, wenn viele in *»ungeschützte Arbeitsverhältnisse«* ohne Sozialversicherung gezwungen werden oder in den Haushalt zurückkehren? Was nützt das Verbot von Frauenlohngruppen, wenn nach formal gleichem Tarifrecht Arbeiterinnen in ihrer übergroßen Mehrheit in Leichtlohngruppen eingruppiert werden? Formal gleiches Rentenrecht bleibt eine Farce, solange eine erträgliche Rentenhöhe auf einer lebenslangen Erwerbstätigkeit beruht, die Masse der Frauen jedoch über einen beachtlichen Lebenszeitraum nur einer Teilzeitbeschäftigung oder gar keiner

Erwerbstätigkeit nachgeht. Formal gleiches Scheidungsrecht bleibt in der Realität wirkungslos, solange Unterhaltsverpflichtungen die Wirtschaftseinheit Ehe auch nach der Scheidung fortschreiben und in vielen Fällen den finanziellen Ruin eines oder beider Partner bedeuten.

Außerdem besteht eine Reihe subtiler Formen der Benachteiligung von Frauen fort bzw. wirken gesetzliche Verordnungen, die nur die Frauen betreffen. So ist das Aufenthaltsrecht vieler Ausländerinnen ohne eigene Berufstätigkeit in den ersten vier Jahren an die Ehe mit einem Mann gekoppelt, der über ein solches Aufenthaltsrecht verfügt. Lassen sich solche Frauen scheiden, werden sie rücksichtslos ausgewiesen. Auch wird geschlechtsspezifische Verfolgung von Frauen bis heute nicht als Asylgrund anerkannt.

Unter der Bedingung realer gesellschaftlicher Ungleichheit zementiert formal gleiches Recht die Ungleichheit. Dazu führte Friedrich Engels aus:

»... die demokratische Republik hebt den Gegensatz beider Klassen nicht auf, sie bietet im Gegenteil erst den Boden, worauf er ausgefochten wird. Und ebenso wird auch der eigentümliche Charakter der Herrschaft des Mannes über die Frau in der modernen Familie und die Notwendigkeit wie die Art der Herstellung einer wirklichen gesellschaftlichen Gleichstellung beider erst dann in grelles Tageslicht treten, sobald beide juristisch vollkommen gleichberechtigt sind. Es wird sich dann zeigen, daß die Befreiung der Frau zur ersten Vorbedingung hat die Wiedereinführung des ganzen weiblichen Geschlechts in die öffentliche Industrie, und daß dies wieder erfordert die **Beseitigung der Eigenschaft der Einzelfamilie als wirtschaftlicher Einheit der Gesellschaft**.*«* (»Der Ursprung der Familie, des Privateigentums und des Staats«, Marx/Engels, Werke, Bd. 21, S. 76 – Hervorhebung Red. RW)

Die kämpferische Frauenbewegung und der kleinbürgerliche Feminismus

Seit dem Kaiserreich gibt es den § 218 des Strafgesetzbuchs, der Abtreibung unter Strafe stellt und so den Frauen das Recht abspricht, selber zu entscheiden, ob sie ein Kind bekommen wollen oder nicht. Seit derselben Zeit ist der Kampf gegen den § 218 wichtiger Bestandteil der Frauenbewegung. Kampagnen mit großer Öffentlichkeitswirkung, aber auch die Einführung der Fristenlösung 1972 in der DDR führten 1974 dazu, dass der Bundestag ein Gesetz beschloss, nach dem ein Schwangerschaftsabbruch während einer Frist von 12 Wochen nach der Empfängnis straffrei sein sollte. Aber schon im folgenden Jahr erklärte das Bundesverfassungsgericht auf massiven Druck der katholischen Kirche diese Fristenlösung für verfassungswidrig.

Nach diesem skandalösen Urteil des Bundesverfassungsgerichts erlebte die kleinbürgerlich-feministische Frauenbewegung einen tiefen Einbruch. Ausgehend von den Arbeiterinnen entstand eine tatsächlich **neue Frauenbewegung.** Sie war Ausdruck eines gewachsenen Selbstbewusstseins der Frauen, insbesondere der Arbeiterfrauen in der Industrie.

- 1973 streikten 2 000 Arbeiterinnen bei Pierburg/Neuss – darunter 900 Griechinnen und 500 Türkinnen – selbständig fünf Tage erfolgreich für höheren Lohn und Abschaffung der Leichtlohngruppen.

- Bei wichtigen Arbeitskämpfen, vor allem auf den Werften, in Stahlbetrieben und im Bergbau, bildeten Frauen der kämpfenden Arbeiter Solidaritätsgruppen, die diese Kämpfe materiell, politisch und moralisch oft mit einer sehr wirkungsvollen Öffentlichkeitsarbeit unterstützten.

- 1977 organisierten die Putzfrauen von Piepenbrock bei Thyssen Schalker Verein in Gelsenkirchen unter Führung von

Helga Janzik einen dreitägigen selbständigen Streik zur Verteidigung ihrer Lohntarife und gegen eine drastische Ver-
schlechterung ihrer Arbeitsbedingungen. Es war der erste
Putzfrauenstreik in der Geschichte der BRD.

- 1979 bis 1981 führten die Gelsenkirchner Heinze-Frauen, unterstützt von bundesweiter Solidarität, einen erfolgreichen
  Kampf für gleichen Lohn für gleiche Arbeit. Arbeiterinnen
  der Bremer Vulkan-Werft, bei Karstadt in Wiesbaden, bei den
  Adler-Werken in Frankfurt und Kabelspulerinnen bei Thyssen setzten sich erfolgreich gegen ihre Lohndiskriminierung
  ein.

- 1983 fand die bis dahin größte gewerkschaftliche Frauen-
  demonstration mit 30 000 Teilnehmerinnen und Teilnehmern
  in Bonn statt.

- Ende Dezember 1989 streikten rund 7 000 Erzieherinnen
  zehn Wochen lang in dem längsten Arbeitskampf der Berliner Nachkriegsgeschichte für die tarifliche Festschreibung
  der Gruppengröße und des Personalschlüssels in Kindertagesstätten.

Die neue Frauenbewegung wirkte mobilisierend auf die gesamte Arbeiterbewegung zurück. Der Kampf gegen die Leichtlohngruppen wurde zu einem wichtigen Ansatz in den Betrieben für den gemeinsamen Kampf von Männern und Frauen
gegen die doppelte Ausbeutung der Frauen in den Betrieben.

Mit dem ersten Streik um die 35-Stunden-Woche bei vollem
Lohnausgleich 1978/79 hatten die Stahlarbeiter ein Signal gesetzt. 1980 begann das Jahrzehnt des Übergangs zur Arbeiteroffensive! Als die BRD während der Weltwirtschaftskrise
1981–83 ihre erste Überproduktionskrise seit dem II. Weltkrieg
erlebte, waren die Monopole sorgsam darauf bedacht, es nicht
zu größeren gesellschaftlichen Erschütterungen kommen zu
lassen. Sie wollten vor allem die über Jahrzehnte gewachsene
Arbeitsgemeinschaft mit der rechten Gewerkschaftsbüro-

kratie nicht gefährden. Die Perspektive einer kämpferischen Frauenbewegung kam den Monopolen und ihrem Staat äußerst ungelegen.

Es konnte nur im Interesse der Monopole sein, den Konkurrenzkampf in der Arbeiterklasse und zwischen Männern und Frauen zu fördern. Dazu nutzen sie die ab 1975 entstandene Massenarbeitslosigkeit auf Dauer als entscheidendes Druckmittel. Der **kleinbürgerliche Feminismus** wurde **als wesentlicher Bestandteil des gesellschaftlichen Systems der kleinbürgerlichen Denkweise** in das System der politischen Herrschaftsausübung integriert und diente zur Spaltung. Der kleinbürgerliche Feminismus prangert die reale gesellschaftliche Ungleichheit von Mann und Frau an, die trotz rechtlicher Gleichstellung nicht beseitigt ist – und antwortet darauf mit dem **Geschlechterkampf.** Die deutsche Feministin Alice Schwarzer fasste diesen Standpunkt so zusammen:

»Aber der Kern des Problems war für mich jetzt klar: Es gibt ein Machtverhältnis zwischen den Geschlechtern, das sich durch alles zieht: durch Klassen, Rassen. Diese Ungleichheit zwischen Männern und Frauen scheint mir das Grundraster, auf dem alle anderen Machtverhältnisse ruhen. Wird es erschüttert, stürzen auch die anderen Hierarchien wie ein Kartenhaus zusammen.« (zitiert in: Anna Dünnebier und Gert v. Paczensky, »Das bewegte Leben der Alice Schwarzer«, Verlag Kiepenheuer & Witsch, Köln 1998, S. 65)

Die kleinbürgerlich-feministische Denkweise verbreitet im Kern die Illusion, die gesellschaftliche Gleichstellung von Mann und Frau sei durch den Kampf gegen die *»Dominanz der Männer«* erreichbar. Die durchaus berechtigte, der Form nach militant, provokativ und publikumswirksam vorgebrachte Kritik der kleinbürgerlichen Feministinnen an der besonderen Unterdrückung der Frauen erregte anfangs die konservativen Gemüter in der bürgerlichen Gesellschaft. Der kleinbürger-

Der kleinbürgerliche Feminismus beantwortet die gesellschaftliche Ungleichheit von Mann und Frau mit dem Geschlechterkampf. Er lässt die private Verantwortung bei der Kleinfamilie und schürt die Konkurrenz zwischen Männern und Frauen.

liche Feminismus wurde nicht zuletzt durch die primitive, abwertende Polemik in der bürgerlichen Presse objektiv aufgewertet. So wurde Alice Schwarzer noch Anfang der 70er Jahre in den Medien als *»frustrierte Tucke«*, *»Nachteule mit dem Sex einer Straßenlaterne«* oder als *»Miß Hängetitt«* verunglimpft. (Bascha Mika, »Alice Schwarzer«, Rowohlt Verlag, Hamburg 1998, S. 151/152)

Bei aller Kritik an der gesellschaftlichen Ungleichheit von Mann und Frau besteht eine grundlegende Identität zwischen der bürgerlichen Weltanschauung und dem kleinbürgerlichen Feminismus: die **Akzeptanz der kapitalistischen Gesellschaftsordnung** und eine **Beschränkung auf Veränderungen im Rahmen des bestehenden Gesellschaftssystems**. Das machte den kleinbürgerlichen Feminismus in die bürgerliche Gesellschaft integrierbar. Seine Verbreitung wurde für die Herrschenden wertvoll, weil er eine Antwort auf die berechtigte Kritik an gesellschaftlicher Ungleichheit nahe legte, in Wahrheit jedoch **Desorientierung, Demoralisierung und Desorganisation** in die Arbeiter- und Frauenbewegung trug.

Mit besonderen Fördermaßnahmen und formalen Auflagen wie Quoten, Frauen-Förderplänen und besonderen staatlichen Einrichtungen wurde plötzlich von den bürgerlichen Parteien und öffentlichen Institutionen gegen die *»männliche Dominanz«* zu Felde gezogen. 1980 veröffentlichte die *»Enquete-Kommission des Deutschen Bundestages«* die Ergebnisse ihrer jahrelangen Vorarbeiten: Sie mündeten in der Forderung nach einem *»Netzwerk von Institutionen zur Gleichberechtigung der Frau«* für Bund, Länder und Gemeinden. Entsprechend dieser Konzeption wurde 1982 die erste kommunale *»Gleichstellungsstelle«* in Köln eingerichtet. Zehn Jahre später arbeiteten in Bund, Ländern und Gemeinden bereits 1300 Gleichstellungsstellen. 1984 wurden auch die ersten Quotenmaßnahmen im öffentlichen Dienst eingeführt. Bereits zehn Jahre später hatten die meisten Bundesländer Regelungen eingeführt, die bei Bewerbungen mit gleicher Qualifikation die bevorzugte Einstellung von Frauen festschrieben. Ein Netz kleinbürgerlich-feministisch bzw. kleinbürgerlich-reformistisch geprägter Frauenprojekte wurde staatlich gefördert: Bis 1987 entstanden bundesweit bereits 200 Frauenhäuser und wurden zunehmend staatlich finanziert oder vom Staat selbst eingerichtet.

Sämtliche Bonner Parteien verfügen inzwischen über mehr oder weniger durchgreifende Quoten- oder Quorumsregelungen zur Repräsentierung von Frauen in Parteiämtern oder auf bestimmte Listenplätze bei Wahlen. Quoten schüren die Konkurrenz zwischen Männern und Frauen und erwecken die illusionäre Hoffnung, grundsätzliche gesellschaftliche und soziale Probleme ließen sich mit formalistischen Regelungen lösen.

Überall wurden Gesetze und Verordnungen zur Verwendung geschlechtsneutraler Sprachregelungen zum Beispiel in staatlichen Stellenausschreibungen erlassen. Die einst geschmähten Koryphäen der kleinbürgerlich-feministischen Bewegung stiegen zu Vorzeigefeministinnen und Medienstars auf. 1996 erhielt Alice Schwarzer das Bundesverdienstkreuz. In den 90er Jahren bekam der kleinbürgerliche Feminismus immer mehr Möglichkeiten der breiten Selbstdarstellung in den Massenmedien.

Die Kräfte und Energien der selbständigen Initiative von Frauengruppen und -organisationen wurden systematisch staatlich absorbiert und an die Kandare genommen. Die meisten der Gleichstellungsstellen sind zum Beispiel unter maßgeblicher Beteiligung von Frauenarbeitskreisen entstanden. Es wurde selbstverständlich, dass die Zusammenkünfte der Frauenorganisationen und -initiativen einer Stadt sich unter

der Leitung der Gleichstellungsbeauftragten oder des Frauenbüros treffen. Das unterstellt sie »freiwillig« der Kontrolle der
staatlichen Organe. Die Folge war die zunehmende Lähmung
und oftmals Auflösung selbständiger Fraueninitiativen und
die immer weiter gehende Reduzierung der Frauenplenen auf
Institutionen wie Beratungsstellen, Bildungseinrichtungen,
kirchliche Frauenarbeit usw. In dem Buch »Einmischung erlaubt? Kommunale Frauenbüros in der BRD« wird eine ver-
nichtende Bilanz der einst hochgesteckten Hoffnungen in
Gleichstellungsstellen gezogen:

»Eine Frauenbeauftragte hat als Verwaltungsangestellte
eigentlich keine Rechte, sich an politischen Entscheidungs-
prozessen zu beteiligen ... Auch gegenüber anderen Institutio-
nen haben Frauenbeauftragte keine Kompetenzen. Sie können
auch hier nur appellieren und auf den guten Willen der Ver-
antwortlichen hoffen.« (Linda Wilken, »Einmischung erlaubt?«,
VSA-Verlag, Hamburg 1992, S. 50 und 40)

Mit der Regierungsübernahme von SPD und Bündnis 90/Die
Grünen im September 1998 wurde das System der kleinbürgerlichen Denkweise und damit auch der kleinbürgerliche
Feminismus zur Regierungsmethode erhoben. Unter dem Anspruch, *»die Gleichberechtigung der Frau wieder zum großen*
gesellschaftlichen Reformprojekt zu machen«, wird Konkurrenz
und Spaltung zwischen Männern und Frauen geschürt, um von
den gesellschaftlichen Ursachen der besonderen Ausbeutung
und Unterdrückung der Frau abzulenken.

All diese Maßnahmen sollten vor allem **die Lebenslüge des**
staatsmonopolistischen Kapitalismus von der *»Gleich-*
berechtigung der Frau« lebendig werden lassen. Sie erweisen sich bei näherem Hinsehen allerdings lediglich als schlech-
te Schminke über der tatsächlichen gesellschaftlichen Ungleichheit von Mann und Frau. Die Institutionalisierung der
kleinbürgerlich-feministischen Denkweise brachte den Frauen

unter dem Strich höchstens verbesserte Chancen im Konkurrenzkampf mit den Männern und das Gefühl von mehr Respekt
und gesellschaftlicher Relevanz. Sie muss von der kämpferischen Frauenbewegung und der Arbeiterbewegung aber als
das begriffen werden, was sie ist: eine **Gegenstrategie der
Herrschenden gegen den Kampf um die wirkliche Befreiung der Frau** und gegen den proletarischen Klassenkampf
zur Überwindung des Systems der kapitalistischen Ausbeutung und Unterdrückung.

7. Die chronische Krise der bürgerlichen Familienordnung

**Die sich entwickelnde Frauenerwerbstätigkeit
rüttelt an der Hausfrauenehe**

*»1970 war der Höhepunkt der Nachkriegskonjunktur erreicht.
Die Monopole setzten die drei Maßnahmen – Konzentration des
Kapitals, Rationalisierung auf neuer technischer Grundlage
und verstärkten Kapitalexport – gleichzeitig ein, um den drohenden Krisenausbruch hinauszuschieben. Das hatte umfassende Auswirkungen auf die Lebenslage der Werktätigen.«*
(Willi Dickhut, »Krisen und Klassenkampf«, Essen 1984, S. 216)

Von 1970 bis 1976 wurden durch diese drei Maßnahmen
allein 1,17 Millionen Arbeitsplätze in der Industrie vernichtet.
Eine Massenarbeitslosigkeit auf Dauer entstand. Gleichzeitig
wurden 750 000 neue Arbeitsplätze im so genannten Dienstleistungsbereich geschaffen und hauptsächlich mit Frauen besetzt. Dazu schrieb die Bundesvereinigung der Deutschen Arbeitgeberverbände (BDA) 1989:

*»Die Wirtschaft kann es sich auf Dauer einfach nicht leisten,
auf das Potential gut ausgebildeter Frauen zu verzichten.«* So
sei es *»nur folgerichtig, wenn vorausschauende Unternehmen
das Fähigkeitspotential ihrer Mitarbeiter unabhängig vom*

Geschlecht voll erschließen.« (»Chancen für Frauen in der Wirtschaft«, Hrsg. BDA, Deutscher Instituts-Verlag, Köln 1989, S. 30)

Vor allem mit der Verbreitung von Mikroelektronik und Vollautomation vervollkommneten sich die Möglichkeiten der massenhaften Einbeziehung von Frauen in ausnahmslos alle Bereiche von Industrie und Verwaltungen. Immer mehr Arbeitsplätze, die schwere körperliche Arbeit erforderlich machten, wurden verdrängt. Neue Möglichkeiten für die massenhafte Einbeziehung von Frauen in die öffentliche Produktion wurden geschaffen. Dazu schreibt die BDA in ihrem Papier weiter:

»Der Einsatz neuer Techniken ... verringert die körperlichen Belastungen ... und erhöht damit die Beschäftigungsmöglichkeiten für Frauen. Nicht mehr Muskeln sind heute gefragt, sondern Köpfchen, Fingerfertigkeit und Kreativität, alles Fähigkeiten, über die Frauen ebenso wie Männer verfügen.« (ebenda, S. 17)

Die Kapitalisten ließen die Frauen eine **Vorreiterrolle bei der Flexibilisierung der Arbeitszeit, beim allgemeinen Lohnabbau und Abbau so genannter** *»beschäftigungshemmender Vorschriften«* spielen. Die scheinheilige Berücksichtigung der Doppelbelastung von Frauen in Familie und Beruf wurde sogar zu einem hauptsächlichen Argument der Monopolpropaganda, um den Widerstand der Arbeiterklasse gegen die verschärfte Ausbeutung und Unterdrückung zu unterlaufen:

»Die häufig hohe Kapitalintensität technischer Systeme zwingt zu längeren Nutzungszeiten mit der Konsequenz, daß die familienfreundliche Teilzeitarbeit für immer mehr Betriebe interessant wird ... Bei der Personalplanung sind künftig auch neue Formen der Arbeitszeitgestaltung stärker zu berücksichtigen, wie Teilzeitarbeit, flexible Arbeitszeiten und gleitende Arbeitszeit. Sie sind nicht nur familienfreundlich, sondern auch

für viele Betriebe ein Instrument rationeller Arbeitszeitpolitik.
(ebenda, S. 21 und 24)

Die Ausdehnung der Teilzeitarbeit ist eine wichtige Form der
Flexibilisierung der Arbeitszeit und führt zum überproportio-
nalen Abbau von Vollzeitarbeitsplätzen. Von den 1,293 Millionen Arbeitsplätzen, die zwischen 1980 und 1990 in Westdeutschland neu entstanden, waren 79,6 % Teilzeitarbeitsplätze für Frauen. Für 1997 weist die offizielle Statistik 5,7 Millionen Teilzeitbeschäftigte aus, 88 % von ihnen sind Frauen
(Statistisches Bundesamt, Pressemitteilung vom 22. April
1998). Dabei verschleiert die offizielle Statistik das reale Ausmaß der Teilzeitbeschäftigung. Nach einer umfassenden Analyse des Deutschen Instituts für Wirtschaft arbeiteten 1996 allein 5,4 Millionen als so genannte *»geringfügig Beschäftigte«* mit
Verträgen auf 620-DM-Basis. Insgesamt gab es sogar 6,7 Millionen solcher Arbeitsplätze, da viele gezwungen sind, mehrere solcher Stellen anzunehmen (»Wochenbericht 38/97«, Deutsches Institut für Wirtschaft, Berlin 1997).

Die Teilzeitarbeiterinnen werden auf der Basis des so genannten *Beschäftigungsförderungsgesetzes* von 1985 immer
öfter nur befristet beschäftigt und besonderen Flexibilisie-
rungsauflagen ausgesetzt. 1995 arbeiteten nur noch 43,8 % der
westdeutschen erwerbstätigen Frauen in einem *»Normal-
arbeitsverhältnis«*, das heißt unbefristet und ohne Leiharbeit
(Männer: 64,9 %). 1985 waren es noch 48,5 % der Frauen gewesen. (»IAB Kurzbericht 2/98«, Institut für Arbeitsmarkt- und
Berufsforschung der Bundesanstalt für Arbeit)

Eine weitere Seite der Flexibilisierung der Arbeitszeit ist die
Ausdehnung der Nacht-, Schicht- und Wochenendarbeit auf
Frauen. 1989 stellte die BDA unter dem Slogan *»Letzte recht-
liche Hemmnisse abbauen«* die Forderung auf, sämtliche Be-
schäftigungsverbote und -beschränkungen für Frauen und das
Nachtarbeitsverbot für Arbeiterinnen aufzuheben. (»Chancen

für Frauen in der Wirtschaft«, Hrsg. BDA, Köln 1989, S. 51–53)
Das wurde im Juli 1994 im *Arbeitszeitgesetz* wunschgemäß vom
Deutschen Bundestag umgesetzt.

Tabelle 5:
Entwicklung der sozialversicherungspflichtigen
Beschäftigten nach Voll- und Teilzeit im alten
Bundesgebiet 1980–1997

	Jahr	Beschäftigte insgesamt	Frauen	Frauenanteil in %
Insgesamt	1980	20 953 864	8 098 000	38,6
	1985	20 378 397	8 091 868	39,7
	1990	22 368 378	9 173 221	41,0
	1997	22 096 080	9 525 448	43,1
1980–97		+5,45 %	+11,76 %	
Ausbildungsverhältnisse	1980	1 674 064	728 179	43,5
	1985	1 797 848	816 679	45,4
	1990	1 574 278	749 495	47,6
	1997	1 236 646	578 544	46,8
1980–97		−26,13 %	−20,55 %	
Vollzeitbeschäftigte	1980	17 615 223	5 819 199	33,0
	1985	16 699 824	5 525 612	33,1
	1990	18 397 951	6 219 123	33,8
	1997	17 806 419	6 207 811	34,9
1980–97		+1,08 %	+6,68 %	
Teilzeitbeschäftigte	1980	1 664 577	1 550 622	93,2
	1985	1 880 725	1 749 577	93,0
	1990	2 395 849	2 204 603	92,0
	1997	3 053 015	2 739 093	89,7
1980–97		+83,41 %	+76,64 %	

Quelle· Statistische Mitteilungen, »Frauen und Arbeitsmarkt«, Ausgabe
1997/98, Hrsg. Landesarbeitsamt NRW, Düsseldorf 1998; prozentuale
Veränderungen als eigene Berechnungen

Das Scheitern der *»Vereinbarkeit von Beruf und Familie«*

Um das verstärkte Eintreten von Frauen in eine berufliche Tätigkeit entsprechend den Wünschen der Unternehmer zu fördern, wurde die **staatliche Frauen- und Familienpolitik** neu orientiert auf die *»Vereinbarkeit von Beruf und Familie«.* 1986 wurde das Bundesministerium für Jugend, Familie, Frauen und Gesundheit eingerichtet. Erste Ministerin war Rita Süßmuth (CDU), die als Prioritäten ihres Ministeriums vor ihrem Amtsantritt ausführte:

»Die Schwerpunkte unserer Frauenpolitik werden in der beruflichen Wiedereingliederung, im Abbau von Beschäftigungshemmnissen und in einer Offensive für mehr Teilzeitarbeit liegen.« (zitiert in: Gisela Helwig, »Frau und Familie, Bundesrepublik Deutschland – DDR«, Verlag Wissenschaft und Politik, Köln 1987, S. 18)

Bereits unter der sozialliberalen Koalitionsregierung von SPD/FDP war von 1969 bis 1982 eine ganze Reihe von bisher privaten Aufgaben der Familie schrittweise vom Staat unterstützt worden. Mehr Kindergärten wurden eingerichtet, Ganztagsschulen eingeführt und die Alten- und Krankenpflege ausgebaut. Zigtausende von Sozialarbeitern/Sozialpädagogen wurden ausgebildet und eingesetzt – auch um die immer offenkundigere Unzulänglichkeit der bürgerlichen Kleinfamilie wenigstens teilweise durch öffentliche Maßnahmen aufzufangen. Der öffentliche Verkehr verbesserte den beweglichen Einsatz der Arbeitskräfte.

Diese staatlichen Maßnahmen blieben jedoch völlig unzureichend. So standen 1980 nur für 1,4 % der Kinder unter drei Jahren Krippenplätze und für 75 % aller Kinder zwischen drei und sechs Jahren Kindergartenplätze zur Verfügung. (»Emanzipation in der Krise?«, Hrsg. Arbeitskreis Frauenfrage des Instituts für Marxistische Studien und Forschungen, Plambeck

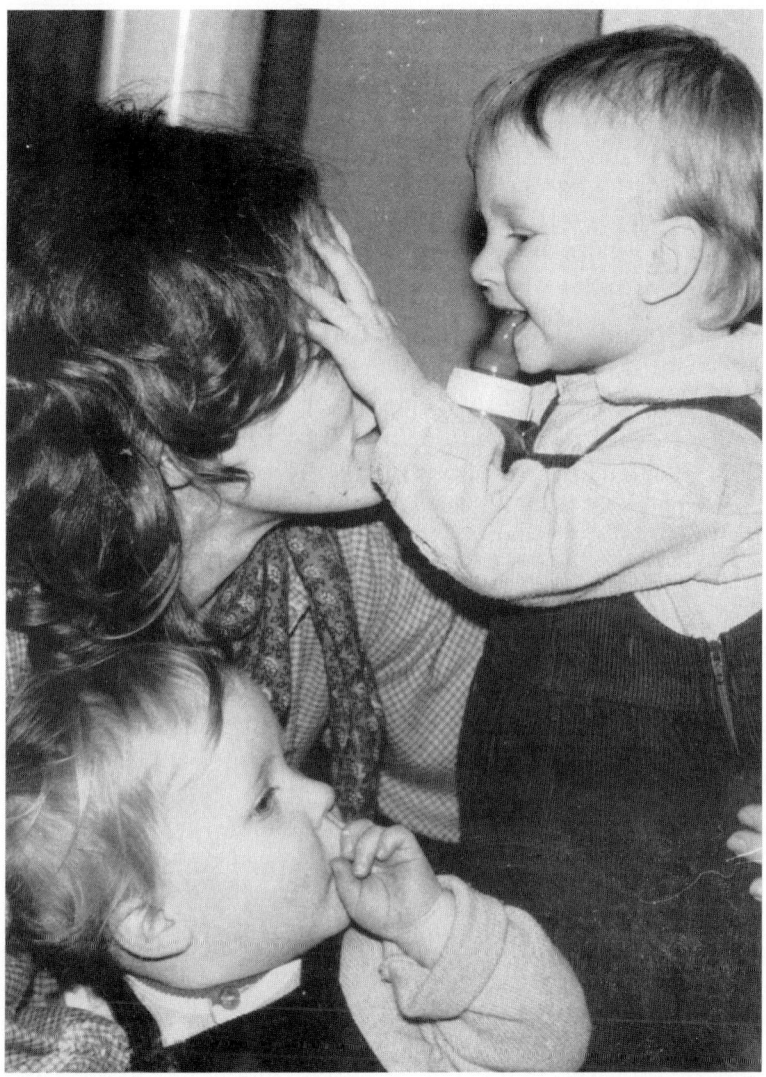

Die staatliche Politik der »Vereinbarkeit von Beruf und Familie« war von Anfang an eine Illusion und ein Betrug an den Frauen. Sie mündete in eine massenhafte Zerreißprobe für die erwerbstätigen Mütter und oftmals für die ganze
Familie.

& Co Verlag, Neuss 1986, S. 38) Der **private Charakter** von Haushaltsführung, Erziehung usw. wurde nicht grundsätzlich angetastet. Die staatlichen Maßnahmen waren auch von vornherein nur *»familienergänzend«* gedacht. Die staatliche Politik zur *»Vereinbarkeit von Beruf und Familie«* war deshalb von Anfang an eine Illusion und ein Betrug an den Frauen. Sie mündete in eine massenhafte Zerreißprobe für die erwerbstätigen Mütter und oftmals die ganze Familie.

Die verschärfte Ausbeutung in den Betrieben, zu deren Zweck die verstärkte Einbeziehung von Frauen diente, wirkte auf die Familien zurück. So ergab eine Untersuchung der Universität Hannover: Nach der Einführung der 4-Tage-Woche ohne vollen Lohnausgleich in Verbindung mit extremer Flexibilisierung der Arbeitszeit bei VW 1994 stieg die Zahl der Ehescheidungen in Wolfsburg bis 1996 um 60,2 % an. Umgekehrt entwickelte sich die Situation bei Beschäftigten mit geregelter 4-Tage-Woche: *»Die Männer kümmerten sich mehr um ihre Kinder und den Haushalt, Frauen hätten weniger Streß.«* (»metall« 9/1998; »Der Spiegel« 40/1998, S. 107)

Durch die Entwicklung von Wissenschaft und Technik veränderten sich die konkreten Anforderungen an die private Haushaltsführung. Für die Nahrungsmittel- und Elektrogerätehersteller entstand ein profitabler Markt. Tiefkühlkost und Halbfertig- und Fertiggerichte wurden auf den Markt geworfen, die Ausstattung mit Haushaltsgeräten kam einer **technischen Revolution in der Küche und im Haushalt** gleich. Das verminderte die Arbeitsbelastung insbesondere für Frauen und setzte billige Arbeitskräfte für den Arbeitsmarkt frei. Die beschleunigte Ausstattung mit Haushaltsgeräten begann in den 70er Jahren und erreichte ihren Höhepunkt in der BRD 1993. Das Statistische Bundesamt stellte fest:

»Im Januar 1993 hatten ... die Haushalte in Deutschland bei den ›klassischen‹ Haushaltsgeräten fast die Vollversorgung er-

reicht.« (»Datenreport 1997«, Hrsg. Bundeszentrale für politische Bildung, Bonn 1997, S. 123)

Die Technisierung der Privathaushalte ist durchaus kein Luxus, sondern ein wichtiger **Faktor der Erhöhung der gesellschaftlichen Arbeitsproduktivität.** Sie bewirkt aber gleichzeitig eine **Verteuerung der allgemeinen Lebenshaltungskosten der Arbeiterfamilien.** Der eigentlich mit der wachsenden Erwerbstätigkeit der Frauen beabsichtigte Zuverdienst und das Stück finanzieller Selbständigkeit durch ein eigenes Einkommen wird auf diese Weise wieder kompensiert. Auf die dieser Entwicklung zugrunde liegende Gesetzmäßigkeit wies Karl Marx bereits im »Kapital« hin:

»Da gewisse Funktionen der Familie ... nicht ganz unterdrückt werden können, müssen die vom Kapital konfiszierten Familienmütter mehr oder minder Stellvertreter dingen. Die Arbeiten, welche der Familienkonsum erheischt, wie Nähen, Flicken usw., müssen durch Kauf fertiger Waren ersetzt werden. Der verminderten Ausgabe von häuslicher Arbeit entspricht also vermehrte Geldausgabe. Die Produktionskosten der Arbeiterfamilie wachsen daher und gleichen die Mehreinnahme aus.« (Marx/Engels, Werke, Bd. 23, S. 417, Fußnote)

Seit 1975 stiegen die realen Löhne und Gehälter nur noch langsam an, bis sie 1980 erstmals seit 1950 rückläufig wurden. In dem Buch »Krisen und Klassenkampf« von Willi Dickhut heißt es zu dieser Entwicklung:

»Anfang der achtziger Jahre, als sich die Weltwirtschaftskrise ankündigte, verschärften die Monopole ihre Lohnpolitik bis zum indirekten Abbau der Reallöhne. Die leichte Erhöhung der Nominallöhne wurde durch die darüber hinausgehenden Preiserhöhungen mehr als aufgehoben. In vielen Arbeiterfamilien verschlechterte sich der Lebensstandard beträchtlich, einige wurden in absolute Verelendung gedrückt.« (Essen 1984, S. 234)

Zwischen 1970 und 1995 stiegen die realen Lebenshaltungskosten eines durchschnittlichen Vier-Personen-Haushalts von
Arbeitern und Angestellten um 54,1 %, die Nettoreallöhne
jedoch nur um 15,3 % an. (siehe Tabelle 1, S. 38) Die Erwerbstätigkeit von Frau und Mann wurde so in Arbeiterfamilien zur
**ökonomischen Notwendigkeit für die Produktion und
Reproduktion der Arbeitskraft.**

Tabelle 6:
Entwicklung der Nettoreallöhne[1]

Jahr	Jahreslohn in DM	in Prozent, 1980=100
1970	23 573	83,0
1975	26 335	92,7
1980	28 397	100,0
1985	26 869	94,6
1990	30 264	106,6
1991[2]	27 150	95,6
1992	28 028	98,7
1993	28 109	99,0
1994	27 474	96,7
1995	27 168	95,7
1996[3]	27 756	97,7
1997	27 342	96,3

[1] in Preisen von 1991

[2] ab 1991 mit neuen Bundesländern

[3] Ab 1996 Zahlen mit Vorjahren nicht vergleichbar, da seitdem das Kindergeld eine »Steuervergünstigung« darstellt, was die Nettoreallöhne der
Statistik künstlich erhöht.

Quelle: Bundesministerium für Arbeit und Sozialordnung, Statistische Taschen-
bücher; bis 1996 zitiert nach: Politischer Kalender 1998, Essen 1997, S. 133

Seit 1975 stieg die Erwerbstätigkeit der Frauen weiter an: von 9 auf 11,75 Millionen 1990. Die Frauenerwerbsquote erreichte mit 39,2 % der weiblichen Bevölkerung 1990 ein in der BRD bisher nicht gekanntes Niveau. Insbesondere entwickelte sich ein überproportionaler Anstieg der Erwerbstätigkeit verheirateter Frauen. Ihre Erwerbsquote übertraf seit 1970 die allgemeine Erwerbsquote von Frauen.

Tabelle 7:
Erwerbsquote in Prozent

Jahr	1950	1960	1970	1980	1990
erwerbstätige Frauen in Prozent der weiblichen Bevölkerung	31,3	33,6	30,2	32,6	39,2
erwerbstätige verheiratete Frauen in Prozent der verh. Frauen	25,0	32,5	35,6	40,6	47,4
erwerbstätige Männer in Prozent der männlichen Bevölkerung	63,2	63,2	58,3	58,4	60,8

Quelle: nach »Datenreport 1997«, Hrsg. Statistisches Bundesamt, Bonn 1997, S. 80

Der ökonomische Zwang zur Lohnarbeit traf zusammen mit dem Wunsch einer wachsenden Zahl von Frauen nach einem eigenständigen Einkommen (und eigenem Rentenanspruch) als Grundlage der Möglichkeit einer selbständigen Existenz. Immer mehr Frauen waren unzufrieden mit der bloßen Hausfrauenrolle, suchten nach zusätzlichen sozialen Kontakten und

Erfahrungen, nach erweiterten Kenntnissen und beruflicher Verantwortung. So kam es zu einer tiefgreifenden Veränderung im Selbstbewusstsein der Masse der Frauen. Das wurde unterstützt durch die Antibabypille, die für die Masse der Arbeiterfamilien eine wirksame Familienplanung möglich machte.

Zur Herausbildung des neuen Selbstbewusstseins der Frauen trug auch ein bisher nicht gekanntes Bildungs- und Ausbildungsniveau der Mädchen und Frauen bei. So verfügten 1980 bereits 56 % der Arbeiterinnen über eine abgeschlossene Lehre. Bei den Arbeitern waren es mit 57 % nur unwesentlich mehr. Das machte die Frauen für Unternehmer und Staat zu begehrten Arbeitskräften.

Die Frauen verfügten zwar immer mehr über eine berufliche Qualifikation, die sich der von Männern annäherte, ihnen wurden jedoch **erheblich niedrigere Löhne und Gehälter** bezahlt (siehe S. 39). So wurde zwar mit der zunehmenden Erwerbstätigkeit verheirateter Frauen das Familieneinkommen gesteigert, aber zugleich der durchschnittliche Preis aller Arbeitskräfte unter ihren tatsächlichen Wert gedrückt. Das war ein wichtiges Moment für den allgemeinen Lohnabbau, wie er seit den 80er Jahren systematisch betrieben wurde.

Die zunehmende Erwerbstätigkeit von Frauen wird unter kapitalistischen Gesetzmäßigkeiten zum **Schrittmacher, die Familienverhältnisse der werktätigen Massen zu untergraben.**

Die chronische Krise der bürgerlichen Familienordnung

Mit dem Aufkommen der Massenarbeitslosigkeit als Dauererscheinung seit 1975 und der Wende zum Abbau sozialer Reformen Anfang der 80er Jahre schwand unwiederbringlich die materielle Grundlage für die Entstehung und Aufrechterhaltung kleinbürgerlicher Familienverhältnisse unter den breiten Massen. Seit Anfang der 70er Jahre ist die soziale und biologische Reproduktion der kapitalistischen Gesellschaft durch die **bürgerliche Familienordnung in eine chronische Krise geraten:**

• Seit 1972 ist die **Sterberate höher als die Geburtenrate.** Die Diskrepanz zwischen Geburten und Todesfällen wäre noch größer, wenn man die Geburten ausländischer Familien in Deutschland abzieht. Die Geburtenrate betrug 1995 bei Deutschen 9,2 pro Tausend, bei ausländischen Familien in Deutschland 14,4 pro Tausend. Besonders drastisch zeigen sich die Auswirkungen der Entwicklung in den neuen Bundesländern. Deutschland hat inzwischen europaweit die niedrigste Geburtenrate. (Tabelle 8, S. 122)

• Seit 1972 übersteigt die **Rate der Auflösung von Ehen** (durch Tod, Scheidung, Aufhebung oder Nichtigkeit der Ehe) **permanent die Rate der Eheschließungen.** Damit ist die **Reproduktion der bürgerlichen sozialen Ordnung** mit der Keimzelle von Ehe und Familie in Frage gestellt. (Abbildung 1, S. 123)

• Durch verschiedene, vor allem **staatliche finanzielle Anreize** wurde versucht, die bürgerliche Familienordnung zu stabilisieren. So durch die Anerkennung von Kindererziehungszeiten für die Rente (1986), Einführung des Erziehungsgeldes (1986), finanzielle Zuschüsse bei häuslicher Pflege (1995), den Rechtsanspruch auf einen Kindergartenplatz (1996) oder die Erhöhung des Kindergeldes. Alle Maßnahmen waren halbherzig, wurden durch andere Maßnahmen des Krisenprogramms von Monopolen und Staat mehr als aufgehoben und verfehlten ihre Wirkung. Inzwischen ist die **klassische Familie** nur noch für eine **Minderheit der deutschen Haushalte** oder für einen **begrenzten Lebensabschnitt der Erwachsenen die typische Lebens-**

Tabelle 8:
Geburten und Todesfälle in der BRD[1]

	Geburten				Todesfälle			
	alte Bundesländer		**neue Bundesländer**		**alte Bundesländer**		**neue Bundesländer**	
Jahr	in 1000	Index 1990=100	in 1000	Index 1990=100	in 1000	Index 1990=100	in 1000	Index 1990=100
1950	813	*111,8*			529	*74,2*		
1960	969	*133,3*			643	*90,2*		
1970	811	*111,6*			735	*103,1*		
1975	601	*82,6*			749	*105,0*		
1980	621	*85,4*			714	*100,1*		
1985	586	*80,6*			704	*98,7*		
1990	727	*100,0*	178	*100,0*	713	*100,0*	208	*100,0*
1991	722	*99,3*	108	*60,7*	709	*99,4*	202	*97,1*
1992	721	*99,2*	88	*49,4*	695	*97,5*	190	*91,3*
1993	718	*98,8*	81	*45,5*	712	*99,9*	186	*89,4*
1994	691	*95,0*	79	*44,4*	703	*98,6*	181	*87,0*
1995	681	*93,7*	84	*47,2*	706	*99,0*	178	*85,6*
1996	703	*96,7*	93	*52,2*	708	*99,3*	175	*84,1*

[1] bis 1985 alte Bundesländer

Quellen: »Datenreport 1997«, Hrsg. Statistisches Bundesamt, Bonn 1997, S. 31; »Statistisches Jahrbuch 1998«, S. 68; eigene Berechnungen

Abbildung 1:
Eheschließungen und Ehelösungen 1965–1994

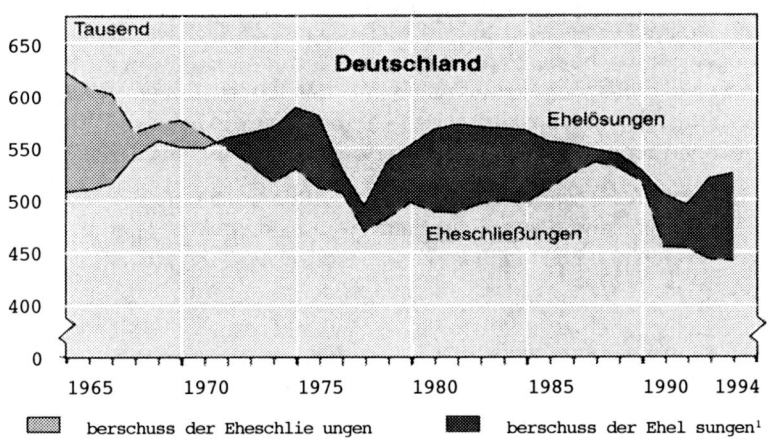

¹ Durch Tod, Scheidung, Aufhebung oder Nichtigkeit der Ehe
Quelle: nach »Datenreport 1997«, Hrsg. Statistisches Bundesamt, Bonn
1997, S. 38

und Familienform. 1997 bestanden nur noch 28,2 % der Haushalte in Deutschland aus einer Eltern/Kind-Familie. Dagegen machten kinderlose Paare 27,9 % und Single-Haushalte 36,5 % aus. (Tabelle 9, S. 124)

Die Krise der bürgerlichen Familienordnung kennzeichnet die **zunehmende Unfähigkeit der kapitalistischen Gesellschaft, sich selbst zu reproduzieren,** geschweige denn die grundlegenden Lebensbedürfnisse der Massen zu befriedigen. Sie dokumentiert das Aufbrechen antagonistischer Widersprüche in der Produktion und Reproduktion menschlichen Lebens unter kapitalistischen Bedingungen und ist **chronisch** geworden. Die Arbeitskraft der Lohnarbeiter wird individuell verkauft und ausgebeutet. Der Einsatz der Familienmitglieder in unterschiedlichen Betrieben führt unter den Bedingungen

Tabelle 9:
Entwicklung der Lebens- und Familienformen (in Tausend)

Jahr	Haushalte insgesamt	Einpersonenhaushalte	Mehrpersonenhaushalte	Ehepaare ohne Kinder	nicht eheliche Lebensgemeinschaften ohne Kinder	Ehepaare mit Kindern	Alleinerziehende	nicht eheliche Lebensgemeinschaften mit Kindern
1970	22 535	5 527	17 008[2]	5 420	111[2]	9 663	1 539	25[2]
1980	24 846	7 493	17 353[3]	5 984	445[3]	9 204	1 567	71[3]
1990	27 937	9 849	18 088	6 525	856	8 778	1 822	107
1991[1]	35 283	11 858	23 425	8 394	1 015	11 098	2 540	378
1997	38 309	13 991	24 318	9 318	1 375	10 289	2 797	530
Veränderung 1991–1997	+3 026	+2 133	+893	+924	+360	–809	+257	+152
Veränderung in %	+8,6 %	+18,0 %	+3,8 %	+11,0 %	+35,5 %	–7,3 %	+10,1 %	+40,2 %

[1] Ab 1991 bezogen auf Gesamtdeutschland
[2] Zahlen von 1972
[3] Zahlen von 1982
Quelle: Statistisches Bundesamt, Statistische Jahrbücher

von Lean Production und Flexibilisierung der Arbeitszeit zu einer wachsenden Individualisierung in den Familien. Unterschiedliche und ständig wechselnde Arbeitszeiten, Schichtarbeit, Versetzungen an entfernte Arbeits- und Ausbildungsorte stellen ein gemeinsames Familienleben mehr und mehr in Frage. Das verschärft die der bürgerlichen Familienordnung innewohnende gesetzmäßige Tendenz zur Familienlosigkeit in der Arbeiterklasse.

Der Antagonismus zwischen Familienordnung und Produktionsweise wirkt sich zum Beispiel in der Tendenz zur Verarmung von Arbeiterfamilien aus, die seit dem Ende der Reformen einsetzte. Ehen mit Kindern sind immer weniger existenzfähig, ja zunehmender absoluter Verelendung ausgesetzt. 31,4 % der Familien mit drei und mehr Kindern leben heute in den alten Bundesländern unter der Armutsgrenze, in den neuen Bundesländern sind es sogar 46,2 %. (Tabelle 10, S. 126)

Wirtschaftskrisen, Umweltkrise, politische Krisen stellen die Lebensverhältnisse der Massen grundlegend in Frage und vervielfältigen die Schwierigkeit der persönlichen Lebensführung. Gleichzeitig werden ihre Voraussetzungen untergraben. Das war nicht zuletzt ein wesentliches Ergebnis der staatlichen Krisenprogramme, die im Auftrag der Monopole erstmals Anfang der 80er Jahre durchgesetzt wurden. Sie verlagern schrittweise vom Staat übernommene Funktionen der menschlichen Reproduktion wieder in die private Verantwortung zurück, indem sie zum Beispiel die Mittel für Kindergärten und -horte, für Gesundheitsfürsorge, Jugendarbeit oder kulturelle Bildung streichen oder erheblich kürzen.

Auch die Qualität der Belastung in den Familien verändert sich durch Arbeitslosigkeit, Umweltbelastungen, Krankenversorgung oder finanzielle Nöte. Anzahl und Schwere von Suchterkrankungen durch Drogen, Alkohol und Tabletten sind in den letzten Jahren sprunghaft angestiegen, ebenso wie die

Tabelle 10:
Armut in alten und neuen Bundesländern[1]
(in % der Bevölkerung)

Familienform	als arm gelten in den alten Bundesländern			als arm gelten in den neuen Bundesländern	
	1985	1990	1995	1990	1995
insgesamt	11,8	10,5	13,0	3,4	11,5
Fam. 1 Kind	9,1	9,6	11,0	1,7	12,1
Fam. 2 Kinder	13,7	14,1	13,9	3,4	12,6
Fam. ab 3 Kinder	40,6	26,0	31,4	9,3	46,2
Alleinerziehende	38,0	36,2	42,4	16,1	35,5
Kinder 0–15 Jahre	20,3	16,7	21,8	5,1	19,7

[1] Armutsrate in % entsprechend der »50-%-Armutsgrenze«, das betrifft Menschen, die weniger als 50 Prozent des durchschnittlichen Einkommens beziehen.
Quelle: nach »Datenreport 1997«, Hrsg. Statistisches Bundesamt, Bonn 1997, S. 524

psychischen Erkrankungen, besonders bei Frauen. Die durch Umweltgifte verursachten Gesundheitsschäden, vor allem bei Kindern, nehmen dramatisch zu. Die Zahl der auf Pflege in privaten Haushalten angewiesenen Personen wird nach Berechnungen der Bundesregierung von 1,75 Millionen 1991 auf 2,1 Millionen im Jahr 2010 anwachsen. (Bundesarbeitsministerium, Referat 1B4, Auskunft vom 14. Januar 1999)

Die Krise der bürgerlichen Familienordnung ist untrennbar mit der Verschärfung der doppelten Unterdrückung der Masse der Frauen verbunden. Offen fordert der Bundesverband der Deutschen Industrie (BDI) 1998 in seinem *»Zukunfts-*

programm« den weiteren Abbau »*anonymer sozialer Siche-*
rungssysteme« und die Erhöhung der »*Eigenverantwortung des*
Einzelnen«:

»*Nur was der Einzelne nicht allein schultern kann, wird von*
anderen mitgetragen. Das kann zunächst die **Familie oder**
der Freundeskreis *sein, aber auch das Unternehmen oder die*
Kirchengemeinde.« (»Für ein attraktives Deutschland in einem
weltoffenen Europa«, Hrsg. BDI, Köln 1998, S. 71 – Hervorhebung Red. RW)

Fast gleichzeitig wurde von der damaligen Frauenministerin Nolte (CDU) eine Kampagne zur Förderung des Ehren-
amtes gestartet. Ihre Nachfolgerin, Bundesfamilienministerin
Christine Bergmann (SPD), führt Noltes Werk fort und betont:

»*Ehrenämter sind Ausdruck des demokratischen Engage-*
ments und damit für die Zukunft entscheidend. Sie sind der
soziale Kitt einer Gesellschaft.« (»Neue Ruhr Zeitung« vom
7. Dezember 1998)

Der Kapitalismus ist zur Aufrechterhaltung seiner Ausbeu-
terherrschaft auf die bürgerliche Kleinfamilie angewiesen –
gleichzeitig zerstört er sie. Dieser Widerspruch ist im Kapitalismus unlösbar. Denn mit dem Auflösungsprozess der bürgerlichen Familienordnung ist keineswegs die Aufgabenstellung
der privaten Reproduktion verschwunden oder reduziert worden. Die oft als persönliche Alternative gewählte Lebensform
des Zusammenlebens ohne Trauschein oder in Wohngemeinschaften ist nur eine andere Variante der privat organisierten
Reproduktion, zu der in diesem System keine Alternative besteht.

Die Krise der bürgerlichen Familienordnung untergräbt die
Funktionsfähigkeit des kapitalistischen Systems und wird zu
einem wesentlichen Faktor seiner fortschreitenden Destabili-
sierung. Sie ist ein Hauptmerkmal der Allgemeinen Krise des

Kapitalismus geworden, weil sie die **gesetzmäßig ent-
stehende Unfähigkeit des kapitalistischen Systems zu
seiner eigenen Reproduktion** kennzeichnet bzw. verdeutlicht, dass es diese Reproduktion nur noch auf einer zerstöre-
rischen Grundlage aufrechterhalten kann. Willi Dickhut hat
die Allgemeine Krise des Kapitalismus so beschrieben:

*»Die Allgemeine Krise des Kapitalismus ... bedeutet eine all-
umfassende Krise des Kapitalismus als Gesellschaftssystem. Es
ist ein Zustand der Zersetzung und Fäulnis, der Aushöhlung
und Schwächung der ökonomischen, politischen und ideologischen Kräfte des kapitalistischen Gesellschaftssystems, der un-
unterbrochen weiterbestehen wird bis zu seinem Ende.«* (Willi
Dickhut,»Krisen und Klassenkampf«, Essen 1984, S. 136)

Die Krise der bürgerlichen Familienordnung ist Ausdruck
der Rebellion der auf höchstem Niveau entwickelten Produktivkräfte gegen die kapitalistischen Produktions- und Lebensverhältnisse, die zu einer allseitigen Fessel für den Fortschritt
der Menschheit geworden sind. Dies spiegelt sich auch in dem
gewachsenen Selbstbewusstsein der Masse der werktätigen
Frauen wider, das auf dem Boden ihrer Einbeziehung in die
gesellschaftliche Produktion entstand und zu einem Bestandteil der materiellen Vorbereitung des Sozialismus geworden
ist. Der Kampf um die revolutionäre Umgestaltung der Gesellschaft kann also nur in Einheit mit dem Kampf zur Umwälzung der Lebensverhältnisse der Massen geführt werden.

Dabei hat die Entwicklung der Produktivkräfte heute längst
die **gesellschaftliche Lösung aller Fragen der Produktion und Reproduktion des menschlichen Lebens vollständig materiell vorbereitet**: eine gesellschaftliche Erziehung, Ernährung, Familienplanung, Hausarbeit, Alters-
versorgung, Gesundheitsfürsorge, Kommunikation, Planung
und Verteilung der Produktion in Verbindung mit der flexiblen
Erfassung der stets wachsenden materiellen und kulturellen

Bedürfnisse usw. Diese gesetzmäßige Entwicklung hat Friedrich Engels bereits vor über 100 Jahren zusammengefasst:

*»Einesteils also wird die kapitalistische Produktionsweise ihrer eignen Unfähigkeit zur fernern Verwaltung dieser Produktivkräfte überführt. Andrerseits drängen diese Produktivkräfte selbst mit steigender Macht nach Aufhebung des Widerspruchs, nach ihrer Erlösung von ihrer Eigenschaft als Kapital, **nach tatsächlicher Anerkennung ihres Charakters als gesellschaftlicher Produktivkräfte.**«* (Friedrich Engels, »Anti-Dühring«, Marx/Engels, Werke, Bd. 20, S. 258 – Hervorhebung im Original)

Was für Marx, Engels und die Anfänge der Frauen- und Arbeiterbewegung noch wissenschaftliche Erkenntnis ohne die Chance unmittelbarer Verwirklichung war, liegt heute zum Greifen nah:

»So furchtbar und ekelhaft nun die Auflösung des alten Familienwesens innerhalb des kapitalistischen Systems erscheint, so schafft nichtsdestoweniger die große Industrie mit der entscheidenden Rolle, die sie den Weibern, jungen Personen und Kindern beiderlei Geschlechts in gesellschaftlich organisierten Produktionsprozessen jenseits der Sphäre des Hauswesens zuweist, die neue ökonomische Grundlage für eine höhere Form der Familie und des Verhältnisses beider Geschlechter.« (Marx/Engels, Werke, Bd. 23, S. 514)

In Manchester studierte Friedrich Engels die Arbeits- und Lebensverhältnisse der Arbeiterfamilien.

II. Proletarische und bürgerliche Frauenbewegung

1. Marx und Engels begründen die proletarische Frauenbewegung

Die proletarische Frauenbewegung in Deutschland begann in den 60er Jahren des 19. Jahrhunderts auf der Basis der fortschreitenden Industrialisierung der kapitalistischen Produktion und in enger Wechselwirkung mit dem Reifeprozess der Arbeiterbewegung. Clara Zetkin schrieb über die damalige Entwicklung der sächsischen Textilindustrie:

»Für die Werktätigen der sächsischen Textilindustrie hatte der Triumph der kapitalistischen Produktion ein Pandämonium (Gesamtheit aller bösen Geister – Red. RW) *geschaffen, wie es furchtbarer nicht den Anfängen der englischen Manufaktur eigentümlich gewesen war ... Die mechanische Produktion schleuderte den Handwebstuhl in die Rumpelkammer, jagte Meister und Gesellen brotlos auf die Straße und bevölkerte die dumpfigen, geräuschvollen Fabriksäle mit Frauen und Kindern.«* (Clara Zetkin, »Zur Geschichte der proletarischen Frauenbewegung Deutschlands«, Moskau 1928, Nachdruck im Verlag Marxistische Blätter, Frankfurt am Main 1984, S. 88/89)

Die extreme Ausbeutung von Frauen und Kindern in den Fabriken wurde von den Kapitalisten genutzt, um männliche Arbeiter zu ersetzen und die Löhne auf ein Minimum zu drücken. Friedrich Engels hatte dieses Phänomen bereits 1845 in England beobachtet:

»Je mehr also die Tätigkeit der Arme, die Kraftanstrengung,
durch Einführung von Maschinen auf die Wasser- oder Dampf-
kraft geworfen wird, desto weniger Männer brauchen beschäf-
tigt zu werden – und da Weiber und Kinder ohnehin billiger
und, wie gesagt, in diesen Arbeitszweigen besser als Männer ar-
beiten, so werden sie beschäftigt ... Von den 419 590 Fabrik-
arbeitern des britischen Reichs (1839) waren 192 887, also bei-
nahe die Hälfte, unter 18 Jahren, und 242 296 weiblichen Ge-
schlechts, von denen 112 192 unter 18 Jahren waren. Sonach
bleiben 80 695 männliche Arbeiter unter 18 Jahren und 96 599
*männliche erwachsene Arbeiter oder 23 Prozent, also **kein***
***volles Viertel** der ganzen Zahl ... Diese Zahlen reichen hin,*
um die Verdrängung männlicher erwachsener Arbeiter nach-
zuweisen.« (»Die Lage der arbeitenden Klasse in England«,
Marx/Engels, Werke, Bd. 2, S. 366/367)

Vom »Allgemeinen Deutschen Arbeiterverein« (ADAV), der
am 23. Mai 1863 unter Führung von Ferdinand Lassalle gegründet worden war, wurde das *»Verbot der Fabrikarbeit für*
Frauen« gefordert. Auch die Mitgliedschaft im ADAV war
Frauen untersagt. Lassalle stand den wissenschaftlichen Ideen
von Marx und Engels ablehnend gegenüber und trug in verschiedenen Fragen klassenfremdes Gedankengut in die Arbeiterbewegung.

Die soziale Wurzel der Forderung nach dem Verbot der Fa-
brikarbeit von Frauen lag im verzweifelten Existenzkampf der
kleinbürgerlich-handwerklichen Weber. Sie bekämpften die
Industrialisierung ebenso wie die Fabrikarbeit von Frauen und
Kindern. Zum einen sahen sie in ihnen lebensbedrohende Kon-
kurrenten. Zum anderen verlor mit der Fabrikarbeit von
Frauen und Kindern die Familie ihre Funktion als wesentliche
Produktionsbasis. Dadurch büßten die Weber ihre traditionelle
Stellung als Familienoberhaupt ein.

Weltanschaulich kamen in dieser Forderung auch Jahrhunderte lang wirkende Vorstellungen über die gesellschaftliche Minderwertigkeit der Frau zum Ausdruck. Inzwischen wirkte aber auch das verklärende Ideal der modernen bürgerlichen Familienordnung auf die Arbeiterbewegung ein, das freilich mit der massenhaften Verdrängung der Arbeiter durch billige Lohnarbeit von Frauen und Kindern in der Industrie auf den Kopf gestellt wurde.

In seiner Schrift »Das Kapital« betonte Karl Marx: *»Auf Grundlage des Warenaustausches war es erste Voraussetzung, daß sich Kapitalist und Arbeiter* **als freie Personen, als unabhängige Warenbesitzer**, *der eine Besitzer von Geld und Produktionsmitteln, der andre Besitzer von Arbeitskraft, gegenübertraten.«* (»Das Kapital, Erster Band«, Marx/Engels, Werke, Bd. 23, S. 417/418 – Hervorhebung Red. RW)

Das gilt natürlich in gleicher Weise für die lohnabhängige Frau. Damit sie in der Fabrik arbeiten kann, muss sie frei über ihre Arbeitskraft verfügen und diese gegen Lohn verkaufen können. Deshalb wurde die feudale Tradition, dass nur der Ehemann einen Arbeitsvertrag für die Arbeiterin abschließen durfte, im Lauf der Entwicklung des Kapitalismus nach und nach überwunden. Wenn sie sich an der gesellschaftlichen Produktion beteiligte, dann musste sich die Lohnarbeiterin auch Stück für Stück von ihrem Dasein als »Haussklavin« befreien, das sie vom gesellschaftlichen Leben ausschließt. Lenin formulierte die diesem unaufhaltsamen Prozess zugrunde liegende Widersprüchlichkeit so:

»Die maschinelle Großindustrie ... verträgt sich in keiner Weise mehr mit den Überresten der Patriarchalität und der persönlichen Abhängigkeit ...« (»Die Entwicklung des Kapitalismus in Rußland«, Lenin, Werke, Bd. 3, S. 563)

Deshalb ist es bei aller Not und allem Elend von Frauen und Kindern, die sie durch die extreme Ausbeutung in den

Fabriken ertragen mussten, eine grundsätzliche marxistische Position,

»... daß die Einbeziehung von Frauen und Jugendlichen in die Produktion eine ihrem Wesen nach fortschrittliche Erscheinung ist.« (ebenda)

Die Teilnahme an der gesellschaftlichen Produktion ist eine wichtige materielle Grundlage nicht nur für die Befreiung der Frau, sondern auch für die Erziehung der Kinder. In einer Rede führte Marx dazu aus:

»Ich glaube, daß jedes Kind von neun Jahren an einen Teil seiner Zeit mit produktiver Arbeit beschäftigt werden sollte, doch der Weg, auf dem die Kinder unter den gegenwärtigen Umständen gezwungen werden, zu arbeiten, ist abscheulich.« (»Aufzeichnung einer Rede von Karl Marx, 28. Juli 1868«, Marx/Engels, Werke, Bd. 16, S. 553)

Auf dem Kongress der »Internationalen Arbeiterassoziation« (I. Internationale) vom 3. bis 8. September 1866 gab es um die Fabrikarbeit von Frauen und Kindern eine heftige Auseinandersetzung. Die französischen Delegierten Chemale, Tolain und Fribourg, die den Anarchisten um Proudhon zuzurechnen waren, verteidigten entschieden den Platz der Frau am häuslichen Herd. In ihrem Resolutionsentwurf sollte die Fabrikarbeit von Frauen *»in physischer, moralischer und sozialer Beziehung ... als Prinzip der Entartung ... verdammt«* werden. Der Frau sollte *»ihr Platz ... in der Familie«* zugewiesen werden, um *»den Kindern die erste Erziehung zu geben.«* (»Der Vorbote«, Organ der Internationalen Arbeiter-Association 10/1866, S. 152)

In der Denkschrift der englischen Delegierten, die von Marx ausgearbeitet war, hieß es dagegen:

»Wir betrachten die Tendenz der modernen Industrie, Kinder und junge Personen, von beiden Geschlechtern, zur Mitwirkung an dem Werke der sozialen Produktion herbei zu ziehen, als eine

progressive, heilsame und rechtmäßige Tendenz, obgleich die Art und Weise, auf welche diese Tendenz unter der Kapitalherrschaft verwirklicht wird, eine abscheuliche ist.« (ebenda, S. 149)

Marx unterscheidet klar zwischen der objektiv fortschrittlichen Einbeziehung aller Mitglieder der Gesellschaft in die gesellschaftliche Produktion und den durch die Ausbeutung der Lohnarbeit verursachten Auswirkungen auf das Leben und die Gesundheit von Frauen und Kindern. Entsprechend forderte er zugleich entschiedene Schutzrechte für Frauen und Kinder. Dabei wird die Beschränkung der Arbeitszeit besonders hervorgehoben:

»Wir betrachten die Beschränkung der Arbeitszeit als eine Vorbedingung, ohne welche alle weitern Versuche zur Verbesserung und Befreiung fruchtlos sich erweisen werden ... Diese Beschränkung der Arbeitsstunden bezieht sich bloß auf volljährige Leute, Männer und Weiber; letztere jedoch sind mit aller möglichen Strenge von aller Nachtarbeit auszuschließen, und jeder Sorte von Arbeit, in welcher der Anstand zwischen beiden Geschlechtern verletzt wird, oder ihre Körper giftigen, oder in sonstiger Weise verderblichen Wirkungen, ausgesetzt sind.« (ebenda, S. 147)

Marx konnte sich auf diesem Kongress nicht vollständig durchsetzen. Der Marxismus nahm zwar gegenüber der bürgerlichen Familienordnung und der Fabrikarbeit von Frauen und Kindern eine klare Position ein, stand aber in seinem Siegeszug zur Gewinnung der internationalen Arbeiterbewegung noch am Anfang.

In den folgenden Jahren kam es zu einem Aufschwung der organisierten proletarischen Frauenbewegung. Die I. Internationale unterstützte die kämpfenden Arbeiterinnen und Arbeiter. Diese schätzten sie als siegessichernde Macht internationaler Solidarität. 1867 traten der Internationale die

Frauen des Schuhmacherverbands in England bei, 1869 die
Seidenzwirnerinnen von Lyon, als sie in einem Streik von mehr
als vier Wochen die Herabsetzung der Arbeitszeit von 12 auf
10 Stunden bei vollem Lohnausgleich durchsetzten. Im sächsischen Crimmitschau wurde 1869 die »Internationale Ge-
werksgenossenschaft der Manufaktur- und Handarbeiter« gegründet. Clara Zetkin hob zur historischen Bedeutung dieses
Ereignisses hervor,

> *»... daß der Internationalen Gewerksgenossenschaft der Textil-
> arbeiter die Ehre zufällt – soweit ich festzustellen vermochte –,
> die erste Organisation in Deutschland gewesen zu sein, die
> Arbeiterinnen und Arbeiterfrauen zusammen mit den Männern
> auf dem Boden des revolutionären Klassenkampfes sammelte,
> organisierte und als gleichberechtigte und vollwertige, tätige
> Mitglieder gegen den kapitalistischen Klassenfeind führen woll-
> te ... Was als deren Anfang erscheint, ist gleichzeitig der Ab-
> schluß einer wichtigen Entwicklungsstufe der Sammlung und
> Organisierung des Proletariats als Klasse ... Die Internationa-
> le Gewerksgenossenschaft der Manufaktur-, Fabrik- und Hand-
> arbeiter ist die Verkörperung einer geschichtlichen Einstellung
> zur industriellen Frauenarbeit und Frauenemanzipation, die
> sich auch die Elite des deutschen Proletariats erst allmählich
> zu eigen gemacht hat.«* (»Zur Geschichte der proletarischen
Frauenbewegung Deutschlands«, Moskau 1928, Nachdruck im
Verlag Marxistische Blätter, Frankfurt am Main 1984, S. 6–8)

Obwohl sich die im August 1869 in Eisenach gegründete »Sozialdemokratische Arbeiterpartei« (SDAP) ein marxistisches
Programm gab, konnte sie sich bezüglich der Frauenarbeit nur
zu der Kompromissforderung nach Einschränkung der Frauenarbeit durchringen. Auch gegenüber dem bürgerlichen Familienideal nahm sie nicht den prinzipiellen Standpunkt ein,
wie er zum Beispiel im »Kommunistischen Manifest« von Marx
und Engels verfochten wurde. Das kennzeichnet den hart-

näckigen Kampf, der von Anfang an in der internationalen revolutionären Arbeiterbewegung gegen feudal-patriarchalische Denkgewohnheiten und bürgerliche Einflüsse um die **grundsätzliche Orientierung auf die Befreiung der Frau** geführt werden musste.

Eine vorwärts treibende Rolle spielte dabei August Bebel, der mit seinem 1879 erschienenen Buch »Die Frau und der Sozialismus« eine wichtige Aufklärungs- und Überzeugungsarbeit in der Arbeiterbewegung leistete.

Marx und Engels hatten eine umfassende theoretische Grundlage geschaffen, um den bürgerlichen und kleinbürgerlichen Einfluss in der jungen Arbeiterbewegung zu überwinden. Sie klärten **Weg und Ziel der Befreiung der Frau** und wurden so auch die **Begründer der proletarischen Frauenbewegung**. Für sie war die Emanzipation der Frau und die Überwindung der bürgerlichen Familienordnung immer fester Bestandteil des allgemeinen Befreiungskampfs der Arbeiterklasse. Im »Anti-Dühring« betonte Friedrich Engels:

»Die Gesellschaft kann sich selbstredend nicht befreien, ohne daß jeder einzelne befreit wird.« (Marx/Engels, Werke, Bd. 20, S. 273)

Dabei ging es nie nur um die Einforderung formaler Gleichberechtigung von Mann und Frau, sondern vor allem um die Beseitigung der gesellschaftlichen Wurzeln dieser Ungleichheit. In einem Brief »an Gertrud Guillaume-Schack in Beuthen« schrieb Friedrich Engels 1885:

»Eine wirkliche Gleichberechtigung von Frau und Mann kann nach meiner Überzeugung erst eine Wahrheit werden, wenn die Ausbeutung beider durch das Kapital beseitigt und die private Hausarbeit in eine öffentliche Industrie verwandelt ist.« (Marx/Engels, Werke, Bd. 36, S. 341)

Der proletarische Klassenkampf mit seinen Zielen des Sturzes der kapitalistischen Ausbeuterordnung und des Aufbaus

Marx und Engels begründeten die proletarische Frauenbewegung.

einer sozialistischen Gesellschaft wird auf dem Weg zu einer wirklich klassenlosen Gesellschaft **identisch** mit dem Kampf der proletarischen Frauenbewegung zur tatsächlichen Befreiung der Frau. Über den unauflöslichen Zusammenhang zwischen dem Befreiungskampf des Proletariats und dem Kampf um die Befreiung von jeglicher Ausbeutung und Unterdrückung schrieb Marx:

*»... weil in den Lebensbedingungen des Proletariats alle Lebensbedingungen der heutigen Gesellschaft in ihrer unmenschlichsten Spitze zusammengefaßt sind ... darum kann und muß das Proletariat sich selbst befreien. Es kann sich aber nicht selbst befreien, ohne seine eigenen Lebensbedingungen aufzuheben. Es kann seine eigenen Lebensbedingungen nicht aufheben, ohne **alle** unmenschlichen Lebensbedingungen der heutigen Gesellschaft, die sich in seiner Situation zusammenfassen, aufzuheben ... Sein Ziel und seine geschichtliche Aktion ist in seiner eignen Lebenssituation wie in der ganzen Organisation der heutigen bürgerlichen Gesellschaft sinnfällig, unwiderruflich vorgezeichnet.«* (»Die heilige Familie«, Marx/ Engels, Werke, Bd. 2, S. 38)

2. Die bürgerliche Frauenbewegung und die bürgerlichen Frauenorganisationen

Die bürgerliche Frauenbewegung war ursprünglich Produkt der französischen bürgerlichen Revolution, in der sich der entwickelnde Kapitalismus gegen die Fesseln des Feudalismus Bahn brach.

Es bedurfte jedoch einer heftigen Auseinandersetzung mit den Führern der bürgerlichen Revolution, damit die Frauen für ihre besonderen Interessen und Rechte überhaupt Gehör fanden. Als die Nationalversammlung am 3. September 1791 in Paris eine neue Verfassung verabschiedete, blieben die Frauen vom Wahlrecht und anderen politischen Rechten ausdrücklich ausgeschlossen. Die von den französischen utopischen Sozialisten um Fourier beeinflusste Olympe de Gouges antwortete darauf mit der Streitschrift »Erklärung der Rechte der Frau und Bürgerin«. Dort hieß es unter anderem:

»Artikel I: Die Frau ist frei geboren und bleibt dem Manne ebenbürtig in allen Rechten ...

Artikel II: Ziel und Zweck jedes politischen Zusammenschlusses ist die Wahrung der natürlichen und unverjährbaren Rechte von Frau und Mann, als da sind: Freiheit, Eigentum, Sicherheit und insbesondere das Recht auf Widerstand gegen Unterdrückung.« (in: »Die Chronik der Frauen«, Chronik Verlag, Dortmund 1992, S. 315)

Zwei Jahre später wurde Olympe de Gouges hingerichtet. Aber der **Kampf um demokratische Frauenrechte und -freiheiten** ließ sich nicht mehr aus der Welt räumen.

In der bürgerlich-demokratischen Revolution von 1848 in Deutschland trat die bürgerliche Frauenbewegung für die Befreiung der Frauen vom patriarchalischen Joch der feudalen Ordnung ein. Ihre Hauptforderungen waren Berufsfreiheit und Wahlrecht für die Frauen sowie Recht auf Bildung und soziales Wirken. Außerdem wandte sie sich gegen soziale Missstände und trat für die Verbesserung der Lebensbedingungen der Arbeiterinnen ein. Über die Fesseln der bürgerlichen Ehe und Moral schrieb Louise Dittmar in ihrer Schrift »Das Wesen der Ehe« 1849:

»Die politische Stellung des Mannes dem Weibe gegenüber ist die des Patriziers zum Plebejer, des Freien zum Sklaven.«

In einer anderen Schrift hieß es bei ihr:

»Die Beschränkung der weiblichen Tätigkeit auf den Haushalt hemmt die Entwicklung des Lebens im höchsten Grade.

Welche Kenntnisse würden sich die Frauen in allen Fächern aneignen können, wenn sie statt am eignen Herd, wie heute, so morgen, zu sieden und zu braten, an großen gemeinschaftlichen Anstalten sich beteiligten, wo alles mit Kunst und wissenschaftlichen Hilfsmitteln betrieben würde. Und würden sich hierbei nicht die verschiedensten Fähigkeiten beteiligen und zugleich ihre ökonomische Unabhängigkeit sichern können?« (in: »Frauenemanzipation im deutschen Vormärz«, Reclam Verlag, Stuttgart 1978, S. 134 und 57)

Als die bürgerliche Revolution in Deutschland 1848 aus Angst vor der Arbeiterklasse mit einem Kniefall der deutschen Bourgeoisie vor der feudal-absolutistischen Obrigkeit endete, wurden auch alle fortschrittlichen Bestrebungen erstickt. Die bürgerliche Frauenbewegung passte sich in ihrer Mehrheit dieser Entwicklung an und verwandelte sich in eine reaktionäre Kraft. Sie vertrat nur noch die Interessen der bürgerlichen Frauen und auch diese nur insoweit, als sie mit den herrschenden Verhältnissen vereinbar waren. In ihrer traurigen Konsequenz trat sie sogar über viele Jahre gegen die politische Gleichberechtigung der Frau auf.

Fast zeitgleich mit den Anfängen der proletarischen Frauenbewegung wurde 1865 der »Allgemeine Deutsche Frauenverein« (ADF) unter Leitung von Louise Otto-Peters und Auguste Schmidt gegründet. Damit fasste auch wieder eine aufklärerische, gegen feudale Traditionen gerichtete Richtung unter den bürgerlichen Frauen Fuß. Auf der ersten deutschen Frauenkonferenz wurde seine hauptsächliche Zielsetzung formuliert:

»Die erste deutsche Frauenkonferenz erklärt die Arbeit, welche die Grundlage der ganzen neuen Gesellschaft sein soll, für eine Pflicht und Ehre des weiblichen Geschlechts, sie nimmt dagegen das Recht der Arbeit in Anspruch und hält es für notwendig, daß alle der weiblichen Arbeit im Wege stehenden Hindernisse

entfernt werden.« (in: Rosemarie Nave-Herz, »Die Geschichte der Frauenbewegung in Deutschland«, Lizenzausgabe für die Bundeszentrale für politische Bildung, Bonn 1997, S. 19)

Zweifellos ein Verdienst des bürgerlichen ADF war der Kampf um das Recht auf Erwerbstätigkeit der Frauen. Diesbezüglich nahm er sogar eine fortschrittlichere Position ein als die reformistischen Lasalleaner oder die anarchistischen Proudhonisten. Trotz solcher fortschrittlichen Bestrebungen beschränkte sich die bürgerliche Frauenbewegung jedoch auf die Forderung nach **Gleichberechtigung von Mann und Frau**. Clara Zetkin fasste ihr Wesen so zusammen:

»Die bürgerliche Frauenbewegung ist – wie die moderne Frauenbewegung als Ganzes betrachtet – das Kind der kapitalistischen Produktionsweise. Diese schafft die wirtschaftliche Grundlage, sie ist die tragende und treibende Kraft des Strebens nach der vollen sozialen Gleichberechtigung des weiblichen mit dem männlichen Geschlecht ... Die bürgerliche Frauenbewegung steht mit beiden Füßen auf dem Boden der bürgerlichen Gesellschaft und verteidigt ihn gegen das vordrängende Proletariat. Sie strebt lediglich danach, die bürgerliche Gesellschaft durch Lösung der rechtlichen und sozialen Bindungen zu reformieren, die das weibliche Geschlecht zum Vorteil des Mannes fesseln.« (»Zur Geschichte der proletarischen Frauenbewegung Deutschlands«, Moskau 1928, Nachdruck im Verlag Marxistische Blätter, Frankfurt am Main 1984, S. 146 und 148/149)

Die bürgerliche Frauenbewegung war nie einheitlich. Sie vereinigte meist ein breites Spektrum unterschiedlicher, mitunter sogar gegensätzlicher Positionen, das von offen reaktionären Bestrebungen bis zu fortschrittlichen Anliegen reichte. In ihrer Geschichte war sie immer in zwei große Lager gespalten, von den vielfältigen Übergängen ganz abgesehen.

Zum rückschrittlichen Lager zählen diejenigen bürgerlichen Frauenorganisationen, die lediglich als **Massenbasis zur Durchsetzung der jeweiligen Interessen der Herrschenden unter der Masse der Frauen** dienen. Solche Organisationen stehen in der Regel der proletarischen Frauenbewegung offen feindlich gegenüber. Dazu gehörten zum Beispiel vor und während des I. Weltkriegs die Landfrauen, die deutsch-nationalen Frauenverbände oder auch die katholischen und evangelischen Frauenorganisationen. Diese Organisationen lehnten jede Art emanzipatorischer Bestrebungen der Frauen ab und bekämpften sie. So hieß es im Gründungsaufruf des 1910 gegründeten »Deutschen Frauenbunds«:

»Wir wollen uns nicht an dem Kampf der Männer beteiligen, uns nicht in den Zank des Marktes und der Volksversammlungen mischen. Wir wollen keine politischen Frauen werden.« (Martha Voss-Zietz, »Die Stellung der politischen Parteien in Deutschland zur Frauenbewegung«, in: »Kultur und Fortschritt Nr. 460«, Verlag F. Dietrich, Leipzig 1913, S. 2)

Im eigentlichen Sinn des Wortes können solche **offen reaktionären Organisationen** gar nicht als zur Frauenbewegung gehörig bezeichnet werden, da sie das bürgerliche Familienideal und die den Frauen darin zugewiesene Rolle nicht nur nicht antasten, sondern sogar noch entschieden verteidigen.

Heute könnte sich keine bürgerliche Monopolpartei eine derart offen reaktionäre Frauenpolitik leisten. Deshalb bemühen sich inzwischen fast alle bedeutenden bürgerlichen Frauenorganisationen um die Formulierung irgendwelcher emanzipatorischer Ansätze. Unter dem Titel *»Lust auf Familie – Lust auf Verantwortung«* hatte der CDU-Vorstand im Dezember 1999 zu einem kleinen Parteitag eingeladen. Ein Interview mit der führenden CDU-Frauenpolitikerin und Vorsitzenden der »Frauenunion« Rita Süßmuth verdeutlicht das Dilemma der bürgerlichen Frauen- und Familienpolitik, auf der in der Vergangenheit ein wesentlicher Teil der CDU-Massenbasis beruhte:

»Wir haben politische Gestaltungsfähigkeit eingebüßt, weil uns die Wirklichkeit davongelaufen war. Eines Tages waren wir dann kein Ansprechpartner für die Betroffenen mehr.« (»Frankfurter Rundschau« vom 18. Oktober 1999)

In dem für diesen Parteitag ausgearbeiteten Grundsatzpapier zu den *»Leitideen für eine moderne Familienpolitik«* wird die Realität neuer und inzwischen weit verbreiteter Lebensgemeinschaften zur Kenntnis genommen, ihnen sogar ein gewisser Respekt gezollt. Aber die bürgerliche Familienordnung soll auch in Zukunft das letzte Wort christlich-demokratischer Lebensweisheit bleiben:

»Die auf Dauer angelegte Ehe ist die beste Grundlage dafür, dass Mutter und Vater partnerschaftlich füreinander und für ihre Kinder Verantwortung übernehmen und gemeinsam zu Lebensunterhalt, Erziehung und Haushaltsführung beitragen. Deshalb ist der besondere Schutz des Staates, unter den das Grundgesetz die Ehe stellt, nach wie vor gut begründet ... Wir respektieren die Entscheidung von Menschen, die in anderen Formen der Partnerschaft ihren Lebensentwurf zu verwirklichen suchen ... Eine rechtliche Gleichstellung dieser Lebensgemeinschaften mit der Ehe lehnen wir ab ... Die Familie ist der erste und wichtigste Ort der Weitergabe und Einübung von grundlegenden Überzeugungen und wertgebundenen Einstellungen.« (Leitantrag des CDU-Bundesvorstandes zum kleinen Parteitag der CDU, 13. Dezember 1999)

Zum fortschrittlichen Lager gehören diejenigen bürgerlichen und kleinbürgerlichen Frauenorganisationen und Bewegungen, die **der bürgerlichen Staats- und Familienordnung kritisch gegenüberstehen und die mit ihr verbundene Diskriminierung von Frauen in Frage stellen.** Diese Frauenorganisationen können für eine zeitweilige konkrete

Zusammenarbeit mit der proletarischen Frauenbewegung im Kampf für die Gleichberechtigung der Frau gewonnen werden.

Zu einem Zusammengehen der proletarischen mit Teilen der bürgerlichen Frauenbewegung kam es immer dann, wenn die Arbeiterbewegung erstarkte und so ihre besondere Anziehungskraft auf das Kleinbürgertum und Teile des nicht monopolistischen Bürgertums ausübte.

Mit Beginn des I. Weltkriegs unterstützte zum Beispiel die Mehrheit der bürgerlichen Frauenbewegung die imperialistischen Kriegsziele. Die Arbeiterbewegung war gespalten und geschwächt. Die Mehrheit der SPD war zur Unterstützung der imperialistischen Kriegspolitik übergegangen.

In der Novemberrevolution 1918 dagegen, die von einer erstarkenden revolutionären Arbeiterbewegung getragen wurde, schlossen sich fortschrittliche Teile der kleinbürgerlichen und bürgerlichen Frauenbewegung der revolutionären Bewegung an. Die Novemberrevolution beendete nicht nur den I. Weltkrieg, sondern trotzte dem deutschen Imperialismus wichtige Zugeständnisse im Kampf für die Gleichberechtigung der Frau ab: die Einführung des Frauenwahlrechts, das uneingeschränkte Koalitionsrecht, die freie Berufswahl, den 8-Stunden-Tag sowie eine Verringerung der Lohnunterschiede. Diese Errungenschaften hatten allerdings nur beschränkte Wirkung, weil die imperialistischen Machtverhältnisse unangetastet blieben.

Nach der Zerschlagung des Hitler-Faschismus am Ende des II. Weltkriegs entstanden in fast allen Städten Deutschlands antifaschistische und überparteiliche Frauenausschüsse. In ihnen schlossen sich Kräfte der proletarischen Frauenbewegung und fortschrittliche Teile der bürgerlichen Frauenbewegung zusammen.

Die antikommunistische Gegenstrategie wollte diese überparteilichen Frauenausschüsse zerschlagen. Sie begann zu wirken, als die Monopole aufgrund der Änderung der US-amerikanischen Deutschlandpolitik ihre Macht in den westlichen Besatzungszonen zurückerhielten. Der aus den antifaschistischen Frauenausschüssen hervorgegangene »Demokratische Frauenbund Deutschlands« (DFD) wurde von den bürgerlichen Parteien in Westdeutschland massiv bekämpft und staatlich verfolgt. Am 10. April 1957 wurde er auf Anweisung der Innenminister der Länder in Westdeutschland verboten.

1949 wurde der »Deutsche Frauenring« aus der Taufe gehoben, ein Bündnis aller bürgerlichen Frauenorganisationen auf antikommunistischer Grundlage.

Die offen antikommunistische Gegenstrategie geriet aber in den 60er Jahren immer mehr in Widerspruch zur Politik der Reformen von oben und zur Änderung der deutschen Ostpolitik. Entsprechend wurde 1969 der »Deutsche Frauenrat« (DF) als Dachverband verschiedenster Frauenverbände mit heute 52 Mitgliedsverbänden, insgesamt 80 Organisationen und 11 Millionen Mitgliedsfrauen gegründet. Seine Zusammensetzung reicht von den Frauenverbänden der bürgerlichen Parteien und der Kirchen, zahlreicher Berufsverbände, des Bunds der Vertriebenen oder den Landfrauen bis zu den Gewerkschaftsfrauen. Er versteht sich als »*Frauenlobby*«. In einer Informationsschrift des Bundesministeriums für Familie, Senioren, Frauen und Jugend wird dazu ausgeführt:

»Der DF fungiert als Schirmorganisation seiner Mitgliedsverbände, deren gemeinsame Interessen er in der Öffentlichkeit, gegenüber Gesetzgebung, Regierung, politischen Parteien und gesellschaftlich wichtigen Gruppen sowie Institutionen vertritt und in deren Namen er sich eigenständig für alle relevanten frauenpolitischen Belange als ›Spitzenverband‹ engagiert, wobei die einzelnen Mitglieder des DF grundsätzlich in ihren jeweiligen Verbandszielen autonom bleiben.« (»Frauenverbände und Frauenvereinigungen in der Bundesrepublik Deutsch-

land«, Schriftenreihe des Bundesministeriums für Familie, Senioren, Frauen und Jugend, Bd. 112, Stuttgart 1996, S. 9)

Der Deutsche Frauenrat war von Anfang an eine **Institution zur Organisierung einer Massenbasis für die herrschende Politik unter den Frauen.** Entsprechend wird er weitgehend vom Bundesministerium für Familie, Senioren, Frauen und Jugend finanziert, zur Beratung von Gesetzesvorlagen herangezogen und es wird ihm eine angemessene Öffentlichkeit eingeräumt. Auf diese Weise wird die bürgerliche und kleinbürgerliche Frauenbewegung wirkungsvoll in das bürgerlich-parlamentarische System eingebunden. Der Deutsche Frauenrat ist ein Instrument, um die Kritik an der gesellschaftlichen Ungleichheit von Mann und Frau in das System des staatsmonopolistischen Kapitalismus zu integrieren.

3. Aufschwung und Niedergang der kleinbürgerlichen Frauenbewegung der 70er Jahre

Anfang der 70er Jahre veränderte sich die gesellschaftliche Situation in der BRD. Die Aufschwungperiode in der Wirtschaft der Nachkriegszeit hatte den Höhepunkt überschritten und wurde von einer Periode der Schwankenden Stagnation abgelöst. Die bürgerliche Familienordnung geriet in eine chronische Krise.

Mit der bürgerlichen Familienordnung geriet auch die bisherige bürgerliche Frauen- und Familienpolitik in die Krise. Von Mitte der 50er Jahre bis 1965 sank der Anteil weiblicher Mitglieder in der SPD um 1,6 und in der CDU um 3,7 Prozentpunkte. Der Frauenanteil in der SPD kam 1966 auf dem Tiefstand von 17,3 Prozent an.

In einem Aufsatz über »Frauenpolitiken und Frauenleitbilder der Parteien in der Bundesrepublik« erläutert Birgit Meyer, warum die bürgerliche Frauenpolitik zunehmend abgelehnt wird:

»Alles, was mit der Zunahme der weiblichen Erwerbstätig-keit zusammenhing, wurde von der CDU/CSU als familienge-fährdend bis ehezerstörend eingeschätzt ... Die ›natürliche Auf-gabenteilung‹ zwischen Mann und Frau in der Ehe, d. h. die Pflicht der Frau zur Haushaltsführung und die Erwerbstätig-keit des Ehemannes, wurde **grundsätzlich** *von keiner Partei in Frage gestellt (außer von der KPD, die aber ab 1956 verbo-ten war). Die SPD verwies zwar auf die tägliche Praxis der Frauen und Mütter, die aus wirtschaftlicher Not erwerbstätig waren. Sie führte aber keine offensive Strategie gegen die quasi-natürliche Zuordnung der Frauen zum Haushalt. Auch in SPD-Äußerungen klingen traditionelle Weiblichkeitsvorstellungen an von der ›Frau auf ihrem ältesten und unbestrittensten Aufgabengebiet am heimischen Herd‹.«* (in: »Aus Politik und Zeitgeschichte, Beilage zur Wochenzeitung Das Parlament«, 17. August 1990, S. 17/18)

Ende der 60er Jahre entstand als spontane Kritik dieser ge-sellschaftlichen Entwicklung eine **kleinbürgerliche Frauen-bewegung**, die eng mit der kleinbürgerlichen Studenten-bewegung verbunden war. Spielraum für ihre Entfaltung wurde ihr durch die Tatsache eröffnet, dass die proletarische Frauenbewegung aus der Öffentlichkeit weitgehend verdrängt war. Die KPD war seit 1956 verboten bzw. 1968 zur kleinbür-gerlich-revisionistischen DKP degeneriert. Der Aufbau einer neuen revolutionären Partei steckte noch in den Kinderschuhen und die Marxisten-Leninisten konnten sich kaum mit Frauen-politik befassen.

In der 1967/68 aufbrandenden, aber bald wieder zusam-mengebrochenen Studentenbewegung wurden neben hoch-

schulpolitischen und allgemein politischen Zuständen auch gesellschaftliche Werte und Normen radikal infrage gestellt. *»Abbau aller autoritären Strukturen«, »antiautoritäre Erziehung«*
und *»sexuelle Befreiung«* wurden eingefordert. Wohngemeinschaften und *»Kommunen«* entstanden, antiautoritäre Kinder-
ladenprojekte wurden eingerichtet, in denen die jungen Leute
»alles anders machen« wollten als in der als *»spießbürgerlich«*
empfundenen eigenen Erziehung.

In der Praxis scheiterten diese Projekte oft sehr schnell und
damit scheiterte die idealistische Vorstellung, individuell aus
der bürgerlichen Gesellschaft ausbrechen zu können. Völlig
subjektiv wiesen die betroffenen Studentinnen die Probleme
allesamt den – zweifellos verbreiteten – Pascha-Allüren der
kleinbürgerlichen Studentenführer zu. Entsprechend erklärte
zum Beispiel der 1968 gegründete Berliner *»Aktionsrat zur Befreiung der Frau«:*

*»Die klassenmäßige Aufteilung der Familie mit dem Mann
als Bourgeois und der Frau als Prolet – Herr und Knecht – im-
pliziert die objektive Funktion der Männer als Klassenfeind.«*
(»Resolution für die 23. ordentliche Delegiertenkonferenz des
SDS, November 1968«, vorgelegt vom Aktionsrat zur Befreiung
der Frau, Berlin, in: Ursula Linnhoff, »Die Neue Frauenbewegung«, Verlag Kiepenheuer & Witsch, Köln 1974, S. 42)

Scheinbar in Anlehnung an den Marxismus erklärten die
Studentinnen die Männer zum Hauptfeind ihrer frauenpolitischen Aktivitäten. Wortradikal grenzten sie sich von der reaktionären bürgerlichen Frauenbewegung ab, der sie ein *»tra-
ditionelles Frauenbild«* und *»Anpassung an die bestehenden
Verhältnisse«* vorwarfen. Die allgemeine Organisationsfeind-
lichkeit des kleinbürgerlichen Feminismus richtet sich in Wirklichkeit gegen die *»männerdominierte«* Arbeiterbewegung und
den Marxismus-Leninismus. So schrieb Marielouise Janssen-

Jurreit unter der Überschrift *»Die Väter des Sozialismus: Patriarchen oder Erlöser der Frauen?«:*

»Marx und Engels entwickelten die Frauenfrage nicht nur nicht weiter, sie blieben auch hinter vielen zeitgenössischen Denkansätzen zurück.« (»Sexismus, Über die Abtreibung der Frauenfrage«, Carl Hanser Verlag, München 1976, S. 195)

Die Denkansätze des kleinbürgerlichen Feminismus und seine oberflächlich-subjektivistischen Einbildungen über einen vermeintlichen *»Klassenkampf zwischen Mann und Frau«* waren mit Marx und Engels tatsächlich nicht in Verbindung zu bringen. Marx und Engels befassten sich vielmehr mit den gesellschaftlichen Wurzeln jeder Art von Ausbeutung und Unterdrückung in der kapitalistischen Klassengesellschaft, die besondere Ausbeutung und Unterdrückung von Frauen eingeschlossen. Sie fanden dabei heraus, dass die besondere Unterdrückung von Frauen auf das Privateigentum und die Existenz von Klassen zurückgeht. Sie enthüllten den gesetzmäßigen Zusammenhang zwischen dem System der Lohnarbeit und der bürgerlichen Staats- und Familienordnung. Sie beobachteten aber auch sehr genau, dass sich im Kapitalismus die Familienverhältnisse der Bourgeoisie ganz grundlegend von denen der Proletarier unterscheiden und dass mit dem Leben der Lohnarbeiter eine systemimmanente Tendenz zur Familienlosigkeit einhergeht. Wirkliche Abhängigkeitsverhältnisse zwischen Mann und Frau existieren nur auf der Basis von Privateigentum.

Zu einer so differenzierten Betrachtungsweise waren die kleinbürgerlichen Studentinnen nicht in der Lage. Mit ihrer kleinbürgerlichen Denkweise konnten sie wohl die herrschenden Zustände in einigen Erscheinungen kritisieren. Sie konnten sich auch diese oder jene Teilkenntnisse aus der Geschichte der Arbeiter- und Frauenbewegung anlesen. Aber aufgrund ihrer Abgehobenheit vom Leben und Kampf der Arbeiter waren sie nicht in der Lage, in das Wesen der kapitalistischen Ausbeutungsverhältnisse einzudringen. Entsprechend entwickelte der »Aktionsrat zur Befreiung der Frau« in der erwähnten Resolution von 1968 eine völlig absurde Strategie:

»Daraus ergibt sich, daß die Revolution als Ziel des Klassenkampfes weniger eine Frage der Machtübernahme ist als eine Frage der Verwirklichung dessen, was sich in der bestehenden schlechten Gesellschaft antizipatorisch (vorwegnehmend – Red. RW) *als Gegengesellschaft abzeichnet. Dies beinhaltet, daß der Anspruch auf Glück jetzt abgetrennt in die Privatsphäre, aber nicht einmal dort befriedigt – in gesellschaftlicher Aktion eingelöst werden muß.«* (in: Ursula Linnhoff, »Die Neue Frauenbewegung«, Verlag Kiepenheuer & Witsch, Köln 1974, S. 43)

Was für ein Unsinn! Eine Revolution, die sich nicht auf die alles entscheidende Machtfrage konzentriert, sondern auf die Befriedigung persönlicher Glücksgefühle in der *»gesellschaftlichen Aktion«* ist nichts als leere Phantasterei.

In der Illusion, die Befreiung der Frau könne *»hier und jetzt«*, das heißt ohne revolutionäre Umwälzung der bestehenden gesellschaftlichen Verhältnisse verwirklicht werden, macht sich die kleinbürgerliche Frauenbewegung selbst zu einem Abklatsch des bürgerlichen Feminismus. Ihre *»gesellschaftliche Aktion«* versandet in blindem Aktionismus oder in individueller Selbstverwirklichung in den privilegierten Nischen der Gesellschaft. Bereits 1970 schrieb Willi Dickhut in dem Buch »Antiautoritarismus und Arbeiterbewegung«:

*»Die kleinbürgerlichen drei Grundprinzipien der ›freien Assoziation‹, des ›hier und jetzt‹ und des Individualismus zerstören also alle wirklich ›emanzipatorischen‹ oder gar sozialistischen Ziele der Antiautoritären; wer diese Ziele wirklich realisieren will, kann das nur mit den Mitteln des Marxismus-Leninismus. **Der Antiautoritarismus will seine Ziele offenbar gar nicht verwirklichen.** Auch das entspricht seiner Klassenbasis,*

*die ihn zwischen die Zukunft (Proletariat) und die Vergangen-
heit stellt. Seine Ziele sind* **real** *nur auf der Klassenbasis des
Proletariats durchzuführen – auf der Basis des Kleinbürgertums lassen sie sich nur* **imaginär** *erfüllen ... Eine Studenten-
bewegung an sich, losgelöst von der Arbeiterbewegung, muß
kleinbürgerlich bleiben, blinde Rebellion gegen die Gesellschaftsordnung, unfähig, sie zu verändern. Darauf kommt es
aber an.«* (REVOLUTIONÄRER WEG 3, Sammelausgabe,
Stuttgart 1984, S. 183 und 201)

Die Bewegung gegen den § 218

Gesellschaftliche Bedeutung erhielt die kleinbürgerliche
Frauenbewegung der BRD durch die Bewegung zur Abschaffung des Abtreibungsparagraphen 218. Nach dem Vorbild einer
ähnlichen Aktion in der Weimarer Republik wurde eine sogenannte *»Selbstbezichtigungskampagne«* organisiert. Im Juni
1971 veröffentlichte die Illustrierte »stern« eine Erklärung von
374 Frauen, darunter bekannte Schauspielerinnen, Schrift-
stellerinnen und Wissenschaftlerinnen. Sie erklärten öffent-
lich, dass sie selbst schon abgetrieben hätten und forderten die
Streichung des § 218.

Die Kampagne traf auf eine Stimmung wachsender Unzufriedenheit mit der Gängelung und Bevormundung der Frauen,
aber auch auf ein wachsendes Selbstbewusstsein. Nur darum
konnte innerhalb kürzester Zeit eine breite Bewegung entstehen, die auch von Gewerkschaften und anderen gesellschaftlich relevanten Organisationen aufgegriffen wurde. Im
Juni und Juli 1971 demonstrierten Tausende Frauen und Männer in über 30 Städten der BRD, Zehntausende Unterschrif-
ten wurden gesammelt. Besonders in Großstädten entstanden
in rascher Folge Frauengruppen und Frauenzentren. Bundes-
weite Kongresse wurden abgehalten. Mehrere Tausend Frauen
unterschrieben die Selbstbezichtigung. Männer solidarisierten

Die Bewegung gegen den § 218 traf tatsächlich die Interessen der Massen.

sich und einige Monate später erschien die Erklärung von Ärzten und Professoren »*Ich war Komplize einer Abtreibung*«.

Die Kampagne fand einen so großen Rückhalt in der breiten Masse der Bevölkerung, dass die damalige SPD/FDP-Regierung reagieren musste. Am 26. April 1974 beschloss das Parlament die Einführung einer Fristenregelung zum legalen Schwangerschaftsabbruch in den ersten drei Monaten der Schwangerschaft. Auf Betreiben von CDU/CSU und der Kirchen wurde diese aber 1975 vom Bundesverfassungsgericht für verfassungswidrig erklärt. 1976 beschloss die Bundesregierung daraufhin eine Indikationslösung, die eine Abtreibung nur noch aus sozialen oder gesundheitlichen Gründen zuließ.

Die kleinbürgerlichen Illusionen, im Rahmen des bürgerlich-parlamentarischen Systems eine tatsächliche Gleichberechtigung der Frauen erreichen zu können, zerschellten an der Realität staatsmonopolistischer Herrschaftsausübung mit ihrer engen Verschmelzung von Kirche und Staat in der Bundesrepublik Deutschland. Die kleinbürgerliche Denkweise der bürgerlichen und kleinbürgerlichen Frauenrechtlerinnen erlaubte ihnen keine vorwärtstreibende und schöpferische Auswertung ihrer Erfahrungen. Schlagartig gingen die Aktivitäten zurück, die kleinbürgerliche Frauenbewegung erlebte einen tiefen Kollaps. Die Mehrzahl der aktivierten Frauen zog sich resigniert zurück. Der Rest atomisierte sich in »*Selbsterfahrungsgruppen*«, verlor sich in gruppentherapeutischen Gesprächen, Erforschung des eigenen Körpers und der Sexualität oder suchte in der Beschäftigung mit feministischer Literatur nach einem individuellen Ausweg.

In der Folgezeit wurden die ersten Frauenhäuser nach britischem Vorbild gegründet als Fluchtpunkte für misshandelte Frauen und Kinder. Gruppen wie »Wildwasser« kümmerten sich um sexuell missbrauchte Kinder. Frauengesundheitszentren entstanden, Frauenverlage und Frauenbuchhandlungen schossen aus dem Boden. Frauentheater, -bands und -kabaretts entfalteten eine rege kulturelle Aktivität. Mit »Courage« und »Emma« wurden die ersten beiden bundesweiten Zeitschriften der kleinbürgerlichen Frauenbewegung auf den Markt gebracht.

Die vom kleinbürgerlichen Feminismus diktierte Beschränkung auf »*Nur-Frauen-Fragen*« führte die kleinbürgerlichen Frauen konsequent in die Selbstisolation. Das stieß aber auch innerhalb der kleinbürgerlichen Frauenbewegung auf Widerspruch. Unter dem Stichwort der »*Theorielosigkeit*« wurde die Entpolitisierung der Frauengruppen kritisiert. Als Konsequenz beteiligten sich Anfang der 80er Jahre massenhaft Frauen an der Friedensbewegung gegen die Stationierung atomarer Raketen in Deutschland. Für die radikale Feministin Alice Schwarzer bedeutete das »*Verrat*« an der Frauensache:

»*Um so erstaunlicher ist es, daß Frauen wieder einmal ... ihre Sache im Namen des ›großen Anliegens‹ zurückstellen oder gar nicht erst in Angriff nehmen. Mehr noch: daß selbst Feministinnen das mitmachen und damit die Sache der Frauen verraten.*« (Alice Schwarzer, »10 Jahre Frauenbewegung, So fing es an!«, Emma-Frauenverlags GmbH, Köln 1981, S. 7)

Die kleinbürgerliche Frauenbewegung konnte auf Frauen aller Schichten Anziehungskraft und Einfluss ausüben, soweit sie tatsächliche gesellschaftliche Missstände angriff und ihre Aktivitäten dem gewachsenen Selbstbewusstsein der Masse der Frauen entsprachen. Fragen der Ausbeutung der Sexualität, der besonderen Probleme lesbischer Frauen, der Gewalt in den Familien wurden von dem bis dahin bestehenden moralischen Tabu befreit. Viele Anliegen der kleinbürgerlichen Frauenbewegung waren berechtigt und müssen auch von einer neuen kämpferischen Frauenbewegung aufgenommen werden. Aber **unter dem beherrschenden Einfluss des kleinbürgerlichen Feminismus musste diese Bewegung scheitern.**

4. Reformistische und revisionistische Parteien und Organisationen als Erben des kleinbürgerlichen Feminismus

Mit dem Niedergang der kleinbürgerlichen Frauenbewegung verlor der kleinbürgerliche Feminismus einen Großteil seiner Trägerinnen. Einen festen Platz in der Gesellschaft bekam er erst durch seine staatliche Institutionalisierung und als die bürgerliche Frauenbewegung Grundpositionen der kleinbürgerlich-feministischen Denkweise übernahm. Das geschah insbesondere in den reformistischen und revisionistischen Parteien.

Der kleinbürgerliche Feminismus in der SPD

Für die SPD war der kleinbürgerliche Feminismus ein Rettungsanker, um ihren schwindenden Einfluss unter den Frauen wettzumachen und auch die wachsende Unzufriedenheit der Frauen in den eigenen Reihen zu besänftigen. Bis dahin hatte sich die SPD darauf beschränkt, die bürgerliche Familienordnung zu propagieren und kleinbürgerliche Familienverhältnisse auch unter Arbeitern zu fördern. Im Godesberger Programm von 1959 hieß es dazu:

»Gleichberechtigung soll die Beachtung der psychologischen und biologischen Eigenarten der Frau nicht aufheben. Hausfrauenarbeit muß als Berufsarbeit anerkannt werden. Hausfrauen und Mütter bedürfen besonderer Hilfe, Mütter von vorschulpflichtigen und schulpflichtigen Kindern dürfen nicht genötigt sein, aus wirtschaftlichen Gründen einem Erwerb nachzugehen. Staat und Gesellschaft haben die Familie zu schützen, zu fördern und zu stärken.« (»Grundsatzprogramm der Sozialdemokratischen Partei Deutschlands«, beschlossen vom Außerordentlichen Parteitag der SPD in Bad Godesberg vom 13. bis 15. November 1959, Hrsg. Vorstand der SPD, Bonn, S. 21)

Kämpferische Frauen in der SPD hatten einen schweren Stand. Die Jahrbücher der SPD lassen tief blicken, wenn sie sinngemäß immer wiederkehrend berichten:

»Besonders auf der Ortsebene klagen die Genossinnen des öfteren darüber, daß die verantwortlichen Funktionäre nicht immer Verständnis für die politische Bedeutung der Frauenarbeit haben. Oft werden aktive Genossinnen entmutigt dadurch, daß sie nicht nur keine Unterstützung erhalten, sondern daß man im Gegenteil der Meinung ist, sie wären zu ›aktiv‹.« (Jahrbuch der SPD 1950/1951, Hrsg. Vorstand der SPD, S. 192/193)

Immer mehr Frauen mussten ihre Arbeitskraft verkaufen, um leben zu können. Ihr Selbstbewusstsein wuchs und auch in der SPD begehrten Frauen auf. Die SPD musste reagieren. 1972 wurde die »Arbeitsgemeinschaft sozialdemokratischer Frauen« (ASF) gegründet. Diese hat keinerlei Selbständigkeit in der Partei. Ausdrücklich dient sie dem Zweck, die Frauen dazu zu bewegen, sich mit den herrschenden Verhältnissen abzufinden und bestenfalls zu Veränderungen »im Bewusstsein« beizutragen. In den Richtlinien des Parteivorstands vom 24. Juni 1972 heißt es unter anderem:

»Die Arbeitsgemeinschaft setzt sich **die Integration der Frauen in die Gesellschaft und die Partei** *zum Ziel. Daraus ergeben sich insbesondere folgende Aufgaben: Frauen mit der Politik und den Zielen der Partei vertraut machen, zur Änderung des gesellschaftlichen Bewußtseins beizutragen und weitere Mitglieder zu gewinnen ... Durch Kontakt zu Verbänden und Organisationen, die* **auf dem Boden des Grundgesetzes** *stehen, das Wirkungsfeld der Partei zu erweitern.«* (Ulrike Honnen, »Vom Frauenwahlrecht zur Quotierung, 125 Jahre Kampf um Gleichberechtigung in der SPD«, Waxmann Verlag, Münster 1988, S. 42/43 – Hervorhebungen Red. RW)

Ausdrücklich wird der Kontakt zu Kräften, die nicht *»auf dem Boden des Grundgesetzes stehen«,* ausgeschlossen und damit jegliche Verbindung zur proletarischen Frauenbewegung unterbunden, die für die Befreiung der Frau in einer sozialistischen Gesellschaftsordnung eintritt. Das kennzeichnet die ASF als Ordnungsfaktor gegen ein erwachendes proletarisches Frauenbewusstsein unter sozialdemokratischen Frauen.

Schon bald stritten sich junge Akademikerinnen, die von der kleinbürgerlichen Frauenbewegung geprägt waren, mit den eher traditionell eingestellten SPD-Frauen um Posten und Einfluss in der ASF. Quoten- und Sprachregelungen wurden debattiert, der kleinbürgerliche Feminismus wurde für die Reformisten salonfähig gemacht. Natürlich gab es auch Kritik an der gesellschaftlichen Ungleichheit von Männern und Frauen. Aber die Reformisten behaupten, die gesellschaftliche Gleichstellung von Mann und Frau sei im Rahmen des kapitalistischen Systems möglich. Eine der von ihnen getragenen **Lebenslügen** im gesellschaftlichen System der kleinbürgerlichen Denkweise ist die von der **Gleichberechtigung der Frau in der Bundesrepublik Deutschland**. Dazu heißt es im Grundsatzprogramm der SPD von 1989:

»Wir wollen eine Gesellschaft, in der Frauen und Männer gleich, frei und solidarisch miteinander leben ... Wir wollen eine Gesellschaft, die nicht mehr gespalten ist in Menschen mit angeblich weiblich und angeblich männlichen Denk- und Verhaltensweisen, in der nicht mehr hochbewertete Erwerbsarbeit Männern zugeordnet, unterbewertete Haus- und Familienarbeit Frauen überlassen wird, in der nicht mehr eine Hälfte der Menschen dazu erzogen wird, über die andere zu dominieren, die andere dazu, sich unterzuordnen.« (»Ohne Wenn und Aber. Das Gleichstellungsgesetz der SPD-Bundestagsfraktion«, Hrsg. Vorstand der SPD, Bonn 1990, S. 11)

Die Interessen der Masse der Frauen stehen demnach nicht etwa im Gegensatz zu den bestehenden wirtschaftlichen und politischen Machtverhältnissen – sie müssen nur gegen überkommene Vorstellungen, besonders der Männer, durchgesetzt werden. Gegen eine derartige Verschleierung der tatsächlich in allen kapitalistischen Ländern bestehenden besonderen Ausbeutung und Unterdrückung der Frau hatte bereits Lenin heftig polemisiert:

*»Nieder mit dieser Lüge! Nieder mit den Lügnern, die von Freiheit und Gleichheit **für alle** reden, solange es ein unterdrücktes Geschlecht gibt, solange es unterdrückende Klassen gibt, solange es Privateigentum an Kapital, an Aktien gibt, solange es Satte gibt, die mit ihren Getreideüberschüssen Hungrige knechten. Nicht Freiheit für alle, nicht Gleichheit für alle, sondern **Kampf** gegen die Unterdrücker und Ausbeuter, **Beseitigung der Möglichkeit** zu unterdrücken und auszubeuten. Das ist unsere Losung! Freiheit und Gleichheit für das unterdrückte Geschlecht! Freiheit und Gleichheit für den Arbeiter, für den werktätigen Bauern! Kampf gegen die Unterdrücker, Kampf gegen die Kapitalisten, Kampf gegen die Schieber, die Kulaken!«* (»Die Sowjetmacht und die Lage der Frau«, 1919, Lenin, Werke, Bd. 30, S. 106)

Die Marxisten-Leninisten lehnen den Kampf um wirkliche Verbesserungen der Lage der Frauen keineswegs ab, aber sie nutzen ihn als **Schule des Klassenkampfs und des Kampfs um die Befreiung der Frau.** Lenin kennzeichnete das Verhältnis des Kampfs um Reformen zum revolutionären Kampf in seiner Schrift »Marxismus und Reformismus«:

»Zum Unterschied von den Anarchisten erkennen die Marxisten den Kampf für Reformen an, d. h. für solche Verbesserungen in der Lage der Werktätigen, bei denen die Macht nach wie vor in den Händen der herrschenden Klasse bleibt. Doch gleichzeitig führen die Marxisten den entschiedensten Kampf gegen die Reformisten, die direkt oder indirekt das Streben und das Wirken der Arbeiterklasse auf Reformen beschränken wollen. Der Reformismus ist ein bürgerlicher Betrug an den Arbeitern,

*die, solange die Herrschaft des Kapitals bestehenbleibt, unge-
achtet einzelner Verbesserungen stets Lohnsklaven bleiben werden.«* (Lenin, Werke, Bd. 19, S. 363)

Nach dem Ende der Reformen von oben nutzte die SPD die
kleinbürgerlich-feministische Ideologie als Mittel, um Ver-
schlechterungen der Lebenslage der Massen durchzusetzen.
So erklärte die ASF-Vorsitzende und Europa-Abgeordnete der
SPD, Karin Junker, im Januar 1998:

*»Auf die Frage, was eine aktive Gleichstellungspolitik in
Deutschland und Europa ausmacht, die ihren Namen auch verdient ... haben Sozialdemokratinnen und Sozialdemokraten
eine eindeutige Antwort formuliert: Es geht um die Umverteilung von Arbeit, Einkommen und Macht zwischen Männern
und Frauen.*

- *Umverteilung von Arbeit heißt, die vorhandene bezahlte und
  unbezahlte Arbeit zwischen Männern und Frauen solidarisch
  zu teilen,*

- *Umverteilung von Einkommen bedeutet eine gerechte Lohn-,
  Steuer-, Finanz-, Beschäftigungs- und Sozialpolitik,*

- *Umverteilung von Macht schließlich meint die gleichberechtigte Teilhabe von Frauen und Männern an allen gesellschaftlichen Entscheidungsprozessen.«* (»Frauenthemen«,
Informationen der SPD, Nr. 25, Hrsg. Vorstand der SPD,
Bonn 1998, S. 3)

Also nicht Kampf der Männer und Frauen gemeinsam
für den Erhalt und die Schaffung neuer Arbeitsplätze ist das
Programm, sondern der offene Konkurrenzkampf zwischen
Arbeitern und Arbeiterinnen, zwischen männlichen und weib-
lichen Angestellten und zwischen männlichen und weiblichen
Selbständigen um die immer weiter schwindende Anzahl von
Vollerwerbsarbeitsplätzen. Dazu kommt, dass die *»Umver-
teilung der Macht«* von den wahren Machtverhältnissen im

staatsmonopolistischen Kapitalismus ablenkt. Die Macht wird nicht von *»den Männern«* ausgeübt, sondern eine kleine Schicht von Monopolkapitalisten übt ihre allseitige Diktatur über die ganze Gesellschaft aus.

Das Programm der SPD *»Umverteilung von Arbeit, Einkommen und Macht«* dient der Täuschung der Massen und insbesondere der Frauen. Es zielt auf die Spaltung der Arbeiterklasse, als der einzigen Kraft, die die Massen im revolutionären Kampf gegen die Diktatur der Monopole führen und die befreite Gesellschaft, den Sozialismus durchsetzen kann.

Im SPD-Wahlprogramm und in der Koalitionsvereinbarung der im Oktober 1998 angetretenen SPD/GRÜNEN-Regierung wurde großspurig ein neuer *»Aufbruch in der Gleichstellungspolitik«* angekündigt. Das sieht in der Umsetzung so aus, dass die neue Frauenministerin Christine Bergmann *»Kooperation«* und *»Zusammenarbeit«* mit den Konzernen anstrebt. Unverblümt wirbt sie in deren Interesse für Teilzeitarbeit:

»Viele Unternehmen haben erkannt, daß es sich lohnt, Mitarbeiterinnen an den Betrieb zu binden, auch wenn sie Kleinkinder haben, weil dies Einstellungs- und Ausbildungskosten spart und weil die Produktivität bei Teilzeitarbeit steigt.« (»Programm ›Frau und Beruf‹, Aufbruch in der Gleichstellungspolitik«, Hrsg. Bundesministerium für Familie, Senioren, Frauen und Jugend, Bonn 1999, S. 27)

Es ist geradezu zynisch, wenn die den Frauen gesellschaftlich auferlegte private Verantwortung für die Kindererziehung auch noch als Mittel zur Steigerung der Ausbeutung angepriesen wird. Frauenfreundlicherweise und natürlich völlig kostenneutral wird dagegen den Männern das Babywickeln als karrierefördernd schmackhaft gemacht:

»Männer können in der Familienarbeit soziale Kompetenzen erwerben, die in der beruflichen Karriere von Vorteil sind. Die

Bundesregierung plant ... eine **Werbekampagne für ein neues Männerleitbild;** *vorgestellt werden neue Männer und neue Väter, die sich partnerschaftlich an Familienarbeit und Kindererziehung beteiligen ...«* (ebenda, S. 31)

Es ist natürlich nichts einzuwenden gegen die Überwindung des patriarchalisch geprägten Leitbilds der Hausfrauenehe, das die SPD lange Zeit selbst gepflegt und propagiert hat; auch nichts gegen aktive und verantwortungsbewusste Väter. Aber zugleich soll nach dem Willen der SPD die gesetzmäßige Grundlage der Probleme unangetastet bleiben: die gesellschaftlichen Verhältnisse der kapitalistischen Produktionsweise und die darin begründete private Verantwortung der Einzelfamilien für die Produktion und Reproduktion der menschlichen Arbeitskraft. Keine noch so tiefe Einsicht oder praktische Verhaltensänderung von Männern oder Frauen im persönlichen Leben kann diese materielle Quelle der gesellschaftlichen Ungleichheit von Mann und Frau beseitigen.

Der kleinbürgerliche Feminismus in PDS und DKP

Frauen, die der revisionistischen DKP nahe standen oder dort Mitglied waren, gründeten 1976 die »Demokratische Fraueninitiative« (DFI). Diese pries die Verhältnisse in der DDR als vorbildlich für die Frauenbefreiung an. Sie suchte vor allem die Zusammenarbeit mit den Gewerkschaften und der SPD, allerdings um den Preis des Verzichts auf jegliche grundsätzliche Kritik an deren bürgerlicher Frauenpolitik. Ihre eigene Politik reduzierte die DFI auf den Friedenskampf und auf Reformforderungen wie nach gleichem Lohn für gleiche Arbeit, Abschaffung des § 218 usw. Mit der Forderung nach einem *»Recht auf Arbeit«* wurden Illusionen über das kapitalistische System verbreitet. In der Förderung der illusionären Vorstellung, die Befreiung der Frau sei ohne den revolutionären Sturz der herrschenden Verhältnisse möglich, fand sie sich mit den kleinbürgerlichen Feministinnen zusammen. Immer offener übernahm sie auch deren Positionen und nach der Wiedervereinigung benannte die DFI ihre Info-Zeitung *»Wir Frauen«* flugs in *»feministische Zeitung«* um.

Bei der DKP existiert bis heute ein regelrechter **Mythos von der befreiten Frau in der DDR.** Der Kern dieses Mythos besteht darin, die Befreiung der Frau als eine Summe gesetzlicher und sozialer Errungenschaften zu verklären. Bei der PDS hört sich die Bewältigung der DDR-Vergangenheit etwas kritischer an:

»In der DDR war – im Unterschied zur BRD – die Realisierung der Gleichberechtigung von Frau und Mann von Anfang an erklärtes Ziel staatlicher Politik. Das ergab sich aus dem weltanschaulichen Rückgriff auf Marx, Engels, Lenin, Bebel und vor allem auch auf Clara Zetkin. Dieser fand ohne jede kritische Reflexion statt und führte zu einem ökonomistisch verkürzten Verständnis von der Gleichstellung der Geschlechter.« (Christina Schenk, »Die PDS und der Feminismus – ein noch ungeklärtes Verhältnis«, in: »Links und feministisch«, Hrsg. PDS-Grundsatzkommission, Berlin 1996, S. 31)

Im Programm der PDS heißt es entsprechend:

»Trotz einiger bedeutender Schritte zur Gleichberechtigung und ökonomischen Unabhängigkeit der Frau wurde auch das Patriarchat nicht ernsthaft erschüttert.« (»Programm der PDS«, in: »Disput« Nr. 3/4 1993, S. 39)

Zunächst fällt auf, dass auch von der PDS der eigentliche Maßstab der Beurteilung einer sozialistischen Frauenpolitik, der Kampf um die Befreiung der Frau, auf das bürgerliche Ideal der Gleichberechtigung von Mann und Frau beschränkt wird. Der DDR wird bescheinigt, eine solche Gleichberechtigung im Unterschied zur BRD von Anfang an angestrebt zu haben. In

der Praxis allerdings soll aufgrund eines »*ökonomistischen Ver-
ständnisses*« das Patriarchat nicht erschüttert worden sein.

Die nicht überwundene gesellschaftliche Ungleichheit von
Mann und Frau in der ehemaligen DDR hatte ihre Ursache
aber nicht in einer unerschütterten »*Herrschaft des Patriar-
chats*«. Vielmehr ging sie auf eine Revision des Marxismus-
Leninismus zurück, auf die Beibehaltung der privaten Einzelfamilie als grundlegende Wirtschaftseinheit und auf die vom
XX. Parteitag der KPdSU 1956 ausgegangene Restauration des
Kapitalismus. Wenn zahlreiche PDS-Autorinnen jede Form der
Ungleichheit von Mann und Frau mit einer »*Herrschaft des Patriarchats*« gleichsetzen, dann ist das eine unhistorische Ver-
einfachung. Im Unterschied zur BRD wurde in der DDR von
Anfang an gründlich mit den Überresten der feudal-patriarchalischen Strukturen aufgeräumt. Die kleinbürgerlich-feministische Behauptung einer »*Herrschaft des Patriarchats*« dient
der Verschleierung der Klassenwirklichkeit sowohl im bürokratischen Kapitalismus der DDR als auch im staatsmonopolistischen Kapitalismus der BRD.

Dreist ist es allerdings, wenn die Ursache der missratenen
Gleichstellung von Mann und Frau in der DDR von der PDS
dem »*weltanschaulichen Rückgriff*« auf den Marxismus-Leninismus angekreidet wird. Aus den Schlussfolgerungen der PDS
wird schnell ersichtlich, dass der Angriff auf die Weltanschauung des Marxismus-Leninismus nur die Absicht rechtfertigen soll, sich in Zukunft streng an die bürgerliche Ideologie zu halten und einen kleinbürgerlichen »*linken Feminismus*«
zu verfechten. Dabei gehe es um die »*Entwicklung von Strategien gegen die patriarchalen Verhältnisse, also gegen die sich
immer wieder neu herstellende Herrschaft von Männern. Hierzu gehört der Versuch, auf verschiedene Weise Gegenmechanismen und subversive antipatriarchale Strukturen zu instal-
lieren.*« (Christina Schenk, »Die PDS und der Feminismus –

ein noch ungeklärtes Verhältnis«, in:»Links und feministisch«,
Hrsg. PDS-Grundsatzkommission, Berlin 1996, S. 30)

Die Befreiung der Frau erfordert demzufolge nicht die Überwindung des staatsmonopolistischen Kapitalismus und der ihm
innewohnenden besonderen Ausbeutung und Unterdrückung
der Frauen, sondern schlichtweg »*Gegenmechanismen*«. Wie
ein solcher »*Gegenmechanismus*« aussehen sollte, wird von der
PDS-Sprecherin für Frauenpolitik Christina Schenk anhand
des VW-Modells von 1994 näher ausgeführt. Damals war die
Arbeitszeit der VW-Arbeiter auf 28 Stunden ohne Lohnausgleich reduziert worden. Die PDS knüpfte daran eine Kritik
an den VW-Kollegen, weil sie die vom Vorstand diktierte Arbeitszeitverkürzung – besser gesagt Kurzarbeit – nicht als »*Gegenmechanismus*« begriffen und umsetzten:

*»Arbeitszeitverkürzung ist eine kritische Anfrage an männ-
liche Wertvorstellungen, zu denen es bislang eben nicht gehört,
sich in gleichberechtigter Weise um die Kinderbetreuung und
den Haushalt zu kümmern. In diesem Zusammenhang sei an
die Einführung der 4-Tage-Woche bei VW erinnert. Die gewon-
nene freie Zeit haben die Männer nicht etwa in der Familie oder
zur Pflege anderer sozialer Kontakte genutzt, sondern sie haben
sich Nebenjobs gesucht. Arbeitszeitverkürzung ist offenbar geeignet, eine männliche Sinnkrise hervorzurufen. Die vielfach in
den Medien gestellte Frage ›Was macht der VW-Arbeiter am
5. Tag?‹ ist ein beredtes Indiz für das Problem vieler Männer,
abseits von Erwerbsarbeit und Karriere Lebenssinn zu finden.«*
(ebenda, S. 32/33)

Diese Stellungnahme ist durch und durch arrogant und ar-
beiterfeindlich. Die VW-Arbeiter suchten sich zusätzliche Jobs
nicht aus irgendeiner Sinnkrise heraus, sondern um die dras-
tischen Einbrüche bei ihren Einkommen auszugleichen. Wesentlich an dieser Argumentation der PDS ist, dass der Kampf
um Arbeitszeitverkürzung nicht als Schule des Klassenkampfs

verstanden wird, sondern als Strategie zur Neubelebung der bürgerlichen Familienordnung. Die Aufgaben der Produktion und Reproduktion der Arbeitskraft und der Erziehung der Kinder werden wie selbstverständlich der privaten Einzelfamilie überlassen, nur sollten sich Frau und Mann die Arbeit zu gleichen Anteilen aufteilen. Und das wird auch noch als Gegenmodell gegen die besondere Unterdrückung der Frau verkauft!

Die PDS hat dem kleinbürgerlichen Feminismus sogar eine grundlegend gesellschaftsverändernde Stoßrichtung angedichtet. So heißt es in einem Beschluss des 5. Parteitags der PDS in Schwerin:

»Feministische Forderungen sind untrennbar mit linker Politik verbunden. Feministische Politik ist Kampf gegen gesellschaftliche Strukturen, die sowohl Frauen als auch Männer an ihrer freien Entfaltung hindern. Insofern ist feministische Politik dezidiert (entschieden – Red. RW) *antikapitalistische Gesellschaftspolitik.«* (»Disput/Pressedienst« 1/1997, S. 25)

In ihrer spalterischen Politik, beim bestehenden Mangel an Arbeitsplätzen den Verteilungskampf zwischen Männern und Frauen zu propagieren, findet sich die PDS schließlich in guter Gesellschaft mit der SPD wieder. Im Aufruf der PDS zum Internationalen Frauentag 1998 heißt es:

»Männerquote von 50 Prozent! Wir meinen: Arbeit, Geld und Zeit müssen zwischen Frauen und Männern gerecht verteilt werden.«

Friedrich Engels polemisierte in dem »Zirkularbrief an Bebel, Liebknecht, Bracke u. a.« treffend gegen diese Art kleinbürgerlicher Politik:

»Wie jenen die demokratische Republik, so liegt diesen der Sturz der kapitalistischen Ordnung in unerreichbarer Ferne, hat also absolut keine Bedeutung für die politische Praxis der

Gegenwart ... Die sozialdemokratische Partei **soll** *keine Arbeiterpartei sein, sie soll nicht den Haß der Bourgeoisie ... auf sich laden; ... statt auf weitgehende, die Bourgeois abschreckende und doch in unsrer Generation unerreichbare Ziele Gewicht zu legen, soll sie lieber ihre ganze Kraft und Energie auf diejenigen kleinbürgerlichen Flickreformen verwenden, die der alten Gesellschaftsordnung neue Stützen verleihen ... Es sind dieselben Leute, die unter dem Schein rastloser Geschäftigkeit nicht nur selbst nichts tun, sondern auch zu hindern suchen, daß überhaupt etwas geschieht als – schwatzen ...«* (Marx/Engels, Werke, Bd. 19, S. 163/164)

Der kleinbürgerliche Feminismus der GRÜNEN

1980 gründeten sich die GRÜNEN als Partei. Sie hatten den Anspruch, Sammelpunkt und Erbe unterschiedlicher sozialer Bewegungen zu sein: der Umweltbewegung, der Friedensbewegung – und nicht zuletzt der bereits zerfallenden kleinbürgerlichen Frauenbewegung. Als Zeichen dieses Anspruchs führten die GRÜNEN als erste Partei Quotenregelungen für die Besetzung von Parteiposten ein. *»Weibliche Sprachregelungen«* wurden durchgesetzt und nach ihrem erstmaligen Einzug in den Bundestag 1984 wurde ein ausschließlich aus Frauen bestehender Fraktionsvorstand der Öffentlichkeit präsentiert.

Am 22./23. November 1986 versammelten sich in Bonn 500 Frauen mit 200 Kindern unter grüner Schirmherrschaft zu einem Kongress *»Leben mit Kindern – Mütter werden laut«*. Einige Wochen später veröffentlichten sie ein *»Müttermanifest«*, in dem sie sich heftig über die Ausgrenzung von Frauen mit Kindern auch bei den GRÜNEN beklagten:

»Sie sind immer weniger bereit, sich damit abzufinden, daß Berufsleben, Terminplanung, Veranstaltungen, jede Form von Öffentlichkeit de facto davon ausgehen, Mütter hätten kein

Recht, dabei zu sein oder wären selbst dafür verantwortlich,
sich die Möglichkeiten zur Teilnahme zu schaffen.« (»Müttermanifest«, Hrsg. Die GRÜNEN, Bonn 1987)

Als Lösung propagierten sie eine Aufwertung der *»Mütterlichkeit«.* Die Idee war nicht neu. 1981 hatte die CDU das so genannte *»Blüm-Papier«* veröffentlicht, in dem die Familie als
»natürlicher Lebensraum des Menschen« bezeichnet und der
Begriff der *»neuen Mütterlichkeit«* eingeführt wurde. Sie sollte
für die *»neue Zeit«* fehlende Werte betonen, die *»ihre Heimat*
in der Familienkultur haben, wie Liebe, Natürlichkeit, Treue,
Hüten, Verzicht, Vorsorge für kommende Generationen«. (»Familie, Freiheit, Zukunft; Verabschiedete Leitsätze und Ent-
schließungsanträge der 19. CDA-Bundestagung«, Hrsg. CDA-
Sozialausschüsse, Königswinter 1981, S. 1)

Dieses Frauenbild, das die Mutter-Kind-Beziehung modell-
haft ins Zentrum der Gesellschaft heben will, ist in Wahrheit
direkt gegen die Befreiung der Frauen gerichtet. Es fördert den
kleinbürgerlichen Individualismus und stärkt damit Bestrebungen, alle Verantwortung für die private Familie auf die
Frauen abzuwälzen. Außerdem steht dieses Frauenleitbild im
krassen Gegensatz zur Wirklichkeit, in der immer mehr Frauen
berufstätig sein müssen und wollen.

Die Debatte bei den GRÜNEN versackte in der reformistischen Losung *»Vereinbarkeit von Beruf und Familie«.* Der un-
versöhnliche Gegensatz zwischen der gesellschaftlich organisierten Produktionsarbeit und der privat organisierten Familienarbeit blieb unberührt. Damit ist die Frauenpolitik von
Bündnis 90/Die GRÜNEN unter dem Deckmantel der individuellen Selbstverwirklichung von Frauen zu einem Abklatsch
der herkömmlichen reaktionären Frauenpolitik geworden.

Die Entwicklung der GRÜNEN von einer Sammelbewegung
verschiedener kleinbürgerlicher Protestbewegungen zu einer

ins bürgerliche Parlament integrierten Kraft, die schließlich in
der Regierung auch die Rolle der Geschäftsführerin der Monopole betreibt, lief parallel mit der Institutionalisierung des kleinbürgerlichen Feminismus. Die berechtigten Anliegen der
Frauen wurden Schritt für Schritt aufgegeben. Was von den
frauenpolitischen Ansprüchen bei den GRÜNEN übrig geblieben ist, wurde in der »Frankfurter Rundschau« so kommentiert:

*»Der Rest des geschlechterpolitischen Emanzipationsprojekts
reduziert sich im ›alternativen Mittelstand‹ auf ein aufgeklär-
tes Privatleben, in dem die Männer auch mal die Spülmaschine
einräumen und Gourmetspätzle schaben!«* Es geht um den vor-
läufigen Höhepunkt *»... eines politischen Verschleißprozesses,
in dem die grüne Partei nicht nur einzelne Frauen, sondern ein
politisches Innovationspotential verschlissen hat, das für die
Entwicklung einer wirklich ›neuen Politik‹ unverzichtbar gewesen wäre. Und umgekehrt muß sich die autonome Frauenbewegung vielleicht eingestehen, daß ihr Marsch durch die Parteien nicht viel mehr eingebracht hat als ein paar Frauen im
mittleren Management auf äußerst wackligen Posten und die
prekäre Absicherung einer Reihe von Frauenprojekten.«* (Silvia
Kontos, »Frankfurter Rundschau« vom 27. Juni 1998)

Der kleinbürgerliche Feminismus wurde inzwischen fester
Bestandteil der bürgerlichen Machtausübung. Er wurde auch
immer mehr zum gemeinsamen frauenpolitischen Nenner des
reformistischen Teils der bürgerlichen Parteienlandschaft. Das
wurde offenbar in einer im März 1998 herausgegebenen
*»Selbstverpflichtungserklärung für einen neuen Gesellschafts-
vertrag«*, in der es heißt:

*»Frauen wollen eine andere Politik ... Die Zeit ist reif, die
Verhältnisse in unserer Gesellschaft umzugestalten! An der
Schwelle zum 21. Jahrhundert muß der Anspruch der Frauen
auf gleichberechtigte Teilhabe in der Gesellschaft, in allen sozialen Beziehungen, im Erwerbsleben und in der Politik end-*

lich eingelöst werden.« (Außerparlamentarische Verpflich-
tungserklärung, unterzeichnet von 200 Frauen, März 1998)

Hier wird unter dem Stichwort der *»gerechten Verteilung von
bezahlter und unbezahlter Arbeit zwischen Frauen und Männern«,* aber auch im Hinblick auf Ausbildungsplätze usw. eine
allseitige Ausrichtung auf einen spalterischen Konkurrenzkampf zwischen Männern und Frauen gegeben und ver-
sprochen:

*»Wenn wir in unserem persönlichen Umfeld ein anderes
Klima schaffen, wird eines Tages eine Landschaft entstehen, in
der es sich besser, zufriedener und demokratischer leben läßt.«*
(ebenda)

Unter den Erstunterzeichnerinnen finden sich neben zahlreichen Abgeordneten und Ministerinnen von SPD und Bündnis 90/Die GRÜNEN die stellvertretende DGB-Vorsitzende Ursula Engelen-Kefer, die damalige Juso-Vorsitzende Andrea
Nahles sowie führende Repräsentantinnen der bürgerlichen
Frauenbewegung und der Kirchen, darunter Helga Schulz, die
damalige Vorsitzende des Deutschen Frauenrats, oder die
Bischöfin Maria Jepsen. Keine Probleme, einen derartigen Aufruf zu unterzeichnen, hatten auch die Frauenbeauftragte des
VW-Konzerns Traudel Klitzke oder Eva-Maria Roer vom
Bundesvorstand deutscher Unternehmerinnen.

Mittlerweile wird sogar die weitere **Militarisierung der Gesellschaft** mit Hilfe des kleinbürgerlichen Feminismus gerechtfertigt. Von der CDU über die SPD bis hin zu Bündnis 90/Die GRÜNEN wird der verstärkte Einsatz von Frauen
bei der imperialistischen Bundeswehr als *»Beitrag zur
Gleichberechtigung«* gutgeheißen. Die ASF machte das sogar
zum Bestandteil ihres Aufrufs zum Internationalen Frauentag 2000. Als eine der *»Jahrhundertreformen«* auf der *»Agen-
da der SPD-Frauen«* preist sie den sogenannten *»freiwilligen
Waffendienst von Frauen«* an. Es kann keine Einheit der

Frauenbewegung geben mit Leuten, die die Militarisierung der Gesellschaft vorantreiben!

Der kleinbürgerliche Feminismus der reformistischen und revisionistischen Parteien erweist sich so als Methode, mit der die Frauen vom Kampf um ihre Befreiung abgelenkt und an das herrschende System gebunden werden sollen. Nur wenn der kleinbürgerliche Feminismus überwunden wird, kann sich der Kampf um die Befreiung der Frau neu entfalten und in enger Wechselbeziehung mit dem Klassenkampf auch zu einem Aufschwung des Kampfs für den Sozialismus beitragen.

5. Die Entwicklung der gewerkschaftlichen Frauenbewegung

Vom 28. bis 30. Mai 1871 fand im sächsischen Glauchau der erste deutsche Webertag statt. In der dort beschlossenen Resolution formulierte der langjährige Vorsitzende der revolutionären Sozialdemokratischen Partei Deutschlands August Bebel Forderungen, die für die damalige Zeit äußerst revolutionär und weitsichtig waren. Diese wagte außer dem marxistischen Flügel der Sozialdemokratie damals niemand zu vertreten. In der Resolution hieß es:

»Es ist Pflicht der Fachgenossen, dahin zu wirken, daß die Frauen in den Fabriken und Werkstätten mit in die Gewerks- und Fachorganisationen als gleichberechtigt eintreten, und es dahin zu bringen, daß die Löhne für Frauen und Männer gleichgestellt werden.« (Clara Zetkin, »Zur Geschichte der proletarischen Frauenbewegung Deutschlands«, Moskau 1928, Nachdruck im Verlag Marxistische Blätter, Frankfurt am Main 1984, S. 97)

Gleichberechtigte Mitgliedschaft der Arbeiterinnen in den Gewerkschaften und gleicher Lohn für gleiche Arbeit von

Männern und Frauen waren von Anfang an ebenso grundlegende wie heftig umstrittene Anliegen der gewerkschaftlichen Frauenbewegung. Die klassenbewussten Arbeiterinnen
und Arbeiter mussten sich in den Gewerkschaften seit jeher
gegen bürgerliche und kleinbürgerliche Verhaltensweisen und
Vorstellungen bezüglich der Rolle der Frau und der Familie
durchsetzen. Das schließt ein, die **Berechtigung einer besonderen gewerkschaftlichen Arbeit unter Frauen und
eines besonderen Frauenarbeitsschutzes** anzuerkennen.
Beides trägt dazu bei, Bedingungen zu schaffen, unter denen
die Masse der Frauen zu ihren Interessen finden und sie selbstbewusst vertreten kann.

Die Entwicklung der gewerkschaftlichen Frauenarbeit nach dem II. Weltkrieg

Heute sind 46 Prozent der abhängig Beschäftigten in
Deutschland Frauen. Damit ist die gewerkschaftliche Organisiertheit von Frauen eine zentrale Frage für die Kampffähigkeit der Arbeiter- und Gewerkschaftsbewegung geworden. Die
Gewerkschaften sind diejenigen Massenorganisationen, in denen, außer in den Kirchen, am meisten Frauen organisiert sind.

Die reformistischen Gewerkschaftsführer fürchten die Entwicklung einer kämpferischen Frauenbewegung, weil sie sich
ohne Wenn und Aber dem kapitalistischen System verschrieben haben. Entsprechend hatte die Frauenarbeit des »Deutschen Gewerkschaftsbunds« (DGB) seit seiner Gründung 1949
bürgerliche Frauenpolitik zur Grundlage. Im Mittelpunkt
stand das Eintreten für die juristische Gleichstellung der
Frauen, für die Abschaffung der Frauenlohngruppen nach dem
Grundsatz »*Gleicher Lohn für gleiche Arbeit*« und für verbesserte Bedingungen der Berufstätigkeit von Frauen.

Die formale Gleichberechtigung kann die doppelte Ausbeutung und Unterdrückung der Arbeiterinnen natürlich nicht

aufheben. Das 1955 verfügte gerichtliche Verbot von Frauenlohngruppen wurde von den Unternehmerverbänden durch die
Einrichtung von »Leichtlohngruppen« unterlaufen. Die Gewerkschaften haben dies zwar immer kritisiert. Einen konse-
quenten Kampf dagegen hat die rechte Gewerkschaftsführung
jedoch immer verhindert, um ihre Politik der Arbeitsgemeinschaft mit den Unternehmerverbänden nicht zu gefährden.

Tabelle 11:
Entwicklung der durchschnittlichen
Bruttostundenverdienste von Arbeitern und
Arbeiterinnen im produzierenden Gewerbe
(Industrie) in DM

Jahr	Verdienst der Männer (in DM pro Stunde)		Verdienst der Frauen (in DM pro Stunde)		Verdienst der Frauen, in Prozent des Verdienstes der Männer	
	alte Bundesländer	neue Bundesländer	alte Bundesländer	neue Bundesländer	alte Bundesländer	neue Bundesländer
1950	1,42		0,86		60,6	
1960	2,90		1,85		63,8	
1970	6,53		4,42		67,7	
1980	14,17		10,15		71,6	
1990	21,12	10,80[1]	15,40	8,52[1]	72,9	78,9[1]
1995	26,60	18,75	19,74	14,49	74,2	77,3
1998	28,30	20,23	21,28	16,07	75,2	79,4

[1] Zahlen von 1991
Quelle: »Statistisches Taschenbuch '99« des Bundesarbeitsministeriums

Obwohl immer mehr Frauen berufstätig wurden und auch die Zahl der qualifizierten wie der unverheirateten oder kinderlosen berufstätigen Frauen wuchs, kam nur eine ganz langsame Annäherung der Frauenlöhne und -gehälter an die der Männer zustande. Seit 20 Jahren liegen die durchschnittlichen Löhne der Arbeiterinnen fast konstant um ein Viertel, die Gehälter der weiblichen Angestellten sogar beinahe um ein Drittel niedriger als die der Männer. Auf der Grundlage der bürgerlichen Familienordnung ist eine vollständige Angleichung nicht möglich.

Die Politik der Reformen von oben seit Ende der 50er Jahre und die Förderung kleinbürgerlicher Familienverhältnisse für viele Arbeiterfamilien in den 60er Jahren wurde von den reformistisch geführten Gewerkschaften kritiklos unterstützt. Auf der Bundesfrauenkonferenz des DGB 1959 erklärte die langjährige stellvertretende Vorsitzende des DGB Maria Weber:

»Ich muß an dieser Stelle sagen, daß wir es sehr bedauern, daß viele Mütter mit vorschulpflichtigen oder schulpflichtigen Kindern aus materiellen Gründen gezwungen sind, eine Erwerbsarbeit zu leisten ... Wir möchten sie (die Mütter) *zu Hause bei ihren Kindern sehen, vor allem in den Jahren, wo Kinder die Mutter besonders nötig haben.«* (»3. Bundes-Frauenkonferenz des DGB 1959«, Protokoll, S. 46 und 49)

Die reformistische Gewerkschaftsführung propagierte gemeinsam mit der Führung der SPD das Ideal der Hausfrauenehe und der kleinbürgerlichen Familienidylle. Kein Wort wurde aber darüber verloren, dass mit der Verdrängung der Arbeiterfrauen aus der gesellschaftlichen Produktion notwendigerweise eine wachsende Abhängigkeit von den berufstätigen Männern und damit auch eine Zunahme gesellschaftlicher Diskriminierung einhergeht. Damit trugen die reformistischen Gewerkschaftsführer zur Zersetzung des proletarischen Klassenbewusstseins und zur Rechtfertigung der »Haussklaverei« vieler Arbeiterfrauen im Rahmen der privaten Kleinfamilie bei.

Mit der Krise der bürgerlichen Familienordnung und Familienpolitik scheiterte auch die reformistische Frauenpolitik in den Gewerkschaften. In den 70er Jahren entstand eine neue Frauenbewegung, vor allem unter den Arbeiterfrauen. In den Mittelpunkt der gewerkschaftlichen Frauenarbeit rückte die Kritik am bürgerlichen Frauenbild und ihrem Ideal der »*Hausfrauenehe*«. 1975 formulierte der Frauenausschuss der IG Metall erstmals ein positives Bekenntnis zur Frauenerwerbsarbeit.

»Der Frauenausschuß der IG Metall ist der Auffassung, daß die Gesellschaft alle Voraussetzungen dafür schaffen muß, daß die Frau erwerbstätig sein kann.« (»Internationaler Frauentag«, Schriftenreihe der IG Metall Nr. 108, Frankfurt am Main 1985, S. 99)

Die kämpferische Frauenbewegung war ein wesentlicher Bestandteil der selbständigen Streikbewegung für höhere Löhne in den 70er Jahren und im Jahrzehnt des Übergangs zur Arbeiteroffensive in den 80er Jahren. Das äußerte sich in einer bundesweiten Bewegung mit Streiks, Protesten, Demonstrationen und Klagen für die Abschaffung der Lohngruppe 2, für die Höhergruppierung von Arbeiterinnen unter der Losung *»Gleicher Lohn für gleiche Arbeit«* sowie in einer wachsenden aktiven Beteiligung von Frauen an den Arbeiterkämpfen. Zahlreiche Graueninitiativen und Solidaritätsgruppen entstanden zur Unterstützung wichtiger Arbeiterkämpfe um den Erhalt der Arbeitsplätze zum Beispiel in Hattingen, Duisburg-Rheinhausen oder Hückelhoven.

Vor dem Hintergrund des erwachenden Klassenbewusstseins unter den Arbeiterfrauen entwickelte sich ein Aufschwung der gewerkschaftlichen Frauenarbeit. Neue gewerkschaftliche Vertrauenskörper wurden in Betrieben mit hohem Frauenanteil aufgebaut, Kampagnen zur gewerkschaftlichen Organisierung von Heimarbeiterinnen wurden durchgeführt, neue gewerkschaftliche Frauenkomitees und -ausschüsse entstanden. Der Anteil von Frauen im DGB stieg von 1,027 Millionen Mitgliedern 1970 (15,3 Prozent der Gesamtmitglieder) auf 1,882 Millionen 1989 (23,9 Prozent) stark an.

In den auf der 10. IGM-Frauenkonferenz 1979 beschlossenen »12 Thesen zur Frauenarbeit der IGM« wird als Reaktion auf das gewachsene Selbstbewusstsein der Frauen ausdrücklich auf die Grundsätze der proletarischen Frauenbewegung Bezug genommen. Es heißt dort:

»Wir Frauen haben in dieser Gesellschaft zwar die Gleichberechtigung auf dem Papier, aber praktisch sind wir noch vielfach benachteiligt. Bereits vor 100 Jahren stellte August Bebel in seinem Buch ›Die Frau und der Sozialismus‹ fest: ›Die Gleichstellung der Geschlechter und die Befreiung der Menschheit sind letzten Endes nicht zu verwirklichen ohne die Aufhebung des Gegensatzes von Kapital und Arbeit.‹ ... Dieser Kampf um Befreiung von Abhängigkeit, Unterdrückung und Bevormundung ist von Männern und Frauen gemeinsam zu führen. Gewerkschaftliche Frauenarbeit ... orientiert sich dabei an den Erfahrungen und Erfolgen der proletarischen Frauenbewegung, deren Grundsatz immer der gemeinsame Kampf um bessere Lebens- und Arbeitsbedingungen für Männer und Frauen war.« (»12 Thesen zur Frauenarbeit der IG Metall«, beschlossen von den Delegierten der 10. Frauenkonferenz der Industriegewerkschaft Metall, Juni 1979, S. 2 und 3)

In zahlreichen Dokumenten der Gewerkschaften wird aber die eigentliche Zielsetzung der proletarischen Frauenbewegung verzerrt und die Arbeit auf das illusionäre Ziel *»systemüberwindender Reformen«* ausgerichtet:

»Im Interesse der arbeitenden Menschen brauchen wir deshalb eine Politik, die die wirtschaftliche Macht stärker kontrolliert und die alleinige Verfügungsgewalt über die Produktion beseitigt. Wir wollen mitbestimmen bei Investitionen und anderen wirtschaftlichen Planungs- und Entscheidungsprozessen. Für uns ist die Demokratisierung der Wirtschaft eine notwendige Voraussetzung, um die Emanzipation der arbeitenden Menschen zu verwirklichen.« (Rede von Ursula Ibler, Vorstandsmitglied der IG Metall, in: Protokoll der 10. IGM-Frauenkonferenz 1979, S. 33)

Die Befreiung der Frau erfordert jedoch den Sturz der Monopolherrschaft, denn ihre besondere Ausbeutung und Unterdrückung ist Teil der kapitalistischen Gesellschaftsordnung. Die Herrschaft der Monopole wird aber in der Rede von Ursula Ibler ausdrücklich verteidigt:

»Zum anderen haben sie (die Gewerkschaften – Red. RW) *eine Gestaltungsfunktion, die sich aus ihrem politischen Auftrag ergibt, den sozialen und demokratischen Rechtsstaat und seine freiheitlich-demokratische Grundordnung auszubauen und zu sichern. Auf dieser gewerkschaftlichen Grundlage basiert auch die gewerkschaftliche Frauenarbeit.«* (ebenda, S. 30).

Als 1979 verschiedene gewerkschaftliche Frauengruppen die Tradition des Internationalen Frauentags am 8. März wieder aufgriffen und die IGM-Frauenkonferenz im Juni zur generellen Durchführung des Internationalen Frauentags aufrief, versuchte der DGB-Bundesvorstand dies zu unterdrücken. Er wies am 28. Januar 1980 seine Kreise an, von eigenen Veranstaltungen zum 8. März abzusehen und sich auch nicht an anderen Veranstaltungen zu beteiligen. Dieser Beschluss löste eine breite Protestwelle an der Basis aus. Um die Kontrolle zu behalten und die Aktivitäten im reformistischen Rahmen zu halten, fasste der DGB-Bundesvorstand im Dezember 1980 den

Beschluss, am 8. März 1981 gewerkschaftliche Veranstaltungen durchzuführen,

»... die in der Verantwortung der DGB-Kreisvorstände liegen. Dabei muß es sich um eigenständige gewerkschaftliche Veranstaltungen ohne Beteiligung anderer gesellschaftlicher Gruppen handeln. Es ist darauf zu achten, daß interessierte politische Gruppierungen die DGB-eigenen Veranstaltungen nicht mißbrauchen können.« (»Internationaler Frauentag«, Schriftenreihe der IG Metall Nr. 108, Frankfurt am Main 1985, S. 107)

Dieser Beschluss war im Kern antikommunistisch und gegen die Entfaltung einer breiten kämpferischen Frauenbewegung gerichtet. Er war aber auch Ausdruck davon, dass sich die reformistische Gewerkschaftsbürokratie über die Tatsache der Entstehung einer neuen kämpferischen Frauenbewegung nicht mehr hinwegsetzen konnte.

Der kleinbürgerliche Feminismus als neue Leitlinie der reformistischen gewerkschaftlichen Frauenarbeit

Um von den gesellschaftlichen Ursachen für die doppelte Ausbeutung und Unterdrückung der werktätigen Frauen in der Klassengesellschaft abzulenken, wurde der kleinbürgerliche Feminismus systematisch in die gewerkschaftliche Frauenarbeit eingeführt. Seit Beginn der 90er Jahre wurde er sogar zur neuen Leitlinie erkoren. Einen wesentlichen Ausgangspunkt dafür bildete, dass die reformistischen Illusionen in die Durchsetzung einer wirklichen Gleichberechtigung an der kapitalistischen Wirklichkeit scheiterten. Gerade für lohn- und gehaltsabhängige Frauen wurde der Widerspruch zwischen der nunmehr weitgehend formalrechtlichen Gleichstellung seit den 80er Jahren und der nach wie vor bestehenden besonderen Ausbeutung und Unterdrückung der Frauen offensichtlich.

Mancher Gewerkschafterin erschien der kleinbürgerliche Feminismus auch als berechtigte Antwort auf das patriarchalische, arrogante und oftmals geradezu frauenfeindliche Gehabe höherer gewerkschaftlicher Funktionäre. Diese klebten an ihren Posten, verteidigten sie mit Zähnen und Klauen gegen weibliche »Konkurrentinnen«, machten die gewerkschaftliche Frauenarbeit lächerlich oder versuchten sie wiederholt gänzlich aus den gewerkschaftlichen Strukturen zu verbannen. Doch eine solche spalterische, der bürgerlichen Weltanschauung entsprechende Richtung kann nicht mit einer spalterischen »Gegenstrategie« bekämpft werden, die ebenfalls – nun unter progressiver Flagge – die Gewerkschaft als gemeinsame Kampforganisation schwächt. In den »Thesen zur gewerkschaftlichen Frauenpolitik der IG Medien« von Mechtild Jansen (1995) werden die Grundlinien deutlich:

»Die Arbeiterbewegung hat den Widerspruch zwischen Lohnarbeit und Kapital als Hauptwiderspruch, alle anderen Widersprüche als Nebenwidersprüche angesehen. Die Entwicklung der Frauenbewegung hat gezeigt, daß dies eine große Fehleinschätzung ist. Die Ausbeutung der Frau ist zwar mit sozialer Schicht-Ungleichheit verwoben, doch ein im Prinzip eigenständiges Unterdrückungsverhältnis.« (Mechtild Jansen, »Thesen zur gewerkschaftlichen Frauenpolitik der IG Medien«, in: »Gleichberechtigt Arbeiten und Leben«, Broschüre der IG Medien, S. 1) Damit wird versucht, die grundlegende Wechselbeziehung zwischen der doppelten Ausbeutung und Unterdrückung der Masse der lohn- und gehaltsabhängigen Frauen und der kapitalistischen Lohnarbeit zu leugnen.

»In der Zeit der Krise und leeren Kassen gibt es keinen ›Wachstums-Überschuß‹ mehr, mit dem soziale Notlagen ausgeglichen werden können. Jetzt müssen die ungerechten Strukturen umgestaltet werden. Ein neuer Arbeitsbegriff muß ... einen neuen gerechten Geschlechter- und Gesellschaftsvertrag vorsehen.«

(ebenda, S. 12) An die Stelle des Kampfs gegen das volks-
feindliche Regierungsprogramm der Kohl-Regierung trat das
kleinbürgerliche Krisenmanagement mit dem Kern **einer
neuen »gerechten« Verteilung zwischen den Geschlechtern**. Statt Kampf um den Erhalt und die Schaffung neuer Arbeitsplätze auf Kosten der Profite schlug das Papier die *»Quotierung von Erwerbsarbeitsplätzen und zugleich umgekehrt die
›Quotierung‹ privater Arbeiten«* vor. (ebenda, S. 11)

*»Für die Gewerkschaften wird es nicht mehr darum gehen,
kollektiv einheitlich Rechte für eine mehr oder weniger homo-
gene ›Klasse‹ Lohnabhängiger gegen die ›Klasseninteressen des
Kapitals‹ zu sichern. Vielmehr käme es auf gerechte Rahmen-
bedingungen für selbstbestimmte Wege der Einzelnen bei be-
trieblicher und gesellschaftlicher Demokratisierung der Markt-
wirtschaft an.«* (ebenda, S. 6) Die Propagierung *»selbstbe-
stimmter Wege«* soll auf individuelle Spielräume orientieren
und von den gemeinsamen Interessen der Arbeiterinnen und
Arbeiter ablenken. Das richtet sich gegen den eigentlichen
Zweck jeder gewerkschaftlichen Organisierung: Kampforganisationen der Lohn- und Gehaltsabhängigen für den Erhalt
und die Verbesserung der Lohn- und Arbeitsbedingungen zu
sein.

*»Die halbierte Demokratie ... muß zu einer ganzen Demokra-
tie werden. Frauen sind zu gleichen Teilen an aller Macht zu
beteiligen.«* (ebenda, S. 12) Statt den gemeinsamen Kampf zum
Sturz der Monopolherrschaft zu führen, werden Illusionen über
die Machtverhältnisse im staatsmonopolistischen Kapitalismus verbreitet.

Um die neue Leitlinie in den Gewerkschaften zu verankern,
wurde im Herbst 1992 die DGB-Kampagne *»Frau geht vor«* gestartet. Das wurde auch die Grundlage der DGB-Aufrufe zum
Internationalen Frauentag in den folgenden Jahren. *»Frau geht
vor«* hieß das Motto 1993, *»Uns reicht's«* 1994, *»Teilen Jungs«*,

»... denn Frauen wissen, was sie wollen«, *»Nicht auf unserem Rücken«* und *»So wollen Frauen leben«* lauteten sie 1995 bis 1998. Gemeinsamer Tenor aller dieser Parolen ist die Durchsetzung der Gleichberechtigung im Kampf gegen die Männer. Im Aufruf zum Internationalen Frauentag 1999 heißt es noch deutlicher:

»Im Interesse einer sozial gerechten Gesellschaft muß die Umverteilung von Arbeit zwischen Beschäftigten und Erwerbslosen, Männern und Frauen höchste Priorität haben ... Der Mann darf nicht das Maß aller Dinge sein.« (»Frau geht vor«, Info-Brief 5/98, Hrsg. DGB-Bundesvorstand, S. 2)

Als wären die Arbeiter und Angestellten, die arbeitslosen und sozialhilfebedürftigen Männer, die Einwanderer und Asylsuchenden in Deutschland *»das Maß aller Dinge«!* Kern dieser feministischen Propaganda ist das Verwischen der Klassenwirklichkeit bei vermeintlicher Vertretung der Rechte und Interessen der Frauen. Nicht ein Motto befasst sich dagegen mit den gesellschaftlichen Grundlagen der Ungleichheit von Männern und Frauen. 1994 sprach sich die DGB-Führung ausdrücklich gegen einen Frauenstreiktag am 8. März aus und nahm damit die Kapitalisten und ihr bürgerliches Gesellschaftssystem aus der Schusslinie. Das zielte darauf ab, den DGB als **Ordnungsfaktor** einzusetzen **gegen die Entwicklung einer proletarischen Frauenbewegung** mit dem Ziel der Befreiung der Frau.

Mit der kleinbürgerlich-feministischen Denkweise als Leitlinie wird die Konkurrenz zwischen Männern und Frauen zur Grundlage der offiziellen Gewerkschaftspolitik. Angeblich »zeitgemäß« und »innovativ« kehrt sie damit in Wahrheit zu einer Position zurück, die schon vor über 130 Jahren in den Anfängen der Gewerkschaftsbewegung als rückständig erkannt und bekämpft wurde.

Tabelle 12:
Anteil weiblicher DGB-Mitglieder und
Organisationsgrad der Frauen

Jahr	DGB Mitglieder insgesamt[1]	Anteil Männer[1]	Anteil Frauen[1]	Anteil Frauen in Prozent	Organisationsgrad Frauen[2]	Organisationsgrad Männer[2]
1991	11 900 413	8 010 262	3 890 151	32,7	27,1	42,6
1992	11 015 612	7 479 986	3 535 626	32,1	25,1	40,9
1993	10 290 152	7 054 556	3 235 596	31,4	23,4	39,6
1994	9 768 373	6 749 325	3 019 048	30,9	21,8	38,4
1995	9 354 670	6 493 216	2 861 454	30,6	20,7	37,4
1996	8 972 672	6 227 686	2 744 986	30,6	19,5	37,3
1997	8 623 471	5 999 809	2 623 662	30,4	18,7	36,9
1998	8 310 783	5 776 720	2 534 063	30,5	18,0	35,5

[1] jeweils Stand Jahresende

[2] in Prozent der abhängig Erwerbstätigen (Arbeiter, Angestellte, Beamte)

Quellen: DGB-Vorstand; Arbeits- und Sozialstatistik des Bundesministeriums für Arbeit und Sozialordnung; eigene Berechnungen

Es ist kein Zufall, dass der gewerkschaftliche Organisationsgrad von Frauen in den 90er Jahren sogar stärker als der der Männer gesunken ist.

Waren 1991 noch 3,890 Millionen Frauen in den DGB-Gewerkschaften organisiert, waren es 1998 nur noch 2,534 Millionen. Die Mitgliederverluste waren bei den Frauen mit minus 35 Prozent deutlich höher als bei den Männern mit minus 28 Prozent.

Diese Mitgliederverluste in den DGB-Gewerkschaften und besonders unter den Frauen können nicht einfach mit den steigenden Arbeitslosenzahlen erklärt werden, wie es einige offizielle Stellungnahmen aus den Gewerkschaftszentralen versuchen. Zum einen steigt der Anteil der Frauen an den abhängig Beschäftigten weiter an. Zum anderen sinkt der gewerkschaftliche Organisationsgrad auch in den Betrieben deutlich. So heißt es im »Geschäftsbericht zur 15. IGM-Frauenkonferenz 1995«, S. 11:

»Seit 1986 ging die Zahl der Arbeitsplätze in der Metallwirtschaft um 9,5 Prozent zurück, die der Mitglieder um 5 Prozent und die der Mitglieder in den Betrieben um 14,8 Prozent zurück.«

Die Hauptursachen des Mitgliederrückgangs in den Gewerkschaften sind nicht Arbeitslosigkeit und Strukturveränderungen in der deutschen Wirtschaft. Sie liegen in der Klassenzusammenarbeitspolitik zwischen den Monopolverbänden und der Gewerkschaftsführung. In den 90er Jahren verlegte sich die rechte Gewerkschaftsführung darauf, Massenentlassungen, allgemeinen Lohnabbau und Abbau sozialer Leistungen kampflos über die Bühne zu bringen. Dadurch verschwimmt natürlich für immer mehr Arbeiter und Angestellte der klassenmäßige Charakter und Zweck der gewerkschaftlichen Organisation.

Unter den Frauen kommt die Ablehnung des kleinbürgerlichen Feminismus als neue Leitlinie der Gewerkschaftsarbeit hinzu. Die Masse der Arbeiterinnen und weiblichen Angestellten will nicht mit ihren Männern konkurrieren oder um quotierte Posten oder Karrieren in den Betrieben oder Gewerkschaften streiten. Ihr Interesse gilt der Lösung der tatsächlichen Probleme, die aus der doppelten Ausbeutung und Unterdrückung der Frauen herrühren. Diese spielen in der gewerkschaftlichen Frauenarbeit aber eine immer geringere Rolle.

Die Masse der Frauen will gemeinsam mit den Männern für eine lebenswerte Zukunft eintreten!

Aus der Kritik und Ablehnung des kleinbürgerlichen Feminismus entstanden immer wieder Initiativen der gewerkschaftlichen Frauenarbeit auf der Grundlage des Kampfs. Die Bundesfrauenkonferenz der IG Metall stellte 1995 als erstes bundesweites gewerkschaftliches Gremium die Forderung nach der 30-Stunden-Woche bei vollem Lohnausgleich auf. Das ist nicht nur eine offensive Forderung gegen die Massenarbeitslosigkeit auf Kosten der Monopolprofite, die den gemeinsamen Kampf von Arbeiterinnen und Arbeitern stärkt. Sie ist für die Arbeiterinnen, Arbeiterfrauen und weiblichen Angestellten auch deshalb von großer Bedeutung, weil sie die Zerreißprobe aufgrund ihrer Arbeitsanspannung mildert und ihnen die Teilnahme am politischen und kulturellen Leben erleichtert.

Als in Verbindung mit den Streiks für die Verteidigung der Lohnfortzahlung im Krankheitsfall im Oktober 1996 das Klassenbewusstsein auf breiter Front erwachte, traten die werktätigen Frauen wieder als selbständige Kraft in Erscheinung. Die Arbeiterinnen der Schokoladenfabrik Wissoll in Mülheim/Ruhr streikten zehn Tage lang und besetzten Tag und Nacht alle Tore des Dreischichtbetriebs, bis ihnen der Erhalt der Lohnfortzahlung zugesichert wurde. Auch in den kämpferischen Tarifrunden in den ersten Monaten 1999 beteiligten sich Zehntausende Frauen am Kampf für höhere Löhne und Gehälter, statt »*Lohnzurückhaltung*« zu üben, und wischten damit die Vorgabe der Schröder/Fischer-Regierung vom Tisch.

Die **Entwicklung einer kämpferischen gewerkschaftlichen Frauenarbeit** ist ein **wichtiger Gradmesser für die Reife der Arbeiterbewegung** und dafür, wie es ihr gelingt, die Gewerkschaften zu Kampforganisationen für die Verteidigung und Verbesserung der Lohn- und Arbeitsbedingungen zu machen. Die kleinbürgerlich-feministische Denkweise wirkt zersetzend und zerstörerisch auf das Klassenbewusstsein und die gewerkschaftliche Frauenarbeit. Deshalb muss der kleinbürgerlich-feministische Einfluss in den Gewerkschaften zurückgedrängt und der Kampf um die Befreiung der Frau zur Angelegenheit der gesamten Arbeiterklasse gemacht werden.

Das setzt voraus, dass auch jeder Gewerkschafter die Förderung der gewerkschaftlichen Frauenarbeit zu seiner Sache macht und jede Geringschätzung ihrer Bedeutung in den Gewerkschaften aktiv bekämpft. Die gewerkschaftliche Frauenarbeit ist unverzichtbarer Bestandteil jeder positiven Gewerkschaftsarbeit.

In der kämpferischen gewerkschaftlichen Frauenarbeit muss die **entscheidende Massenbasis für die proletarische Frauenbewegung** organisiert werden, die wiederum das **feste Rückgrat der kämpferischen Frauenbewegung** überhaupt bilden muss. Die proletarische Frauenbewegung ist wesentlicher Bestandteil des Klassenkampfs um die Befreiung der Arbeiterklasse und des Kampfs für die Befreiung der Frau.

6. Die selbständig organisierte Frauenbewegung vereint die Masse der Frauen im Kampf für eine befreite Gesellschaft

Bei ihrer Kritik der bürgerlichen Politischen Ökonomie haben Marx und Engels in der modernen Einzelfamilie die gesellschaftlichen Wurzeln für die Ungleichheit von Mann und Frau im Kapitalismus aufgedeckt. Die bürgerliche Familienordnung trifft die Ehefrauen aus bürgerlichen und kleinbürgerlichen Familien **in ihren privaten Verhältnissen** oft in noch höherem Maß als die berufstätigen Ehefrauen in Arbeiterfamilien. Ihnen fehlt nämlich die ökonomische Selbständigkeit, weil in der Regel der Ehemann für das Familieneinkommen zuständig ist. Das begründet ihre unmittelbare Abhängigkeit und Diskriminierung. Darauf wies bereits Friedrich Engels hin:

»Die Dame der Zivilisation, von Scheinhuldigungen umgeben und aller wirklichen Arbeit entfremdet, hat eine unendlich niedrigere gesellschaftliche Stellung als das hartarbeitende Weib der Barbarei, das in seinem Volk für eine wirkliche Dame ... galt und auch eine solche ihrem Charakter nach war.« (»Der Ursprung der Familie, des Privateigentums und des Staats«, Marx/Engels, Werke, Bd. 21, S. 54)

Die besondere Unterdrückung der Frauen aufgrund des Geschlechts ist gesellschaftlich begründet. Diese Tatsache bildet die materielle Grundlage für eine Frauenmassenbewegung, die sich mehr oder weniger aus allen Klassen und Schichten der Gesellschaft rekrutiert.

Der Kampf um die Befreiung der Frau ist eine **eigenständige Kraft** im Kampf für eine von Ausbeutung und Unterdrückung befreite Gesellschaft. Die Ziele des Kampfs um die Befreiung der Frau werden **identisch mit den Zielen des proletarischen Klassenkampfs.**

Natürlich äußert sich die Unterdrückung der Frau nicht unabhängig von der Klassenlage. Aufgrund ihrer unterschiedlichen Klasseninteressen verfolgen die proletarischen, kleinbürgerlichen und bürgerlichen Frauen unterschiedliche, von ihrem Klasseninteresse geprägte Ziele im Kampf um ihre Rechte als Frau.

Die **proletarische Frauenbewegung** zielt konsequent auf die Abschaffung jeglicher Ausbeutung und Unterdrückung im Kampf um den Sozialismus und auf dem Weg zu einer klassenlosen Gesellschaft. Dazu führte Lenin 1920 in »Zum Internationalen Frauentag« aus:

»Die proletarische Frauenbewegung macht zu ihrer Hauptaufgabe nicht den Kampf für eine formale Gleichheit, sondern

*für die **ökonomische und soziale Gleichheit der Frau**.«* (Lenin, Werke, Bd. 30, S. 401 – Hervorhebung Red. RW)

Die **bürgerliche Frauenbewegung** erstrebt die Gleichberechtigung der Frauen als Reform im Kapitalismus. Sie will seine Herrschaft grundlegend erhalten, da die bürgerlichen Frauen zugleich Nutznießerinnen des Systems sind.

Die **kleinbürgerlichen Frauen** nehmen eine schwankende Stellung ein zwischen den beiden Hauptklassen Bourgeoisie und Proletariat. Einerseits befürchten sie ihre wirtschaftliche Ruinierung, den Verlust ihrer kleinbürgerlichen Existenz und ihrer Privilegien gegenüber den Massen der Arbeiter. Sie wehren sich gegen ihre Diskriminierung durch die bürgerliche Familienordnung und durch patriarchalische Denk- und Verhaltensweisen. Andererseits fürchten sie den Klassenkampf der Arbeiterklasse, weil sie auf ihre privilegierte Stellung nicht verzichten wollen. Deshalb neigen sie unter Bedingungen ohne akut revolutionäre Situation eher der bürgerlichen Frauenbewegung zu und grenzen sich tendenziell von der proletarischen Frauenbewegung ab.

Die jeweilige Klassenlage prägt die Ausformung der Unterdrückung und begründet damit Widersprüche zwischen proletarischen, kleinbürgerlichen und bürgerlichen Frauen. In der sowohl gemeinsamen als auch klassenbedingt unterschiedlichen Unterdrückung liegen **Einheit und Kampf der Gegensätze in der Frauenmassenbewegung** begründet.

Aus den unterschiedlichen Klasseninteressen wurde in der alten kommunistischen Bewegung und in der proletarischen Frauenbewegung jedoch fälschlich ein unüberbrückbarer Gegensatz zwischen bürgerlicher und proletarischer Frauenbewegung abgeleitet. So schrieb Clara Zetkin ausgerechnet in einer Rede zum Todestag von Karl Marx:

»Durch seine tiefgreifende, scharfsichtige Analyse der Klassen-
gegensätze in der heutigen Gesellschaft und ihrer Wurzeln hat
er den Blick für den unüberbrückbaren Gegensatz der Interes-
sen geöffnet, welcher die Frauen der verschiedenen Klassen
trennt ... Marx hat das Schwert geschmiedet und gebrauchen
gelehrt, welches die Verbindung zwischen der proletarischen
und der bürgerlichen Frauenbewegung zerhauen hat; er hat
aber auch die Kette der Einsicht geschmiedet, welche die erstere
unlöslich mit der sozialistischen Arbeiterbewegung zusam-
menschließt, dem revolutionären Klassenkampf des Proletariats
angliedert.« (»Was die Frauen Karl Marx verdanken«, 1903,
Clara Zetkin, Ausgewählte Reden und Schriften, Bd. I, Berlin
1957, S. 224)

Dieser Standpunkt kennzeichnet eine Verdrängung der ideologisch-politischen Grundlagen des Marxismus. Bereits im
»Kommunistischen Manifest« deckten Marx und Engels die
Unterdrückung der Frau in der bürgerlichen Familienordnung
auf und nannten als Ziel die Abschaffung dieser Unterdrückung:

»Der Bourgeois sieht in seiner Frau ein bloßes Produktions-
instrument ... Er ahnt nicht, daß es sich eben darum handelt,
die Stellung der Weiber als bloßer Produktionsinstrumente auf-
zuheben.« (Marx/Engels, Werke, Bd. 4, S. 478)

In seinen Gesprächen mit Clara Zetkin sprach sich Lenin unmissverständlich für den Kampf um die Befreiung der Frau in
seiner ganzen Bandbreite aus:

»Es ist daher auch richtig, daß wir Forderungen zugunsten
der Frauen erheben ... Unsere Forderungen sind nur prakti-
sche Schlußfolgerungen, die wir aus den brennenden Nöten, den
schändlichen Demütigungen der Frauen als Schwache und
Rechtlose in der bürgerlichen Ordnung ziehen. Wir beweisen
dadurch, daß wir diese Nöte kennen und die Demütigungen der
Frau, das Vorrecht des Mannes fühlen. Daß wir alles hassen,

jawohl, hassen und beseitigen wollen, was die Arbeiterin, die Arbeiterfrau, die Bäuerin, die Frau des kleines Mannes, ja in mancher Beziehung sogar auch die Frau der besitzenden Klassen drückt und quält.« (»Erinnerungen an Lenin«, Clara Zetkin, Ausgewählte Reden und Schriften, Bd. III, Berlin 1960, S. 147)

Es war eine richtige Konsequenz aus der 1908 erkämpften Vereinsfreiheit, Sonderorganisationen für Frauen in der deutschen Sozialdemokratie abzuschaffen und die Frauen zwischen 1908 und 1912 in die revolutionären Parteien einzugliedern. Dazu sagte Lenin:

»Aus unserer ideologischen Auffassung ergibt sich das Organisatorische: keine Sondervereinigungen von Kommunistinnen. Wer Kommunistin ist, gehört als Mitglied in die Partei wie der Kommunist. Mit gleichen Pflichten und Rechten. Darüber kann es keine Meinungsverschiedenheit geben.« (ebenda, S. 145)

Das bedeutet jedoch nicht, die Existenzberechtigung, ja Notwendigkeit von gesonderten Frauenorganisationen generell zu leugnen und sich auf die Arbeit unter Arbeiterinnen und ihre Eingliederung in den Klassenkampf zu beschränken. So grenzte sich Lenin gegen die ultralinke Richtung der Kommunistischen Arbeiterpartei Deutschlands ab, die eine besondere Frauenpolitik und Organisationsformen für die Arbeit unter der Masse der Frauen prinzipiell ablehnte:

»Wir brauchen eigene Organe zur Arbeit unter ihnen, besondere Agitationsmethoden und Organisationsformen. Das ist nicht Feminismus, das ist praktische, revolutionäre Zweckmäßigkeit ... All das Gerede bricht vor der unerbittlichen Notwendigkeit zusammen. Ohne Millionen Frauen mit uns können wir nicht die proletarische Diktatur ausüben, können wir nicht kommunistisch aufbauen. Wir müssen den Weg zu ihnen suchen, müssen studieren, probieren, um ihn zu finden.« (ebenda, S. 145–147)

Diese Ausrichtung setzte sich jedoch entgegen den Leitlinien Lenins in der Kommunistischen Internationale nicht durch. In den von der Erweiterten Exekutive der Komintern 1925 verabschiedeten Thesen »Über die Bolschewisierung der Parteien der Komintern« wurde unter der Überschrift »XV. Die Bolschewisierung und die Arbeit unter den Frauen« ausschließlich auf die Arbeit unter Proletarierinnen als Voraussetzung für die Gewinnung der entscheidenden Mehrheit der Arbeiterklasse ausgerichtet. Der Kampf um die Befreiung der Frau spielte dagegen keine Rolle:

»Die Arbeit zur Heranziehung Hunderttausender und Millionen Frauen der Arbeiterklasse in den Kampf bildet gleichfalls eine der wichtigsten Voraussetzungen der Bolschewisierung ... Die Heranziehung der Proletarierinnen zur aktiven Arbeit und zum Kampf ist eine der Voraussetzungen dafür, daß wir die Mehrheit der Arbeiterklasse für uns gewinnen.« (»Die Internationale, Zeitschrift für Praxis und Theorie des Marxismus«, Sonderheft zu den Thesen der Erweiterten Exekutive der Komintern 1925, Hrsg. Zentrale der KPD, S. 23)

In der Konkretisierung dieser einseitigen Thesen legte die KPD fest:

*»Die KPD steht auch auf dem Standpunkt, daß keine **besonderen Frauenorganisationen** geschaffen werden dürfen.«* (»Die Internationale, Zeitschrift für Praxis und Theorie des Marxismus«, Sonderheft zum Reichsparteitag Juli 1925, Hrsg. Zentrale der KPD, S. 57)

Diese sektiererische Einengung auf die politische Kleinarbeit unter Arbeiterinnen führte vor allem dazu, dass die große Masse kleinbürgerlicher Frauen der bürgerlichen und kirchlichen Beeinflussung überlassen blieb. Dieser bürgerliche Einfluss wiederum unterminierte das politische Bewusstsein der Frauen. Das war zweifellos eine wichtige Bedingung dafür, dass die Demagogie des Hitler-Faschismus hier eine wichtige soziale Massenbasis fand. Die bürgerliche Frauenbewegung degenerierte weitgehend zu einer sozialen Stütze des Hitler-Faschismus.

Erst als die Kommunistische Internationale auf ihrem VII. Weltkongress 1935 mit verschiedenen sektiererischen Fehlern abrechnete, wurde auch dieser Fehler in der Frauenarbeit aufgedeckt und seine schädliche Wirkung kritisiert. Georgi Dimitroff führte dazu aus:

»In unserem Streben, die werktätigen Frauen in die revolutionäre Bewegung hineinzuziehen, dürfen wir auch nicht vor der Bildung besonderer Frauenorganisationen zurückschrecken, wo das notwendig ist.

Das Vorurteil, daß es notwendig sei, die unter der Führung der kommunistischen Partei stehenden Frauenorganisationen in den kapitalistischen Ländern im Interesse des Kampfes gegen den ›Frauenseparatismus‹ in der Arbeiterbewegung aufzulösen, dieses Vorurteil bringt häufig großen Schaden.

Man muß die einfachsten und elastischsten Formen für die Herstellung des Kontakts und der Kampfgemeinschaft der revolutionären, sozialdemokratischen und fortschrittlichen antifaschistischen und Antikriegsorganisationen ausfindig machen.« (»Protokoll des VII. Weltkongresses der Kommunistischen Internationale«, Nachdruck Stuttgart 1976, S. 362)

Mit der Umsetzung dieser selbstkritischen Erkenntnis tat sich die kommunistische Bewegung jedoch schwer. 1936 schrieb das Exekutivkomitee der Kommunistischen Internationale an die Kommunistischen Parteien:

»Die kommunistischen Parteien haben noch nicht gelernt, der Massenarbeit mit den Frauen die Bedeutung beizumessen ... mitunter gibt es sogar direkten Widerstand gegen die Schaffung einer Frauenbewegung, wegen der unbegründeten Furcht, daß dies zu ›Frauenseparatismus‹ in der Arbeiterbewegung

führen könne. Das ist die deutlichste und schädlichste Erscheinung des in unseren Reihen erhalten gebliebenen Sektierertums ... Es muß ein grundlegender Umschwung auf dem Gebiet der Arbeit mit den Frauen erreicht werden, entschlossen und kühn muß an die Schaffung einer breiten Massenbewegung der Frauen herangegangen werden.« (in: »Mitteilungsblatt der Forschungsgemeinschaft ›Geschichte des Kampfes der Arbeiterklasse um die Befreiung der Frau‹«, Heft 3, Leipzig 1978, S. 53/54)

7. Die internationale Frauenbewegung als bedeutende Kraft im Kampf für die Befreiung von imperialistischer Ausbeutung und Unterdrückung

Die Entwicklung des Imperialismus nach dem II. Weltkrieg ist durch die Internationalisierung der kapitalistischen Produktionsweise und die Restauration des Kapitalismus in den ehemals sozialistischen Ländern gekennzeichnet. Dadurch wurden inzwischen alle Länder der Erde in das kapitalistische Weltsystem einbezogen. Mit der Neuorganisation der internationalen Produktion in den 90er Jahren des 20. Jahrhunderts wird die wirtschaftliche, politische und soziale Entwicklung der einzelnen Länder noch direkter miteinander verknüpft. Zugleich hat sich die ungleichmäßige Entwicklung der imperialistischen Länder und der vom Imperialismus abhängigen Länder noch verstärkt. Über die fortschrittliche Seite dieses Prozesses schrieb Lenin:

»Die progressive Bedeutung des Kapitalismus besteht doch gerade darin, daß er die früher so beengten Verhältnisse des menschlichen Lebens zerstört hat, die geistige Stumpfheit erzeugten und es den Produzenten verwehrten, ihr Schicksal

Dorfversammlung in Telengana/Indien 1995

selbst in die Hand zu nehmen. Die gewaltige Entwicklung der Handelsbeziehungen und des weltweiten Austausches, die ständige Wanderung gewaltiger Bevölkerungsmassen haben die althergebrachten Bindungen der Sippe, der Familie, der territorialen Gemeinschaft gesprengt ... Dieser ökonomische Prozeß spiegelte sich auf sozialem Gebiete in einer ›allgemeinen Stärkung des Selbstgefühls der Persönlichkeit‹ wider ...« (»Der ökonomische Inhalt der Volkstümlerrichtung«, Lenin, Werke, Bd. 1, S. 428/429)

Als Widerspiegelung dieser ökonomischen Entwicklung sind insbesondere in den letzten zehn Jahren die verschiedenen sozialen Bewegungen in vielen Ländern enger zusammengerückt, die Klassen- und Befreiungskämpfe nehmen mehr und mehr internationalen Charakter an. Die internationale Frauenbewegung erreichte auf dieser materiellen Grundlage seit Mitte der 70er Jahre eine neue Qualität der organisierten internationalen Zusammenarbeit.

Der Kampf gegen die feudal-patriarchalische Unterdrückung der Frauen

Eine der bedeutendsten Folgen der imperialistischen Ausbeutung und Unterdrückung ist die Konservierung feudaler und halbfeudaler Strukturen, Gepflogenheiten und Moralvorstellungen. Diese hemmen in vielen kapitalistischen Gesellschaften der vom Imperialismus abhängigen Entwicklungsländer jeden gesellschaftlichen Fortschritt. Insbesondere in den persönlichen Lebensverhältnissen der Massen wirken sie als schwere Fessel, vor allem für die Frauen. Diese feudalen Überreste verschwinden keineswegs mit der Einführung kapitalistischer Produktionsverhältnisse von selbst, sondern werden zum Teil bewusst aufrechterhalten als Instrument der reaktionären Herrschaftsausübung des Imperialismus oder sogar noch systematisch ausgebaut.

Die feudal-patriarchalische Unterdrückung wirkt bis heute aufgrund eines ganzen Systems von Gesetzen, religiösen Traditionen, Lebensgewohnheiten und Moralvorstellungen. Es steht der Befreiung der Frau entgegen und hat folgende Hauptmerkmale herausgebildet:

- *Einschränkung politischer Rechte.* Frauen konnten weltweit oft erst Jahrzehnte nach den Männern politische Rechte wie das Koalitions- oder Wahlrecht durchsetzen. So erhielten die Frauen in Japan 20 Jahre später als die Männer das Wahlrecht, in Italien 26 Jahre später, in den USA 50 Jahre, in Deutschland 51 Jahre, in Frankreich 96 Jahre und in der Schweiz sogar 123 Jahre.

- *Ausschluss von Eigentum und Erbrecht.* Frauen stellen 50 Prozent der Weltbevölkerung, leisten 65 Prozent der weltweit geleisteten Arbeit, erhalten dafür 10 Prozent der weltweiten Einkommen und besitzen knapp 1 Prozent am Eigentum.

- *Aufrechterhaltung von Unfreiheit, die der Leibeigenschaft ähnlich ist, bei Frauen,* die auf dem Land leben oder als Dienstboten in Privathaushalten arbeiten. Oft müssen diese Frauen erst die Genehmigung ihres Dienstherrn oder des Grundbesitzers einholen, wenn sie eine Ausbildung anstreben, heiraten oder auch nur Besuch empfangen wollen.

- *Gesellschaftliche Diskriminierung aufgrund des Geschlechts* bis hin zum teilweisen oder vollständigen Ausschluss der Frauen aus der Erwerbsarbeit und dem öffentlichen Leben. In vielen Ländern werden gezielt weibliche Föten abgetrieben, weibliche Säuglinge getötet und Mädchen werden schlechter ernährt, ausgebildet und gesundheitlich versorgt als Jungen.

- *Frauenfeindliche Religionen.* So unterschiedlich die großen Weltreligionen in ihrer konkreten Entstehung und den jeweiligen Bräuchen sind, so sehr gleichen sie sich in ihrer Frauenfeindlichkeit. So lehrt die Bibel des Christentums: *»Die Frauen seien untertan ihren Männern als dem Herrn. Denn der Mann ist des Weibes Haupt.«* (Epheser 5, 22–24) Der Koran führt aus: *»Die Männer stehen über den Frauen, weil Allah einem Teil (der Menschen) einen Vorzug vor dem anderen gegeben hat ... Die Frauen aber, deren Widerspenstigkeit ihr befürchtet, ermahnt, meidet sie im Ehebett und straft sie!«* (Sure 4, Vers 34) Das Gesetzbuch des Manu legt im Hinduismus fest: *»In ihrer Kindheit muß eine Frau ihrem Vater untertan sein, in ihrer Jugend dem Ehemann und als Witwe ihren Söhnen. Eine Frau darf niemals Unabhängigkeit genießen.«* Und Konfuzius faßt zusammen: *»Hundert Mädchen sind nicht soviel wert wie ein Junge.«* (in: »Zum Beispiel Frauenalltag«, Hrsg. Ekkehard Launer/Renate Wilke-Launer, Lamuv Verlag, Bornheim 1987, S. 9–13)

• *Verweigerung des Rechts der Selbstbestimmung über den eigenen Körper, Unterwerfung unter imperialistische bevölkerungspolitische Maßnahmen.* In vielen Ländern werden Frauen zu Sterilisationen oder »Antischwangerschaftsimpfungen« gezwungen. In 15 Ländern der Welt ist Abtreibung verboten – unter allen Umständen. In vielen Ländern benötigen Frauen zur Abtreibung die Zustimmung ihres Mannes. Jedes Jahr sterben 200 000 Frauen an den Folgen einer illegalen Abtreibung, 600 000 Frauen während der Schwangerschaft oder bei der Geburt. Mädchen werden teilweise bereits im Kindesalter von den Eltern verheiratet. Etwa 149 Millionen Frauen und Mädchen sind weltweit an den Genitalien verstümmelt, jedes Jahr kommen weitere zwei Millionen dazu. Diese Beschneidungen haben keinen anderen Zweck, als die Jungfräulichkeit und spätere eheliche Treue zu sichern und die Sexualität der Frauen lebenslang mit Schmerzen und Angst zu verbinden. (Joni Seager,

»Der Fischer Frauen-Atlas«, Fischer Taschenbuch Verlag, Frankfurt am Main 1998, S. 38 und 111)

● *Vermarktung von Frauen als Sexobjekte auf den internationalen Märkten.* Jährlich werden mehr als eine Million Frauen aus Entwicklungsländern oder aus Russland verkauft. Frauen sind im internationalen Sexhandel zur Massenware und für reaktionäre Regimes zur sprudelnden Devisenquelle geworden. Prostitution rangiert wertmäßig hinter Waffen- und Drogenhandel auf Platz drei im weltweiten Handel. (»Frankfurter Rundschau« vom 6. März 1996) In einem Dokument der philippinischen Frauenorganisation »Gabriela« zur Lila-Rose-Kampagne gegen den weltweiten Sexhandel heißt es unter anderem:

»In den 150 Sprachen auf den Philippinen gibt es kein Wort für Prostitution. Systematische Prostitution wurde erst in den 50er Jahren durch das US-Militär eingeführt.

1974 begannen IWF und Weltbank, Interesse daran zu zeigen, Frauen in die sogenannte ›Entwicklung‹ einzubeziehen. Im selben Jahr begann die Marcos-Familie, das Miss-Universum-Spektakel als Teil eines Tourismus-Entwicklungsprogramms durchzuführen, das sich mit großer Geschwindigkeit schnell in ein Sex-Tourismus-Programm verwandelte. Das erste sogenannte Internationale Filmfestival auf den Philippinen wurde von Frau Marcos über Einnahmen aus Porno-Filmen finanziert ...

Die Philippinen sind der größte Frauenexporteur der Welt; allein 1997 wurden 370 000 Frauen verschifft. Während der größte Teil dieser Frauen im Haushalt oder ähnlichen Bereichen beschäftigt ist, landet der zweitgrößte Teil im Sex-Handel. Mit der Methode der einfachen Akkumulation von Devisen ... fließen jährlich sieben Milliarden Dollar aus diesem Geschäft auf die Philippinen zurück, davon allein eine Milliarde Dollar aus den USA.

Inzwischen kehren täglich im Durchschnitt zwei Vertrags-
arbeiterinnen und Vertragsarbeiter aus Übersee tot auf die
Philippinen zurück. Die Statistik steigt ... Die USA nehmen
den ersten Platz der Länder ein, aus denen Bräute nach Ka-
talog auf den Philippinen bestellt werden. Ca. 200 MOB-Agen-
turen (mail-order brides – Bräute nach Katalog bestellen) ar-
beiten offen in den USA, getarnt als ›Service‹-Unternehmen.
Sex-Tour-Agenturen sind ebenfalls aktiv und erfinderisch da-
rin, Attraktionen für amerikanische Männer zu schaffen. Die
›Brautreise‹ ist ein solches Paket, in dem ganze Gruppen von
Männern auf die Philippinen gebracht werden, wo ihnen ein
Büfett (smørgasbord) von Frauen angeboten wird, von dem
sie auswählen können ...« (Gabriela Network,»Die Lila-Rose-
Kampagne«, 1999)

In den vielfältigsten, oft international tätigen oder vernetz-
ten Organisationen und Initiativen haben sich Millionen von
Frauen weltweit gegen diese Ausbeutung und Unterdrückung
organisiert. Der Kampf zur Überwindung feudaler und halbfeudaler Verhältnisse und entsprechender Traditionen und Moralvorstellungen ist ein wesentlicher Bestandteil des Kampfs
zur Befreiung von imperialistischer Ausbeutung und Unterdrückung. In den imperialistischen Ländern, deren Bevölkerung sich aus Menschen unterschiedlicher nationaler Herkunft
sowie kultureller und religiöser Prägung zusammensetzt, ist
er vor allem ein Kampf um die Denkweise in der Arbeiter- und
Massenbewegung. Er ist untrennbar mit dem Kampf um die
Befreiung der Frau verknüpft.

Die imperialistische Gleichstellungspolitik
der 70er Jahre

In ihrem Kampf um Gleichberechtigung erhielten die Frauen
der Welt eine Zeit lang scheinbar Unterstützung durch die
offizielle Politik von UNO und Weltbank und sogar Geldmit-

tel. Dieser Prozess begann gleichzeitig mit dem explodierenden Kapitalexport der multinationalen Konzerne seit Mitte der 70er Jahre. Die multinationalen Konzerne bezogen Millionen Arbeiterinnen aus aller Welt in die kapitalistische Ausbeutung ein. Das System des Neokolonialismus ist auf die politische und gesellschaftliche Mitwirkung von Frauen angewiesen. Beides erfordert zumindest ein Minimum formeller juristischer und gesellschaftlicher Gleichberechtigung. Das war der materielle Hintergrund der Bemühungen der UNO um Gleichberechtigung von Frauen und Männern, die 1975 mit dem »Jahr der Frau« begannen und in der »Frauendekade« (Jahrzehnt der Frauen) der UNO 1975–85 fortgesetzt wurden.

Das Ergebnis der »UN-Frauendekade« und der vier Weltfrauenkonferenzen (WFK) waren entsprechende Schlussfolgerungen der Regierungen: *»Auf Druck der Vereinten Nationen richteten 90 Prozent der Mitgliedsstaaten ... eine politische ›Maschinerie‹ zum Zweck der Frauenförderung* (ein). *Viele Staaten bemühten sich auch, durch eine neue Gesetzgebung die formale Gleichheit der Geschlechter voranzutreiben und der Diskriminierung von Frauen entgegenzuwirken.«* (Christa Wichterich, »Frauen der Welt, Vom Fortschritt der Ungleichheit«, Lamuv Verlag, Göttingen 1995, S. 17)

Da die von den imperialistischen Ländern beherrschte UNO kein Interesse an der Entwicklung einer kämpferischen Frauenbewegung hat, wurde der **kleinbürgerliche Feminismus** über die UNO und insbesondere über so genannte »Nichtregierungsorganisationen« (NGO) systematisch in die internationale Frauenbewegung getragen. Er ist **Bestandteil der Herrschaftsausübung des Neokolonialismus** geworden.

Eine wesentliche Wirkung der Frauenpolitik dieser NGO ist die Spaltung von Männern und Frauen und von Frauen-

bewegung und revolutionärer Bewegung. Darüber berichtete
die Marxistin-Leninistin Kathy Nadkar aus Indien:

*»Es gab viele Diskussionen in der Frauenfrage, vor allem unter
dem Einfluß von Nichtregierungsorganisationen, die den Widerspruch Mann – Frau als antagonistisch behandeln. Sie versuchen, die Rolle der Partei zu unterhöhlen. Als Vorwand
nehmen sie das Argument, die Linke würde die Frauenfrage
vernachlässigen. Die NGO begannen eine Kampagne, die vom
Ausland finanziert war. Das Ergebnis war, daß viele Frauen,
die vorher aktiv waren, in die Passivität gedrängt wurden oder
jetzt in NGO arbeiten. Sie bekamen eine akademische Ausbildung und wurden von der kämpferischen Frauenbewegung und
marxistisch-leninistischen Bewegung abgezogen.«* (Gespräch
mit Monika Gärtner-Engel am 28. April 1998)

An einer gewissen Gleichstellung der Frauen ist der Imperialismus durchaus interessiert. Aber seit den 80er Jahren
zwingen ihn die von ihm selbst produzierten Krisen – Über-
produktionskrisen, die internationale Struktur- und Ver-
schuldungskrise, die Umweltkrise usw. – immer mehr, solche
bürgerlich-demokratischen Rechte einzuschränken. Das engt
seinen wirtschaftlichen und politischen Spielraum empfind-
lich ein. Insbesondere seit der Weltwirtschaftskrise 1981–83
versuchen alle Regierungen, mit Krisenprogrammen ihre Probleme zu lösen: vor allem durch eine gewaltige Umverteilung
von den Massen zu den Monopolen. Neben diesen nationalen
Maßnahmen greift die imperialistische Politik auch über internationale Instrumente wie UNO, Weltbank oder Internationalen Währungsfonds (IWF) rigoros in das Leben der Massen
ein. Die *»Strukturanpassungsprogramme«* des IWF zwingen
den abhängigen Ländern drastische Streichungen selbst der
wenigen sozialen Errungenschaften, der Bildungs- und Ge-
sundheitspolitik und der Gleichberechtigung von Frauen auf.
Im Zug dieser Entwicklung ist die imperialistische Gleich-

stellungspolitik nach eigenem Eingeständnis ihrer Trägerinnen zehn Jahre nach der Frauendekade gescheitert:

»Zweifellos ist das Bewußtsein über Frauenprobleme ... gewachsen ... Trotzdem kann die Mehrheit der weiblichen Erdbevölkerung das vergangene Jahrzehnt nicht als Gewinn verbuchen. Trotzdem sind Frauen Randfiguren auf dem Markt und an der Macht geblieben. Trotzdem wachsen Frauenarmut und Gewalt gegen Frauen.« (»Die 4. Weltfrauenkonferenz in Peking«, Hrsg. Forum Umwelt und Entwicklung, Bonn 1995, S. 13)

Herausforderung der internationalen Frauenbewegung

Die Verschärfung der Allgemeinen Krise des Kapitalismus stellt die Lebensverhältnisse der Massen weltweit zunehmend in Frage. In vielen Entwicklungsländern kommt es zu Hungersnöten, Massensterben, regionalen Umweltkatastrophen, eine weltweite Tendenz zur absoluten Verelendung der Massen wird deutlich.

Auf der Masse der Frauen lastet die größte Bürde, weil sie die Lebensverhältnisse oft unter schwierigsten Bedingungen aufrechterhalten müssen. Frauen leisten das Gros der unbezahlten Arbeit, die von der UNO auf etwa ein Drittel der gesamten menschlichen Produktionstätigkeit beziffert wird.

Traditionelle Lebensformen und Familienstrukturen wie Dorfgemeinschaften und Großfamilien werden zerstört. Bürgerliche und kleinbürgerliche Familienverhältnisse sind aber für die Masse der Weltbevölkerung kaum zu verwirklichen. So produziert der Imperialismus eine weltweite **Familienlosigkeit der Massen** in Verbindung mit Massenarbeitslosigkeit und Unterbeschäftigung, Landflucht, Leben in Slums, Wanderarbeit, Flüchtlingsbewegungen und Kriegen.

Die Internationalisierung der kapitalistischen Produktionsweise bezieht eine immer größere Zahl von Frauen in die Erwerbstätigkeit ein. Die Erwerbsquote von Frauen in bezahlter Arbeit ist inzwischen weltweit auf 36 Prozent aller Erwerbstätigen gestiegen. Frauen sind dabei doppelt ausgebeutet, bekommen 30–40 Prozent niedrigere Löhne als Männer. Etwa die Hälfte aller erwerbstätigen Frauen in den Entwicklungsländern arbeiten zudem im »*informellen Bereich*«, das heißt in einer Schattenwirtschaft ohne geregelte Arbeitszeit, ohne Tarifverträge oder Sozialversicherung – als Straßenhändlerinnen, Heimarbeiterinnen, Müllsammlerinnen und -verwerterinnen. Im industriellen Bereich finden sie meist nur bei Subunternehmen multinationaler Konzerne Arbeit.

Die Masse der Frauen der Welt lebt und arbeitet auf dem Land. Sie verrichten 70 Prozent aller landwirtschaftlichen Tätigkeiten, produzieren die Hälfte aller Nahrungsmittel der Welt. 1980 waren 71 Prozent der weltweit wirtschaftlich aktiven Frauen in der Landwirtschaft tätig. Infolge der kapitalistischen Industrialisierung und Mechanisierung der Landwirtschaft sind es im Jahr 2000 nach Schätzungen nur noch 57 Prozent, weil massenhaft Arbeitsplätze vernichtet und überwiegend Männer beschäftigt werden. Frauen werden dann entweder arbeitslos oder müssen in Plantagen arbeiten, die Gemüse oder Blumen entsprechend den Profitinteressen der multinationalen Monopole oder Nahrungsmittelkonzerne produzieren. Vor allem aber werden durch die Kapitalisierung der Landwirtschaft Millionen von bäuerlichen Familien zur Abwanderung in die großen Städte gezwungen, wo die meisten dann in den stets schneller wachsenden Slums landen und in bitterster Armut dahinvegetieren.

Diese Zerstörung der Lebensgrundlagen von Hunderten Millionen Menschen führt dazu, dass Frauen zunehmend in Widerspruch zum Imperialismus geraten. Die **internationale**

Internationaler Frauentag in Haiderabad/Indien 1995

Frauenbewegung nahm ihren Aufschwung gerade als Antwort auf diese Entwicklung. In dem Maß, wie die Frauen die Wurzeln ihrer Lage in der imperialistischen Ausbeutung und Unterdrückung erkennen, bekommt ihr **Kampf um die Befreiung der Frau einen antiimperialistischen Charakter**. Er wird so Teil des weltweiten Kampfs um Befreiung vom Imperialismus.

Der Kampf um die internationalistische Ausrichtung der kämpferischen Frauenbewegung

Die Begleitforen zu den Weltfrauenkonferenzen der UNO widerspiegeln deutlich das Wachsen der internationalen Frauenbewegung und die Auseinandersetzung um Gegner und Ziele beim Kampf um die Befreiung der Frau. 5 000 Frauen in Mexiko 1975, 13 000 Frauen in Nairobi 1985 und fast 40 000 Frauen 1995 in Huairou/Peking brachten die Vielfalt und die Forderungen der Frauenbewegung zum Ausdruck.

Dabei treten gemeinsame Ziele im Kampf um die Gleichberechtigung, aber auch die unterschiedlichen Klassenstandpunkte in der internationalen Frauenbewegung offen zu Tage. Aufsehen erregte bereits 1975 die Rede von Domitila, einer Bergarbeiterfrau aus Bolivien, auf der Weltfrauenkonferenz in Mexiko. Sie berichtet über ihre öffentliche Antwort an die Delegationsleiterin von Mexiko, die sie unter dem Motto der Konferenz *»Gleichheit, Entwicklung und Frieden«* aufforderte, einmal die Leiden ihres Volkes zu vergessen und einfach von Frau zu Frau mit ihr zu sprechen:

»»Sehr gut, sprechen wir von uns beiden. Aber, wenn Sie gestatten, werde ich anfangen. Señora, vor einer Woche habe ich Sie kennengelernt. Jeden Morgen haben Sie ein anderes Kleid an, ich aber nicht ... bin ich sicher, daß Sie in einer sehr eleganten Wohnung leben ... Wir indessen, die Frauen der Minenarbeiter, haben nur eine kleine Hütte, leihweise, und wenn unser

Mann stirbt oder krank wird oder von der Gesellschaft entlassen wird, dann haben wir nur 90 Tage, um die Hütten zu räumen, und wir liegen auf der Straße ... Hat meine Lage Ähnlichkeit mit der Ihren? Also, über welche Gleichheit werden wir reden?‹ ... Ich glaube, es war für mich auch wichtig, erneut festzustellen, ... daß die Interessen der Bourgeoisie nicht wirklich unsere Interessen sind.« (Moema Viezzer, »Wenn man mir erlaubt zu sprechen ...«, Lamuv Verlag, Göttingen 1996, S. 241 und 243)

Die proletarische Frauenbewegung mit dem Kern der marxistisch-leninistischen Parteien fördert den Internationalismus in der Frauenbewegung. In zäher und systematischer, oft über Jahre dauernder Kleinarbeit haben die klassenbewussten Arbeiterinnen unter schwierigsten Bedingungen Millionen von Frauen in der proletarischen Frauenbewegung organisiert. Sie sind das Rückgrat der internationalen Frauenbewegung und zugleich Teil der internationalen Arbeiterbewegung. Anschaulich berichteten Arbeiterinnen der Beedie-Zigarettenfabrik in Haiderabad, Indien:

»Früher haben wir uns einfach alles gefallen lassen. Damals haben wir nur 2 Rupies für 1 000 Zigaretten bekommen, heute bekommen wir 19 Rupies. Wir organisierten unsere Gewerkschaftsarbeit zuerst so, daß wir zu allen Leuten persönlich hingegangen sind. Wir brauchten ungefähr drei Jahre, bis unsere Gewerkschaft allen bekannt war. Inzwischen sind es so viele, daß wir eine Kette organisiert haben. Je nachdem, welche Probleme auftauchen, organisieren wir Treffen oder Demonstrationen. Wenn wir keine Kampforganisation wären, hätten wir alle unsere Erfolge nicht erreicht.

Es gibt schon eine Menge Männer, die sagen, du sollst nicht zur Gewerkschaft gehen, du kannst zwar die Arbeit machen, aber du sollst nicht zur Gewerkschaft gehen. Manche Frauen werden sogar wegen der Gewerkschaftsarbeit zu Hause geschlagen. Aber sie lassen es sich nicht bieten und viele haben ihre Männer inzwischen überzeugt. Wir haben schon einiges verändert und uns Rechte erkämpft. Aber es ist notwendig, für eine Gesellschaft zu kämpfen, wo wir alle Rechte haben.« (Protokoll eines Gesprächs mit Stefan Engel am 7. Oktober 1995)

Die proletarische Frauenbewegung muss die internationale Frauenbewegung in ihrer ganzen Bandbreite und Vielfalt fördern und ihr die Perspektive des Kampfs um die Befreiung der Frau in einer befreiten Gesellschaft geben. So wird die internationale Frauenbewegung Bestandteil der internationalen sozialistischen Revolution.

Auch die bürgerliche und kleinbürgerliche Frauenbewegung setzt sich international für die Gleichberechtigung der Frau und gegen feudale Fesseln und Benachteiligungen ein. Sie verfolgt dieses Ziel allerdings im Rahmen des kapitalistischen Systems oder als Bestandteil des Kampfs für die vollständige Durchsetzung des Kapitalismus gegen feudale Überreste. Dabei steht sie ständig in Gefahr, für die imperialistischen Machtinteressen in den Entwicklungsländern eingespannt zu werden.

Die bürgerliche Frauenbewegung in Deutschland streicht vor allem die *»Errungenschaften des Kapitalismus«* als erstrebenswertes Ziel *»für die bemitleidenswerten Frauen«* der Welt heraus. So hielt es die damalige Frauenministerin Claudia Nolte (CDU) nicht für nötig, ernsthafte Konsequenzen aus den Forderungen der ohnehin verschwommenen und rechtlich nicht einklagbaren Aktionsplattform von Peking zu ziehen:

»Die Bilanz der Bundesrepublik Deutschland fällt im internationalen Vergleich positiv aus. Vieles von dem, was in der Aktionsplattform von Peking gefordert wird, ist in Deutschland bereits Realität oder Bestandteil der Gleichberechtigungspolitiken ...« (»Nationale Strategien zur Umsetzung der Aktionsplattform der 4. Weltfrauenkonferenz«, Hrsg. Bundesministerium für Familie, Senioren, Frauen und Jugend, Bonn 1997, S. 11)

Die kleinbürgerliche Frauenbewegung propagiert die Solidarität mit der internationalen Frauenbewegung und ergreift Partei gegen Ausbeutung und Unterdrückung der Frauen überall in der Welt. Ihr kleinbürgerlicher Internationalismus vertuscht jedoch die wahren Ursachen, traut den Massen die Selbstbefreiung nicht zu und betont stattdessen die Interessenvertretung durch die Lobby der westlichen Frauenorganisationen oder Nichtregierungsorganisationen. In der europaweiten »Kampagne für saubere Kleidung (Clean Clothes Campaign)« werden seit 1996 die unmenschlichen Arbeits- und Lebensbedingungen der Textilarbeiterinnen in aller Welt angeprangert. Doch nicht die Unterstützung ihrer Kämpfe und der weltweite Klassenkampf gegen die Verursacher, die imperialistischen Monopole, werden propagiert, sondern Wunschvorstellungen und Appelle an die humanitäre Einsicht der Herrschenden:

*»Die Kampagne unterstellt die Beeinflußbarkeit der gegenwärtigen Regeln der Weltwirtschaft durch öffentlichen Druck auf Modemultis ... Er soll erreichen, daß Einzelhändler sich mit ihrem gesamten Sortiment zu der **Sozialcharta für den Handel mit Bekleidung** bekennen und sich **unabhängig** kontrollieren lassen.«* (»Ich bin chic, und Du mußt schuften«, Hrsg. Bettina Musiolek, Brandes & Apsel Verlag, Frankfurt am Main 1997, S. 32)

Unter der Wirkung des kleinbürgerlichen Feminismus entwickelt die kleinbürgerliche Frauenbewegung häufig eine arrogante Feindseligkeit gegen revolutionäre Bewegungen und Parteien, an denen naturgemäß auch Männer beteiligt sind.

Die kämpferische Frauenbewegung kann eine internationalistische Ausrichtung nur durchsetzen, wenn sie mit kleinbürgerlichem Internationalismus, modernem Antikommunismus und kleinbürgerlichem Feminismus fertig wird. Nur die proletarische Frauenbewegung kann garantieren, dass die internationale Frauenbewegung Bestandteil des Kampfs um die Befreiung der Menschheit von Ausbeutung und Unterdrückung wird und dass es der bürgerlichen und kleinbürgerlichen Frauenbewegung nicht gelingt, sie auf die Forderung nach Gleichberechtigung zu beschränken. Die internationalistische Ausrichtung bedeutet nichts anderes, als dass die kämpferische Frauenbewegung sich mit dem weltweiten Befreiungskampf der Frauen in seiner ganzen Bandbreite verbindet und Verantwortung für seine Entwicklung übernimmt.

III. Der Kampf um die Befreiung der Frau und der Sozialismus

1. Erste Ansätze zur Befreiung der Frau in der Pariser Kommune

Auch wenn die Geschichte der Frauenbewegung viel weiter zurückgeht, so stellte doch die Pariser Kommune den Übergang dar zu einer Frauenbewegung, die den Kampf um die Befreiung der Frau im eigentlichen Sinn führt.

Am 18. März 1871 hatten sich die Pariser Arbeiter- und Volksmassen gegen die eigene Regierung zum bewaffneten Aufstand erhoben und die erste Diktatur des Proletariats errichtet. Kurz vorher hatte der deutsch-französische Krieg mit der Niederlage Frankreichs geendet. Die bürgerliche Regierung hatte gegen den Willen der Bevölkerung kapituliert und in die Zahlung beträchtlicher Reparationen und die Abtretung der Rohstoffgebiete Elsass und Lothringen an Deutschland eingewilligt. In Paris gab es aber noch die Nationalgarde, die zur Verteidigung von Paris gebildet worden war und die vornehmlich aus bewaffneten Arbeitern bestand. Als die Regierung Truppen schickte, um die Nationalgarde zu entwaffnen und ihnen die Kanonen (Mitrailleusen) wegzunehmen, widersetzte sich das Volk von Paris. Der Augenzeuge Prosper Lissagaray beschrieb anschaulich die Situation:

»Die Frauen gingen zuerst vor wie in unseren großen Zeiten. Die Frauen vom 18. März waren durch die Belagerung gestählt. Sie hatten die doppelte Last des Elends getragen und warteten nicht auf die Männer. Sie umringten die Mitrailleusen und spra-

chen auf die Geschützführer ein: ›Es ist eine Schande, was ihr hier macht!‹ Die Soldaten schwiegen. Dann und wann sagte ein Unteroffizier: ›Geht, gute Frauen, macht daß ihr fortkommt!‹ Aber der Ton seiner Stimme war nicht rauh, und die Frauen blieben ... Plötzlich stürmte eine große Menge von National-gardisten mit erhobenen Gewehrkolben und Frauen mit ihren Kindern durch die Rue des Rosiers vor. General Lecomte sah sich umzingelt, er befahl dreimal, das Feuer zu eröffnen. Seine Leute blieben Gewehr bei Fuß. Als die Menge näher herankam, verbrüderten sie sich. Lecomte und seine Offiziere wurden ver-haftet ... Um 11 Uhr hatte das Volk den Angriff ... niederge-schlagen und beinahe seine sämtlichen Kanonen bewahrt.« (Prosper Lissagaray, »Die Geschichte der Kommune von 1871«, Rütten & Loening Verlag, Berlin 1956, S. 69/70)

Die Pariser Kommune war die erste Machtergreifung des Proletariats für seine eigenständigen Interessen. Die Frauen waren an allen wesentlichen Aktivitäten der Pariser Kommu-ne beteiligt.

In den Vorstädten lebten Zehntausende Frauen, die vom Land gekommen waren in der Hoffnung auf einen Arbeitsplatz und ein Auskommen. Oft familienlos, wenn auch nicht kin-derlos, schlugen sich viele mit Gelegenheitsarbeiten durch. In verschiedenen Protestbewegungen und Kämpfen hatten sie gelernt, sich ihrer Haut zu wehren. Sie wuchsen so zu einer wichtigen Basis der Pariser Kommune heran. Diese Frauen gehörten allen Berichten zufolge zu den mutigsten Barrikaden-kämpferinnen. Ihnen war die von der Kommune angestrebte Abschaffung der Ausbeutung und Unterdrückung des Men-schen durch den Menschen ein ureigenes Anliegen.

Schon am 21. Mai 1871 konnten die Thiers-Truppen in Paris eindringen. In einer blutigen Woche wurden um die 100 000 Männer, Frauen und Kinder dahingemetzelt, wurde die Pariser Kommune im Blut erstickt. In den wenigen Wochen, die den

Kommunarden zur Verwirklichung ihrer Ziele blieben, wurden die stehenden Heere aufgelöst. Stattdessen wurden Frauen und Männer aus dem einfachen Volk bewaffnet. Die Kirchen wurden enteignet und eine strikte Trennung von Staat und Kirche veranlasst. Sämtliche Schulen und Bildungseinrichtungen wurden der Bevölkerung kostenlos zugänglich gemacht. Das Gleiche galt für Museen und Theater. Fabriken, Manufakturen und Betriebe, deren Besitzer geflohen waren, wurden enteignet und in Arbeitergenossenschaften überführt. Die Mieten wurden drastisch herabgesetzt, die Nachtarbeit für Bäckergesellen verboten, Lohnsenkungen untersagt. Die internationalistische Haltung der Kommune kam zum Ausdruck, als wie selbstverständlich Vertreter anderer Nationalitäten in die Reihen der Kämpfer und in den Rat aufgenommen wurden. Karl Marx schrieb über die Konstituierung der Pariser Kommune, des gewählten Organs der Arbeitermacht:

*»Die Kommune bildete sich aus den durch allgemeines Stimmrecht in den verschiedenen Bezirken von Paris gewählten Stadträten. Sie waren verantwortlich und jederzeit absetzbar. Ihre Mehrzahl bestand selbstredend aus Arbeitern oder anerkannten Vertretern der Arbeiterklasse. Die Kommune sollte nicht eine parlamentarische, sondern eine arbeitende Körperschaft sein, vollziehend und gesetzgebend zu gleicher Zeit. Die Polizei, bisher das Werkzeug der Staatsregierung, wurde sofort aller ihrer politischen Eigenschaften entkleidet und in das verantwortliche und jederzeit absetzbare Werkzeug der Kommune verwandelt. Ebenso die Beamten aller andern Verwaltungszweige. Von den Mitgliedern der Kommune an abwärts, mußte der öffentliche Dienst für **Arbeiterlohn** besorgt werden. Die erworbnen Anrechte und die Repräsentationsgelder der hohen Staatswürdenträger verschwanden mit diesen Würdenträgern selbst. Die öffentlichen Ämter hörten auf, das Privateigentum der Handlanger der Zentralregierung zu sein. Nicht nur die städ-*

Hortense David, Richtkanoniere an der Barrikade de la Monnai

tische Verwaltung, sondern auch die ganze, bisher durch den Staat ausgeübte Initiative wurde in die Hände der Kommune gelegt.« (»Der Bürgerkrieg in Frankreich«, Marx/Engels, Werke, Bd. 17, S. 339)

Die Kommune erließ auch verschiedene Dekrete, die die Frauen ein Stück weit aus ihrer besonderen Rechtlosigkeit und Unterdrückung in der bürgerlichen Gesellschaft befreiten. Zu den ersten Dekreten gehörte die Unterstützungszahlung für verletzte Angehörige der Nationalgarde. Für die Frauen der im Kampf Gefallenen gab es eine Unterstützung, und zwar ausdrücklich unabhängig davon, ob sie offiziell verheiratet waren oder nicht. Unterstützt wurden auch die Kinder, egal ob sie ehelich waren oder nicht. In den ersten Tagen der Kommune wurde auch ein Scheidungsrecht eingeführt. *»Gestützt auf gültige Beweise«* konnte auch die Frau allein eine Scheidung einreichen und Unterhaltszahlungen durchsetzen.

Die Kommune unterstützte in verschiedener Hinsicht den Zusammenschluss der Frauen: finanziell, durch Bereitstellung entsprechender Räume, indem sie ihre Anschläge auf eigene Kosten drucken und aushängen ließ usw. Erstmals übten Frauen die Funktion von Gemeinderatsmitgliedern aus. Unabhängige Frauenorganisationen begannen sich zu entwickeln. Allein das »Comité des Femmes« hatte 160 Gruppen und 1 800 Mitglieder. Zur Organisierung des gesellschaftlichen Lebens begannen die Frauen selbst, die Enge der patriarchalischen bzw. bürgerlichen Kleinfamilie zu sprengen. Sie richteten Volksküchen ein, die sie den *»revolutionären Kochtopf«* nannten. Sie organisierten die Kinderbetreuung, öffneten Schulen und stellten Sanitätseinheiten zusammen.

Zur Beseitigung der ökonomischen Abhängigkeit diente die Einrichtung von Fabrikarbeitsplätzen für Frauen. Außerdem wurde eine Industrieberufsschule für junge Mädchen eröffnet, die es den Mädchen ermöglichen sollte, am Berufsleben teilzunehmen. Bei der Volksbewaffnung wurden ausdrücklich die Frauen einbezogen. Die weiblichen *»Wachsamkeits-Komitees«* standen an der vordersten Front der bewaffneten Auseinandersetzungen.

Natürlich waren das erst Keime einer wirklichen Befreiung der Frau. Aber die Pariser Kommune hatte begonnen, Stück für Stück die alte Gesellschaft umzuwälzen und eine Gesellschaft ohne Ausbeutung und Unterdrückung zu gestalten. Das war möglich, weil **das Proletariat die alte Macht gestürzt und seine neue Macht errichtet** hatte. Darin liegt der wegweisende Fortschritt der Pariser Kommune, darin liegt auch ihr Signal für die Befreiung der Frau. Deren Verwirklichung konnte allerdings erst mit der Oktoberrevolution unter Führung von Lenin allseitig in Angriff genommen werden.

2. Die sozialistische Gesellschaft und der Kampf um die Befreiung der Frau

Erst in einer sozialistischen Gesellschaftsordnung können die Ausbeutung der Lohnarbeit und der damit verbundene Zwang zur privaten Lebensführung in Einzelfamilien überwunden werden. Eine **höhere Form der Familie und des Verhältnisses der Geschlechter** erwächst aus der neuen ökonomischen Grundlage der sozialistischen Gesellschaft. Nach Marx und Engels ist diese durch folgende Hauptmerkmale charakterisiert:

erstens eine gesellschaftliche **Produktion**, die vollständig **auf die Befriedigung der Bedürfnisse der Menschen ausgerichtet** ist;

zweitens die **gleichberechtigte Beteiligung aller Familienmitglieder** – je nach ihren Möglichkeiten – an der gesellschaftlichen Produktion;

drittens wird das **Verhältnis ökonomischer Abhängigkeit zwischen den Familienmitgliedern beseitigt;**

viertens **hört die Familie auf, die grundlegende Wirtschaftseinheit zu sein,** auf der jedes persönliche Leben beruht, und

fünftens werden **Hausarbeit und Kindererziehung öffentliche Aufgaben der Gesellschaft.**

Die Geschichte aller bisherigen sozialistischen Länder lehrt: Die sozialistische Gesellschaft kann die Befreiung der Frau nicht per Dekret Wirklichkeit werden lassen. Vielmehr handelt es sich um einen mehr oder weniger **langwierigen revolutionären Prozess der Umgestaltung ihrer gesamten Produktions- und Lebensverhältnisse.** Er steht in Wechselwirkung mit den Veränderungen der Bewusstseinsformen und politischen Strukturen, in denen die Diktatur des Proletariats jeweils konkret zum Ausdruck kommt.

In diesem gesamtgesellschaftlichen Umwälzungsprozess muss die **ideologische und politische Seite immer den führenden Faktor** bilden. Sonst besteht die Gefahr, dass sich bürgerliche und kleinbürgerliche Ideen und Gepflogenheiten verbreiten und den sozialistischen Aufbau unterminieren. Es dürfen aber auch keine Maßnahmen getroffen werden, für die die materiellen und ideellen Voraussetzungen in der Gesellschaft noch nicht ausgereift sind. Das würde die Idee des Kommunismus und den Weg dorthin unter den Massen in Misskredit bringen.

Die Einzelfamilie als Wirtschaftseinheit bleibt eine wesentliche materielle Basis der gesellschaftlichen Ungleichheit von Mann und Frau. Sie kann auch im Sozialismus nicht sofort und beliebig aufgehoben werden.

Die Abschaffung der kapitalistischen Lohnarbeit ändert auch die Bedingungen des Familienlebens der Massen. Die Familie ist kein Ordnungsfaktor der Ausbeutergesellschaft mehr, hemmt nicht länger die Entwicklung des Klassenbewusstseins der Arbeiterklasse. Sie hat auch, zumindest für eine Übergangszeit, in der die Hausarbeit noch nicht vollständig vergesellschaftet ist, eine stabilisierende soziale Funktion im sozialistischen Aufbau. Arbeit und Familie sind im Sozialismus frei von kapitalistischer Ausbeutung und Unterdrückung, aber diese Tatsache bedeutet noch keine vollständige Befreiung der Frau.

So wie die sozialistische Gesellschaft ihrem Wesen nach eine Übergangsgesellschaft ist, so befindet sich auch die Familienordnung im Sozialismus in einem Übergangsprozess. Über den Übergang vom Sozialismus zum Kommunismus heißt es in dem Buch »Die Restauration des Kapitalismus in der Sowjetunion« von Willi Dickhut:

»Der Sozialismus unterscheidet sich vom Kommunismus durch ein niedrigeres Verteilungsprinzip. Das sozialistische Prinzip der Verteilung lautet: ›Jeder nach seinen Fähigkeiten, jedem nach seiner Leistung‹. Das bedeutet sowohl Recht auf Arbeit als auch Pflicht zur Arbeit – wer nicht arbeitet, soll auch nicht essen. Jeder erhält nach Maß seiner geleisteten Arbeit. Das sozialistische Leistungsprinzip unterscheidet sich grundsätzlich vom kapitalistischen. Das kapitalistische Leistungsprinzip ist verbunden mit einer verstärkten Ausbeutung der Arbeitskraft ... Das sozialistische Leistungsprinzip ist verbunden mit der Entwicklung des sozialistischen Bewußtseins, der Schaffung einer höheren Technik und Verbesserung der Organisation ...

Das sozialistische Bewußtsein setzt aber eine sozialistische Aufklärung und Erziehung der Massen voraus. Darum kommt der ideologischen und kulturellen Erziehung der Massen, der kommunistischen Erziehung der Menschen in der sozialistischen Gesellschaft ausschlaggebende Bedeutung zu. Das sozialistische Bewußtsein entsteht im Kampf mit der alten bür-

gerlichen Ideologie, die durch die Einwirkung der kapitalistischen Propaganda, durch die Gewohnheit und Tradition im Leben des Volkes noch lange in den Massen verankert ist, obwohl die materielle Basis der Gesellschaft verändert wurde. Solange das sozialistische Bewußtsein der Massen nicht voll ausgereift ist, bleibt das sozialistische Leistungsprinzip ›Jedem nach seiner Leistung‹ bestehen. Erst wenn die Bereitschaft zur Arbeit frei von egoistischen Motiven wie der Erzielung persönlicher materieller Vorteile ist und als Sache der Hingabe für die kommunistischen Ziele, als Ehre, als Ruhm, als schöpferische Tätigkeit, als erstes Lebensbedürfnis eines neuen Menschen gewertet wird, dann ist die geistige Grundlage der kommunistischen Phase der Gesellschaft erreicht. Diese Entwicklung der sozialistischen Gesellschaft zum Kommunismus wird um so schneller voranschreiten, je höher das ideologische Niveau der kommunistischen Erziehung ist ...

Die geistige Veränderung der Menschen in der sozialistischen Gesellschaft geht Hand in Hand mit der Veränderung der ökonomischen Basis durch allseitige Mechanisierung und bessere Organisation der Arbeit und der Automatisierung der Produktion. Das ist die materielle Voraussetzung beim Übergang vom Sozialismus zum Kommunismus. Das bildet auch die Grundlage des stetigen Wachstums der persönlichen Bedürfnisse, entsprechend dem Wachstum des gesellschaftlichen Reichtums ...

Sind die geistigen und materiellen Voraussetzungen des Übergangs zur kommunistischen Phase ausgereift, dann geht die Gesellschaft zum kommunistischen Verteilungsprinzip über: ›Jeder nach seinen Fähigkeiten, jedem nach seinen Bedürfnissen‹. Dann sind auch die Reste des bürgerlichen Rechts, die noch im Sozialismus bestehende Ungleichheit beseitigt.« (»Die Restauration des Kapitalismus in der Sowjetunion«, Düsseldorf 1988, S. 73–75)

Selbst wenn in der sozialistischen Gesellschaft die wesentlichen materiellen Voraussetzungen für eine Vergesellschaftung der Hausarbeit gegeben sind, stehen dem die in Fleisch und Blut übergegangenen familiären Sitten, Gebräuche und Moralvorstellungen der vorsozialistischen Gesellschaft im Weg. Sie bilden eine ständige Quelle der Reproduktion der alten Familienverhältnisse und der damit verbundenen gesellschaftlichen Ungleichheit von Mann und Frau. Die Überwindung dieser Überreste der alten Gesellschaft bedarf einer langwierigen sozialistischen Aufklärung und Erziehung der Massen und der Verwirklichung des kommunistischen Verteilungsprinzips *»Jeder nach seinen Fähigkeiten, jedem nach seinen Bedürfnissen«*. Solange dieses Prinzip nicht verwirklicht ist, gibt es noch Formen des Privateigentums, muss die **Familie in eingeschränkter Form Wirtschaftseinheit** bleiben.

Die Familien der Arbeiter und Angestellten haben entsprechend ihrer Leistung in der gesellschaftlichen Produktion an der Verteilung der Früchte der gesellschaftlichen Arbeit teil. Wenn im Sozialismus die **ganze Arbeiterklasse** bereits **Eigentümer der gesamten gesellschaftlichen Produktion** ist, kann natürlich **bei der Verteilung kein Eigentümerwechsel** stattfinden. Neben den Familien der Arbeiter und Angestellten existieren noch eine Zeit lang Familien als Teil von Genossenschaften sowie Familien mit privater landwirtschaftlicher Produktion, mit privaten Handwerksbetrieben oder privatkapitalistischen Betrieben. Das bedeutet: Zwischen den unterschiedlichen Eigentumsformen der sozialistischen Wirtschaft, aber auch zwischen einem nicht unerheblichen Teil der Einzelfamilien und dem Bereich der gesellschaftlich organisierten Produktion findet noch ein Warentausch statt.

Da es bei allen unterschiedlichen Beziehungen innerhalb der sozialistischen Gesellschaft keine unterschiedlichen Märkte und Verteilungssysteme geben kann, muss auch die Versorgung der Arbeiter der Form nach mittels Kauf und Verkauf vor sich gehen. Das bedeutet, dass diese Versorgungsgüter wertmäßig bestimmt werden müssen. Das ist unter diesen Umständen die einzig *»gerechte«* Form des Austauschs zwischen den unterschiedlichen Eigentumsformen. Das Wertgesetz, nach dem die Preise der Waren durch die Menge der Arbeitszeit bestimmt werden, die für ihre Produktion gesellschaftlich notwendig ist, besitzt noch eingeschränkte Gültigkeit.

Da aber im Sozialismus neben der industriellen Produktion große Bereiche wie das Wohnungswesen, die Lebensmittelversorgung, das Gesundheitswesen, das Schul- und Bildungswesen, die Medien usw. gesellschaftlich organisiert sind, werden nur noch Konsumgüter mittels Kauf und Verkauf ausgetauscht. Das Wertgesetz ist also **gesamtgesellschaftlich** gesehen in erster Linie eine **rechnerische Größe**. Willi Dickhut hat die Dialektik dieses Übergangsprozesses so verallgemeinert:

»Das Fortbestehen des Wertgesetzes im Sozialismus ist ein Ausdruck der Dialektik, des widersprüchlichen Wesens der sozialistischen Gesellschaft. Es ist Ausdruck davon, daß der Kommunismus noch nicht verwirklicht ist, daß gewisse Züge des Kapitalismus weiterbestehen und weiterwirken, aber immer mehr zurückgedrängt werden.« (ebenda, S. 109)

In gewisser Weise macht sich auch die sozialistische Gesellschaft den Gebrauchswert der unbezahlten Hausarbeit gesellschaftlich zu eigen. Aber die in einem bestimmten Umfang privat durchzuführenden Aufgaben wie die Kindererziehung, die persönliche Pflege von Alten und Kranken, die tägliche Wiederherstellung der menschlichen Arbeitskraft usw. dienen nicht mehr dem Zweck der kapitalistischen Ausbeutung. Im Kapitalismus ist die **unbezahlte Hausarbeit** in den Einzelfamilien **allgemeine ökonomische Bedingung für das Funktionieren des Systems der Lohnarbeit**. Im Sozialis-

mus kommt der Gebrauchswert der Hausarbeit dem gesellschaftlichen Fortschritt zugute, denn der ganze Zweck der
sozialistischen Gesellschaft ist die immer bessere und allseiti-
gere Befriedigung der stets wachsenden Bedürfnisse der Mitglieder der Gesellschaft.

Dennoch kann eine bestimmte *»Ungerechtigkeit«* in der Verteilung der gesellschaftlichen Produktion nicht ausgeschlossen werden, solange diese auf dem sozialistischen Prinzip *»Jedem nach seiner Leistung«* beruht. Es gibt zum Beispiel unterschiedlich große Familien und auch gesundheitliche oder al-
tersbedingte Einschränkungen in der Leistungsfähigkeit Einzelner. Die sozialistische Gesellschaft muss solche Unterschiede
immer mehr ausgleichen, um an einem bestimmten Punkt zu
dem Verteilungsprinzip *»Jedem nach seinen Bedürfnissen«*
überzugehen. Willi Dickhut sprach deshalb immer vom
»Hauptprinzip« der Verteilung im Sozialismus und wies darauf hin:

*»Vor allem muß verhindert werden, daß einzelne oder Grup-
pen von Werktätigen eine Privilegierung oder Benachteiligung
erfahren, die weder durch die Höhe ihrer Arbeitsleistung **noch
durch ihre besonderen Bedürfnisse** bestimmt ist.«* (ebenda,
S. 147 – Hervorhebung Red. RW)

Es ist eine wesentliche Aufgabe der Diktatur des Proletariats, die materiellen und ideellen Voraussetzungen dafür zu
schaffen, dass die **Funktion der Einzelfamilie als Wirtschaftseinheit** schrittweise überwunden wird, weil daran
wesentlich die wirkliche Befreiung der Frau gebunden ist,
ebenso wie an den Übergang zum kommunistischen Verteilungsprinzip. Im Prozess des Übergangs vom Sozialismus zum
Kommunismus muss die private Verantwortung für die Produktion und Reproduktion des unmittelbaren Lebens immer
mehr in gesellschaftliche Verantwortung übergehen. Die privaten Aufgaben in der Hausarbeit werden immer mehr gemein-

Auf dem Pfingstjugendtreffen 1999 demonstriert die Jugend für die Zukunft des echten Sozialismus.

schaftlich von Frauen, Männern und Kindern in den Familien und in neuen Lebens- und Organisationsformen durchgeführt und nicht mehr allein den Frauen aufgebürdet.

Es liegt auf der Hand, dass dieser dialektisch verlaufende Prozess des sozialistischen Aufbaus unaufhörlich sowohl die proletarische wie auch eine bürgerliche bzw. kleinbürgerliche Denkweise hervorbringt. Das ist eine der wesentlichen gesetzmäßigen Grundlagen des Klassenkampfs im Sozialismus, auch dann noch, wenn die Bourgeoisie im Übergang zur klassenlosen Gesellschaft als Klasse nicht mehr existiert. Im Klassenkampf im Sozialismus geht es vor allem um die Entwicklungsrichtung: Werden schrittweise die Reste des Privateigentums an Produktionsmitteln, der Warenproduktion und die ökonomische Funktion der Familie als Wirtschaftseinheit überwunden und wird damit der Weg zur klassenlosen Gesellschaft beschritten? Oder werden die Überreste des Kapitalismus als Nährboden für die Restauration des Kapitalismus weiter ausgebaut? Die Überwindung der gesellschaftlichen Rolle des Privateigentums ist identisch mit dem Ausbau der freien persönlichen Nutzung aller für das tägliche Leben notwendigen Gebrauchsgüter und gesellschaftlichen Einrichtungen. Der Klassenkampf im Sozialismus umfasst die Veränderung der ökonomischen und politischen Verhältnisse ebenso wie die Überwindung der alten Traditionen, Sitten und Moralvorstellungen. Ohne Veränderung der Denkweise ist es unmöglich, die materiellen Lebensverhältnisse umzugestalten.

Die sozialistische Gesetzgebung und Massenmobilisierung zur Befreiung der Frau nach der Oktoberrevolution 1917

Die Oktoberrevolution in Russland setzte das international leuchtende Signal für den einzig gangbaren Weg der Befreiung der Frau im Sozialismus.

Russland war zur Zeit der Oktoberrevolution 1917 ein extrem armes, vom I. Weltkrieg ausgeblutetes und in Bezug auf die Stellung der Frauen besonders rückständiges Land. Bereits im Dezember 1917 – als noch nicht einmal das ganze Land befreit war – wurden weit gehende Gesetze erlassen, die **den Boden zur Befreiung der Frau ebnen** sollten. 1919 fasste Lenin den in diesen Gesetzen enthaltenen prinzipiellen Unterschied von Kapitalismus und Sozialismus zusammen:

»Die Lage der Frau zeigt besonders sinnfällig den Unterschied zwischen bürgerlicher und sozialistischer Demokratie ... Die bürgerliche Demokratie ist eine Demokratie wohlklingender Phrasen, feierlicher Worte, schwülstiger Versprechungen und lautstarker Losungen von **Freiheit und Gleichheit**, *mit denen jedoch in Wirklichkeit die Unfreiheit und Ungleichheit der Frau, die Unfreiheit und Ungleichheit der Werktätigen und Ausgebeuteten bemäntelt wird ... Das Joch des Kapitals, das Joch des ›heiligen Privateigentums‹, der aus der Engstirnigkeit des Spießbürgers, der Selbstsucht des kleinen Eigentümers entspringende Despotismus – das hat auch die demokratischsten Republiken der Bourgeoisie gehindert, diese schmutzigen und niederträchtigen Gesetze anzurühren. Die Sowjetrepublik, die Republik der Arbeiter und Bauern, hat diese Gesetze mit einem Schlage hinweggefegt, sie hat von der bürgerlichen Lüge und der bürgerlichen Heuchelei keinen Stein auf dem anderen gelassen.«* (»Die Sowjetmacht und die Lage der Frau«, Lenin, Werke, Bd. 30, S. 104–106)

Die bis dahin allein gültige und obligatorische kirchliche Eheschließung wurde **Privatangelegenheit** und durch eine einfache staatliche Registrierung ersetzt. Die strikte Trennung von Kirche und Staat wurde so unterstrichen. Das **Scheidungsrecht** war kurz und einfach. Im ersten Absatz hieß es: *»Die Ehe wird geschieden, wenn beide Eheleute oder auch nur einer von ihnen es wünschen.«* (»Dekrete der Sowjetmacht«,

Bd. 1, Staatlicher Verlag für Politische Literatur, Moskau 1957, S. 237) Es gab keine Kosten und äußeren Zwänge – außer einer geringen Gebühr für die Registrierung. Uneheliche **Kinder** wurden mit den ehelich geborenen rechtlich völlig gleichgestellt. Der damalige Volkskommissar P. I. Stucka schrieb dazu in »Proletarisches Recht«:

»Unser Scheidungsdekret hat auch bei einseitigem Scheidungsverlangen eines Ehegatten jeden Zwang zur Ehe beseitigt und als einziges Motiv für ihre Existenz die gegenseitige Liebe verkündet. Sie hat Begriffe wie ›ungesetzliches Zusammenleben‹ und ›außereheliches Kind‹ abgeschafft und die Ehe nur formal in registrierte und nicht registrierte eingeteilt.« (»Marxistische und sozialistische Rechtstheorie«, Athenäum Fischer Taschenbuch Verlag, Frankfurt am Main 1972, S. 85)

Im Oktober 1918 ergänzte ein Familiengesetz das grundsätzlich gemeinsame Sorgerecht der Eltern, in dem besonders auf Einvernehmlichkeit der Eltern Wert gelegt wurde. Die Rechte der Kinder wurden gestärkt – so wurde zum Beispiel verboten, Kinder in der Erziehung körperlich zu züchtigen.

Zunächst war auch **Gütertrennung** zwischen den Ehepartnern mit Unterhaltspflicht gegenüber dem schwächeren Partner und den Kindern vorgesehen. Aber die hohe Arbeitslosigkeit infolge der Kriegswirren erschwerte eine sozial gerechte Durchführung. Es häuften sich auch Fälle, dass sich Männer eigensuchtig und rücksichtslos die Vorzüge der nun vorhandenen Freiheiten von Ehe und Scheidung auf Kosten der Frauen und Kinder zu Nutze machten. Deshalb führte die Sowjetregierung in ihrem Ehegesetz von 1926 wieder die Wirtschaftseinheit für Ehepaare ein. Die Gütergemeinschaft sollte der Tatsache Rechnung tragen, dass auch die unbezahlte Hausarbeit während der Ehe in das gemeinschaftlich erwirtschaftete Vermögen eingeht. In dem Gesetz wurden auch De-facto-Ehen

den registrierten Ehen rechtlich gleichgestellt. Nicht eheliche
Väter waren zur Zahlung von Alimenten verpflichtet. Die in
der bürgerlichen Familienordnung zementierte Arbeitsteilung,
wonach der Mann das Geld verdient und die Frau den Haushalt besorgt, wurde in diesem Gesetz ausdrücklich in Frage
gestellt:

> *»Beide Ehegatten erfreuen sich völliger Freiheit in der Wahl
> ihrer Beschäftigung und ihres Berufes. Die Weise, in der der ge-
> meinsame Haushalt geführt wird, wird durch beiderseitiges
> Übereinkommen der Ehepartner festgelegt. Ein Wohnortwechsel
> eines der Gatten verpflichtet den anderen Ehepartner nicht, ihm
> zu folgen.«* (Gesetz von 1926, in: Kai Thomas Dieckmann, »Die
> Frau in der Sowjetunion«, Campus Verlag, Frankfurt am Main
> 1978, S. 53)

Für die Fabrikarbeit von Frauen wurden unverzüglich besondere **Schutz- und Vorrechte** eingeführt. Im Dekret über
den 8-Stunden-Tag (November 1917) wurde für Frauen die
Nachtarbeit, die Arbeit unter Tage und die Überstundenarbeit
untersagt. Mütter erhielten bezahlten Urlaub von je acht Wochen vor und nach der Geburt. Stillende Mütter erhielten bis
zum neunten Monat nach der Geburt zusätzliche materielle
Unterstützung (zum Beispiel erhöhte Milchrationen, Beliefe-
rung mit Stoff usw.). Ihre Arbeitszeit wurde – bei vollem Lohnausgleich – auf sechs Stunden täglich begrenzt. Außerdem standen ihnen alle drei Stunden dreißigminütige bezahlte Still- und
Betreuungszeiten zu.

Auch im **Sexualstrafrecht** gab es revolutionäre Neuerun-
gen. Abtreibung und Homosexualität waren straffrei. Zuhäl-
terei und Kuppelei wurden streng verfolgt, nicht aber die einzelnen Prostituierten. Ihnen wurden Angebote zur Arbeits-
aufnahme und zur Unterbringung in Heimen gemacht.

Bei aller Fortschrittlichkeit verwirklicht auch die Gesamtheit dieser Gesetze und Maßnahmen noch nicht die Befreiung

der Frau. Sie bedeuteten die Durchsetzung bürgerlich-demokratischer Rechte und Freiheiten für Frauen, wozu kein kapitalistisches Land bis dahin auch nur annähernd in der Lage gewesen war. Dazu führte Lenin aus:

> *»Das ist nur der erste Schritt zur Befreiung der Frau ... Der zweite und wichtigste Schritt ist die Abschaffung des Privateigentums am Grund und Boden, an den Fabriken und Werken. Dadurch und nur dadurch wird die Bahn frei gemacht für die vollständige und tatsächliche Befreiung der Frau, für ihre Befreiung von der ›häuslichen Sklaverei‹ durch den Übergang vom vereinzelten Kleinhaushalt zum vergesellschafteten Großhaushalt.*
>
> *Dieser Übergang ist schwierig, denn es handelt sich hier um die Umgestaltung einer zutiefst eingewurzelten, gewohnten, erstarrten, verknöcherten ›Ordnung‹ (in Wahrheit eines ungeheuerlichen und barbarischen Zustands und nicht einer ›Ordnung‹). Aber dieser **Übergang hat begonnen**, das Werk ist in Angriff genommen, den neuen Weg haben wir beschritten.«* (»Der internationale Frauentag«, 1921, Lenin, Werke, Bd. 32, S. 160 – Hervorhebung Red. RW)

Der Kampf um die tatsächliche Gleichberechtigung war und ist eine notwendige Voraussetzung, um die demokratische Initiative und das Selbstbewusstsein der Frauen zu entfalten. Trotzdem sichern diese demokratischen Rechte und Freiheiten in der gesellschaftlichen Realität noch nicht die Gleichheit der Geschlechter: Solange die Bedingungen für Frauen und Männer unterschiedlich sind, manifestiert jedes noch so demokratische Recht nur die Ungleichheit und steht somit der vollständigen Befreiung entgegen. Darin drückt sich die Dialektik aus von Einheit und Kampf zwischen der Notwendigkeit, im Sozialismus die bürgerlich-demokratischen Rechte und Freiheiten zu vollenden, und der Notwendigkeit, ihre Beschränktheit auf dem Weg zum Kommunismus und zur vollständigen Befreiung der Frau schließlich zu überwinden.

Die **organisierte politische Massenmobilisierung** war wesentlicher Ausdruck des damals eingeleiteten Kampfs um die Befreiung der Frau. Die neuen Gesetze wurden nicht einfach erlassen und »durchgesetzt«, sondern waren Gegenstand der Massendebatte. *»160 Millionen diskutieren das neue Ehegesetz«* hieß es in einem in der Weimarer Republik veröffentlichten Bericht über die Sowjetunion:

»In einer Unzahl von Diskussionsversammlungen – mit tausendköpfigen Arbeitermeetings in den Großstädten beginnend, bis zu den winzig kleinen ›Aussprachen‹ in den Bauernlesehütten der entlegensten Dörfer – wurden die einzelnen Punkte der neuen Vorlage immer wieder durchgesprochen.« (Fannina W. Halle, »Frauenemanzipation, Bericht aus den Anfängen des revolutionären Rußland«, 1932, Nachdruck VSA Verlag und Vertrieb, Westberlin 1973, S. 172/173)

Im September 1919 beschloss das ZK der KPdSU, eine Frauenabteilung zu gründen, den so genannten »Zenotdel«. Seine erste Aufgabe war, die breiten Massen der Frauen zu ermutigen und zu befähigen, ihre Verantwortung in der Sowjetmacht wahrzunehmen und die ihnen gebotenen neuen Rechte zu nutzen. Wichtigstes Mittel dazu wurde das **Delegiertensystem**. Je eine Delegierte wurde auf zehn Arbeiterinnen oder einhundert Hausfrauen oder Bäuerinnen für ein Jahr gewählt. Die Gewählten besuchten monatliche Kurse und erwarben so Kenntnisse über den Aufbau von Regierung und Gewerkschaften, über die Rechte der Frauen, Erziehungsfragen usw. Sie waren verpflichtet, das neu erworbene Wissen an die Massen weiterzugeben und Rechenschaft über ihre Arbeit abzulegen. Das Delegiertensystem wurde zu einem großen Erfolg: 1922 wurden 16 000 Frauendelegierte gewählt, 1923 waren es 65 000 und in der zweiten Hälfte der 20er Jahre lag ihre Zahl

bei mehr als einer halben Million im Jahr. (Kai Thomas Dieckmann, »Die Frau in der Sowjetunion«, Campus Verlag, Frankfurt am Main 1978, S. 74)

Trotz dieser Erfolge in Gesetzgebung und Massenmobilisierung zur Befreiung der Frau sollte sich zeigen, dass der bewusste Verzicht auf den Aufbau selbständiger überparteilicher
Organisationen zur massenhaften Organisierung und Erziehung der Frauen ein Fehler war. Die Zenotdely konnten das
nicht ersetzen. Was Lenin über die Gesetze gegen die Büro-
kratisierung schrieb, gilt auch für die Gesetze über die Rechte der Frauen:

*»Gesetze sind geschrieben worden in Hülle und Fülle! Warum
also bleibt dieser Kampf ohne Erfolg? Weil er sich durch Propaganda allein nicht führen läßt, sondern nur zu Ende geführt
werden kann, wenn die Volksmasse selbst mithilft. Mindestens
die Hälfte unserer Kommunisten versteht nicht zu kämpfen ...«*
(»Die Neue Ökonomische Politik und die Aufgaben der Ausschüsse für politisch-kulturelle Aufklärung«, 1921, Lenin, Werke, Bd. 33, S. 56)

Die zweite Aufgabe des Zenotdel bestand darin, die Frauen
von den Lasten der veralteten häuslichen Wirtschaftsführung
zu befreien und Hauskollektive, öffentliche Speisehäuser, zentrale Waschanstalten, Kinderkrippen an ihre Stelle zu setzen.
Lenin sah gerade in den Anstrengungen zur **Beendigung
ihrer »Haussklaverei«** das wichtigste Moment, den Weg zur
Befreiung der Frau zu ebnen.

Kindergärten und -krippen, Wasch- und Reparaturwerk-
stätten wurden eingerichtet. Allerdings kam die Umsetzung
der Maßnahmen zur Kollektiverziehung der Kinder aufgrund
der wirtschaftlichen Schwierigkeiten nur langsam voran.
In großem Umfang wurden Großküchen in den Wohnvierteln

Die ersten Kinderkrippen in der Sowjetunion in den 20er Jahren

und Kantinen in den Betrieben eingerichtet. 1919/1920 versorgten diese öffentlichen Speisehallen nahezu 90 Prozent der Petersburger und 60 Prozent der Moskauer Bevölkerung. Insgesamt wurden 1920 in den Städten zwölf Millionen Menschen von den Volkskantinen verköstigt. Die Zahl der ausgegebenen Mahlzeiten sank aber beständig. 1925 waren es noch 500 000, 1926 nur noch 300 000 Mahlzeiten täglich. Das erklärte sozialistische Vorhaben, das Leben der sowjetischen Bevölkerung neu zu organisieren, wurde von der schlechten Ernährungslage und Wohnsituation regelrecht unmöglich gemacht. Die Wohnungen in den schnell wachsenden Städten waren so überbelegt, dass jedes Zimmer von einer Familie bewohnt wurde, also drei, vier oder mehr Personen in einem Zimmer lebten. (Kai Thomas Dieckmann, »Die Frau in der Sowjetunion«, Campus Verlag, Frankfurt am Main 1978, S. 87)

1921 wurde nach Lenins Plan die »Neue Ökonomische Politik« eingeführt. Die jahrelange Kriegswirtschaft, die imperialistische Aggression und die Sabotage der Großgrundbesitzer und Kapitalisten hatten Produktion und Handel in Russland zerrüttet. Es herrschten Hunger und Wohnungsnot und zum Teil fehlten die wichtigsten Dinge zum Leben. Lenin begründete diesen Schritt so:

»Die Aufgabe des Übergangs zur Neuen Ökonomischen Politik besteht ja darin, daß nach dem Versuch des unmittelbaren sozialistischen Aufbaus unter unerhört schweren Bedingungen ... im Frühjahr 1921 für uns die klare Lage eintrat: nicht un mittelbarer sozialistischer Aufbau, sondern auf einer ganzen Reihe von Wirtschaftsgebieten Rückzug zum Staatskapitalismus, nicht Sturmangriff, sondern die sehr schwere, mühevolle und unangenehme Aufgabe einer langwierigen Belagerung, verbunden mit einer ganzen Reihe von Rückzügen.« (»VII. Moskauer Gouvernements-Parteikonferenz«, 1921, Lenin, Werke, Bd. 33, S. 75)

Die »Neue Ökonomische Politik« war ein bewusstes und zeitlich begrenztes Zugeständnis an eine kapitalistische Entwicklung der Wirtschaft, die aber von der proletarischen Staatsmacht eisern kontrolliert wurde. Lenin drückte das so aus:

*»... wir werden mehr Zugeständnisse machen, natürlich in den Grenzen dessen, was das Proletariat zugestehen **kann**, wenn es die herrschende Klasse bleiben will ...«* (»Neue Zeiten, alte Fehler in neuer Gestalt«, 1921, Lenin, Werke, Bd. 33, S. 8)

In dieser Situation mussten auch drastische Kürzungen bei den öffentlichen Einrichtungen, die auch wichtige Schritte zur Befreiung der Frau bedeutet hatten, verfügt werden. Viele der revolutionären Beschlüsse der neuen Sowjetmacht waren vorerst an der Armut und dem zerrütteten Zustand des Landes gescheitert oder mussten wieder aufgehoben werden. Aber auch wenn sie rückgängig gemacht werden mussten, so wurde doch zunächst die grundsätzlich richtige Perspektive weiter verfolgt, die der Kampf zur Befreiung der Frau im sozialistischen Aufbau nehmen musste.

Der ideologische Kampf um die Befreiung der Frau

In den 20er und 30er Jahren gab es in der Sowjetunion vor allem zwei große ideologisch-politische Diskussionen im Kampf um die Befreiung der Frau. Bei der **ersten**, zu Beginn des sozialistischen Aufbaus, ging es vor allem um die **Überwindung idealistischer und vulgärmaterialistischer Auffassungen**, die die gesellschaftliche Realität missachteten. Mit dem Aufbau des Sozialismus in der Sowjetunion waren revolutionäre Aufbruchstimmung, Experimentierfreudigkeit und Initiative unter den Massen entstanden. Alles bisher Gewohnte an gesellschaftlichen Strukturen und Gebräuchen wurde schöpferisch in Frage gestellt. Dabei kamen notwendigerweise auch eine Reihe kleinbürgerlicher Erscheinungen und Auffassungen zum Vorschein. Clara Zetkin berichtet in ihren »Erinne-

rungen an Lenin« von einem Gespräch im Jahr 1921, bei dem
Lenin erklärte:

»In der Atmosphäre der Kriegsauswirkungen und der begon-
nenen Revolution lösen sich auf der sich umwälzenden wirt-
schaftlichen Grundlage der Gesellschaft die alten ideologischen
Werte auf und verlieren ihre bindende Kraft. Die neuen Werte
kristallisieren sich langsam, unter Kämpfen heraus. Auch in
den Beziehungen von Mensch zu Mensch, zwischen Mann und
Frau, revolutionieren sich die Gefühle und Gedanken. Neue Ab-
grenzungen werden gemacht zwischen dem Recht des einzelnen
und dem Recht der Gesamtheit, also der Pflicht des einzelnen.«
(»Erinnerungen an Lenin«, Clara Zetkin, Ausgewählte Reden
und Schriften, Bd. III, Berlin 1960, S. 138)

Alexandra Kollontai, Volkskommissarin für soziale Fürsorge von Oktober 1917 bis März 1918, war eine glühende Vertreterin der Oktoberrevolution und des Sozialismus. Sie leistete mit ihrem Einsatz und ihrer Initiative, bei der Bildungsarbeit und bei der internationalen Repräsentation der Sowjetunion wertvolle Beiträge zum sozialistischen Aufbau und für
die Befreiung der Frau. Aber in ihren Vorstellungen wirkte
eine **Tendenz zum Vulgärmaterialismus.** So hieß es in ihren
Vorlesungen für Arbeiterinnen und Bäuerinnen:

»Unsere Arbeiterregierung entwickelt jedenfalls zur Zeit völlig
neue Perspektiven. Wenn man diese Perspektiven für richtig
hält, dann muß man auch einsehen, ***daß sich das Problem***
der Frauenbefreiung und der Mutterschaft bei uns von
allein löst.« (Alexandra Kollontai, »Die Situation der Frau in
der gesellschaftlichen Entwicklung«, Vorlesungen von 1921,
Verlag Neue Kritik, Frankfurt am Main 1976, S. 200 – Hervorhebung Red. RW)

Diese Vorstellung von der spontanen Lösung des Problems
der Befreiung der Frau im Sozialismus ist illusionär. Sie unter-

schätzt vor allem den notwendigen Prozess der bewussten materiellen und weltanschaulichen Umgestaltung der Gesellschaft, einschließlich der Menschen selbst.

In der Realität wurden die neuen Freiheiten und Rechte vielfach missbraucht. Viele Bauern nahmen sich zum Beispiel mit der Möglichkeit der einfachen Heirat und Scheidung eine so genannte *»Sommerbraut«*. Sie heirateten im Frühjahr, nutzten die Frau bei Aussaat und Ernte als kostenlose Arbeitskraft, um sich im Herbst wieder von ihr zu trennen. Unter der Bedingung der Existenz privater kleinbäuerlicher Produktion konnten sozialistische Errungenschaften unter der Wirkung kleinbürgerlich-egoistischer Motive durchaus auch privat angeeignet und in ihr Gegenteil gekehrt werden.

Insbesondere viele Menschen auf dem Land betrachteten die neuen Gesetze mit tiefer Skepsis. Der starke religiöse Einfluss tat ein Übriges, um Teile der Landbevölkerung gegen die Kommunisten aufzubringen.

Zur Skepsis der Massen trugen zum Teil überhitzte Ideen und Projekte bei, die völlig an ihrem Bewusstsein und an ihren Bedürfnissen vorbeigingen. So kritisierte Nadeshda Krupskaja, seit 1917 Mitglied des Kommissariats für Volksaufklärung und Lebensgefährtin Lenins, prinzipiell überspannte Vorschläge, wie zum Beispiel Säuglinge direkt von ihren Eltern weg in Heimen unterzubringen, um sie *»gesellschaftlich zu erziehen«*. Die vollständige Verantwortung der sozialistischen Gesellschaft für die Kindererziehung durfte natürlich nicht so ausgelegt werden, dass die Eltern dabei ausgeschaltet werden.

All diese Probleme mussten durch überzeugende sozialistische Erziehungsarbeit und durch die materielle Umgestaltung der sozialistischen Gesellschaft gelöst werden, sie erledigten sich überhaupt nicht von selbst. Die Denkweise entscheidet darüber, wie Gesetze genutzt werden. Die proletarische, so-

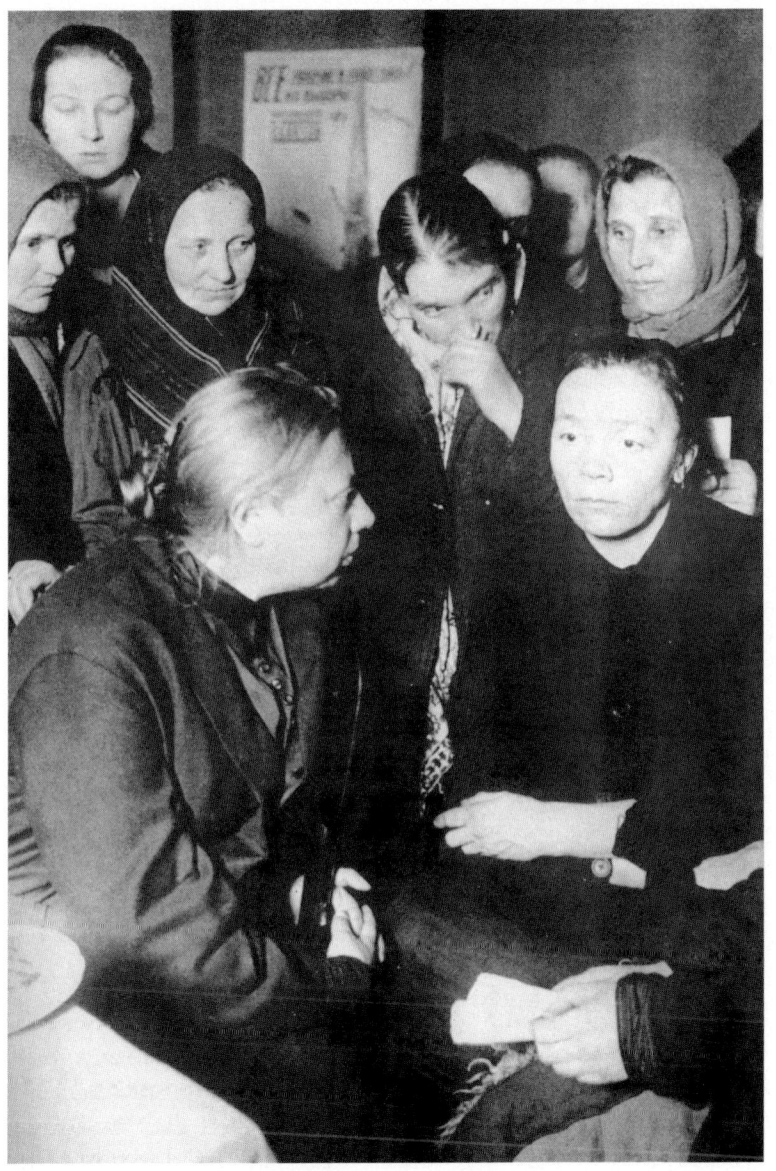

Nadeshda Krupskaja in der Diskussion mit Moskauer Arbeiterinnen, 1928

zialistische Denkweise nutzt sie im Sinn der proletarischen Moral und des sozialistischen Aufbaus, die kleinbürgerliche oder bürgerliche missbraucht sie für egoistische Zwecke und gegen den Sozialismus.

Die Verwirklichung der sozialistischen Gesetzgebung in der Sowjetunion musste neben dem Problem der Zerstörungen und der Mangelwirtschaft in Folge des Krieges vor allem mit der Wirkung der reaktionären feudalen Traditionen und Moralvorstellungen fertig werden. In der Schrift »Die große Initiative« wies Lenin 1919 eindringlich auf die gewaltigen Zukunftsaufgaben im Kampf für die Befreiung der Frau hin:

*»Wir haben tausendmal das Recht, stolz zu sein auf das, was wir auf diesem Gebiet geleistet haben. Aber je **mehr** wir den Boden von dem Schutt der alten bürgerlichen Gesetze und Einrichtungen gesäubert haben, um so klarer ist es für uns geworden, daß dies nur die Ebnung des Bodens für den Bau, aber noch nicht der Bau selber ist.«* (Lenin, Werke, Bd. 29, S. 419)

Die **zweite** große Auseinandersetzung, die eher schleichend vonstatten ging, hatte zum Inhalt, bei der Lösung praktischer Probleme des sozialistischen Aufbaus **nicht in Pragmatismus zu verfallen und die marxistisch-leninistische Grundlinie für die Befreiung der Frau zu verlassen.** Nach Lenins Tod wurde diese weltanschauliche Auseinandersetzung nicht mit derselben Konsequenz weitergeführt. Ihre Vernachlässigung gab überholten, traditionellen feudalen und bürgerlichen Moralvorstellungen Spielraum.

Nadeshda Krupskaja plante zum Beispiel Wohnkombinate, in denen sich die sozialistischen Lebensverhältnisse entfalten sollten. Die private Wohnung sollte je Familienmitglied auf fünf bis neun Quadratmeter beschränkt bleiben, die Hausarbeit gemeinschaftlich wahrgenommen und die Kinder sollten in »Kinderetagen« oder »Kindersektoren« untergebracht werden.

Es ging darum, eine Lebensform zu entwickeln, in der einerseits die Vergesellschaftung der Hausarbeit verwirklicht und andererseits *»das Verhältnis der beiden Geschlechter zu einem reinen Privatverhältnis«* wird. (F. Engels, »Grundsätze des Kommunismus«, Marx/Engels, Werke, Bd. 4, S. 377) Die staatliche Verantwortung für die Erziehung der Kinder sollte sich mit der privaten Verantwortung der Eltern durchdringen.

Diese Planungen wurden nur ansatzweise verwirklicht und letztlich aus pragmatischen Gründen verworfen. Als Begründung wurde vorgebracht, dass zuerst einmal die 500 000 Obdachlosen in Moskau mit Wohnraum versorgt werden müssten. Diese Argumentation baute jedoch einen künstlichen Widerspruch auf zwischen der Frage, dass vorrangig die drängenden sozialen Fragen zu lösen seien, und der Frage, auf welchem Weg und vor allem mit welcher Perspektive das geschehen sollte.

Am 16. Mai 1930 wandte sich das ZK der KPdSU(B) berechtigt gegen sektiererische Auffassungen, die in dieser Debatte aufgetreten waren:

»Das Zentralkomitee bemerkt, daß es neben den Keimen der Bewegung für ein sozialistisches Alltagsleben äußerst unbegründete, halbphantastische und deshalb außerordentlich schädliche Versuche einzelner Genossen … gibt, ›mit einem Sprung‹ jene Hindernisse auf dem Weg zu einer sozialistischen Umgestaltung des Alltagslebens zu überspringen, die einerseits in der ökonomischen und kulturellen Rückständigkeit des Landes, andererseits in der Notwendigkeit begründet sind, zum gegenwärtigen Zeitpunkt ein Maximum an Ressourcen auf die möglichst rasche Industrialisierung des Landes zu konzentrieren, die allein die realen materiellen Voraussetzungen für eine grundlegende Umstrukturierung des Alltagslebens schafft. Zu diesen Versuchen einiger Mitarbeiter, die ihr opportunistisches

Wesen hinter einer ›linken Phrase‹ verbergen, zählen die in der letzten Zeit in der Presse aufgetauchten Projekte zur Neuplanung der existierenden Städte und zum Aufbau von neuen Städten ausschließlich auf Kosten des Staates, wobei alle Seiten des Alltagslebens der Werktätigen unverzüglich und vollständig vergesellschaftet werden sollen: die Ernährung, der Wohnraum, die Erziehung der Kinder, die von den Eltern getrennt werden sollen, wobei die Alltagsbeziehungen zwischen den Familienmitgliedern zu beseitigen seien, die individuelle Speisezubereitung administrativ untersagt werden soll usw. Die Durchführung dieser schädlichen, utopischen Prinzipien ... würde zu einer gewaltigen Verschwendung von Mitteln und zu einer ungeheuren Diskreditierung der Idee einer sozialistischen Umgestaltung des Alltagslebens selbst führen.« (»Über die Arbeit zur Umgestaltung der Lebensweise«, Beschluss des ZK der KPdSU(B), in:»Prawda« vom 29. Mai 1930)

Doch die ultralinken Vorstellungen wurden nicht vom grundsätzlichen marxistisch-leninistischen Standpunkt aus zurückgewiesen. *»Die möglichst rasche Industrialisierung«* schafft nämlich nicht *»allein die realen materiellen Voraussetzungen für eine grundlegende Umstrukturierung des Alltagslebens«.* Dazu muss auch eine umfassende sozialistische Erziehung und Aufklärung geleistet werden und eine schrittweise praktische Umwälzung des gesamten gesellschaftlichen Lebens erfolgen. Die zweifellos notwendige rasche *»Industrialisierung des Landes«* hätte deshalb als Schule zur Lösung der perspektivischen Ziele des Sozialismus und der Befreiung der Frau in Angriff genommen werden müssen. Bei allem notwendigen Kampf gegen linke Überspitzungen hätte die **grundsätzliche Aufgabenstellung der schrittweisen Vergesellschaftung der privaten Hausarbeit und Kindererziehung** unterstrichen werden müssen. Stattdessen wurde diese Aufgabe auch in der Praxis immer mehr verdrängt.

1935 eröffnete die »Prawda«, das Zentralorgan der KPdSU, eine Kampagne für die Stärkung der Sowjetfamilie. Nach einer breit angelegten propagandistischen Vorbereitung wurden zwischen 1936 und 1944 zahlreiche Verordnungen und Gesetze zu Familie, Ehe, Scheidung und Abtreibung neu erlassen, geändert und frühere Gesetze aufgehoben.

Einen Markstein stellte die Verordnung des Zentralen Exekutivausschusses der UdSSR und des Rates der Volkskommissare vom 27. Juni 1936 *»Über das Verbot der Abtreibung, die Erhöhung der materiellen Hilfe für die Gebärenden, die Einrichtung staatlicher Hilfe für kinderreiche Familien, die Erweiterung des Netzes von Geburtshäusern, Kinderkrippen und -gärten, die Verschärfung der Strafe bei Nichtzahlung von Alimenten und einige Änderungen der Gesetzgebung zur Scheidung«* dar.

Inhalt und Methode dieser Verordnung bedeuteten, den **Kampf um die Befreiung der Frau im Sozialismus einzustellen.** Die Rolle als *»Mutter und Bürgerin, der die große und verantwortungsvolle Verpflichtung der Geburt und Aufzucht von Bürgern obliegt«* wurde als Hauptaufgabe der Frau definiert. Diese *»Verpflichtung«* fesselt die Frau aber geradezu an die herkömmliche Tradition, dass ihre höchste Bestimmung die Mutterschaft sei. Der Kampf um die Befreiung der Frau fördert und unterstützt dagegen die freie und bewusste Lebensplanung der Frau beim Aufbau des Sozialismus.

Im sozialistischen China während der Kulturrevolution wurde die Familienplanung und der bewusste Umgang mit den Möglichkeiten der Empfängnisverhütung Teil des Kampfs um die Befreiung der Frau. Die französische Journalistin Claudie Broyelle berichtete nach ihrer Reise durch China 1971:

»Sowohl in der Pekinger Klinik als auch in der Kommune von Schawan betonte man: ›Die Empfängnisverhütung darf nicht

mit einem einfachen technischen Mittel verwechselt werden. Sie bedarf einer intensiven ideologischen Erziehung. Es ist eine umfassende politische Maßnahme, die es den Frauen ermöglichen soll, die ›Natur‹ zu meistern und voll an allen gesellschaftlichen Aktivitäten teilzuhaben, eine Maßnahme also, die ihre Emanzipation vorantreibt.‹« (Claudie Broyelle, »Die Hälfte des Himmels«, Verlag Klaus Wagenbach, Berlin 1973, S. 150)

In der Sowjetunion wurde ab 1936 statt dessen Mutterschaft generell forciert und Abtreibung verboten. Dazu heißt es in der Verordnung:

»Nur unter den Bedingungen des Sozialismus, in dem die Ausbeutung des Menschen durch den Menschen nicht mehr existiert und die Frau ein vollberechtigtes Mitglied der Gesellschaft ist, wo die fortschreitende Erhöhung des materiellen Wohlstands der Werktätigen ein Gesetz der gesellschaftlichen Entwicklung ist, kann man sich ernsthaft den Kampf gegen Abtreibungen zur Aufgabe machen, unter anderem auch auf dem Wege gesetzlicher Verbote.« (»Verordnung vom 27. Juni 1936«, in: »Sammlung der Gesetze und Verordnungen der Arbeiter- und Bauernregierung der UdSSR, 1936«, S. 510)

Es war fast zynisch, dass die etwas voreilig deklarierte Überwindung der Ausbeutung des Menschen durch den Menschen ausgerechnet als Argument dafür herhalten musste, die individuelle Selbstbestimmung der Frauen über eine Schwangerschaft einzuschränken. Zur Rechtfertigung wurde sogar die grundsätzliche Position Lenins verfälscht:

»Doch wenn er sich über die Abtreibung als soziales Übel empörte, so hielt Lenin Gesetze, die die Abtreibung nur verbieten für völlig unzureichend, um gegen dieses Übel zu kämpfen.« (ebenda, S. 510)

Lenin hatte sich in seiner Schrift *»Arbeiterklasse und Neomalthusianismus«* jedoch keineswegs über die Abtreibung empört. Er prangerte die kapitalistischen Verhältnisse an, die Frauen wider Willen zur Abtreibung zwingen und forderte unmissverständlich, »... *die unbedingte Aufhebung aller Gesetze zu fordern, die die Abtreibung oder die Verbreitung medizinischer Werke über empfängnisverhütende Mittel usw. unter Strafe stellen.*« (»Arbeiterklasse und Neomalthusianismus«, Lenin, Werke, Bd. 19, S. 227)

Zwar war die in der Verordnung festgelegte Zielvorstellung, 11 000 Betten in Geburtshäusern, 800 000 Krippenbetten und eine Verdreifachung der bis dahin vorhandenen Kindergärten zu schaffen, im Verhältnis zur kapitalistischen Welt unvergleichlich hoch. Aber für eine weit gehende Entlastung der Verantwortung der Frauen für die Kinder war es dennoch entschieden zu wenig. Veränderungen in der gesellschaftlichen Organisation der Hausarbeit wurden mit keinem Wort erwähnt.

In den ersten Jahren der Sowjetunion hatte die Sowjetführung großen Wert auf die geduldige Erziehung zum sozialistischen Bewusstsein im Zusammenleben der Menschen gelegt. Nun rückten drakonische Strafandrohungen in den Vordergrund. Mit der *»Verschärfung der Strafe für Nichtzahlung von Alimenten«* wurde eine Art private »Haftung« für Kinder gesetzlich festgeschrieben, die bis zum finanziellen Ruin der Männer ging. Scheidungen von Ehen mit Kindern wurden nahezu verunmöglicht. Ging eine Ehe mit drei Kindern auseinander, musste der Mann Alimente in Höhe von 50 Prozent seines Lohnes bezahlen. Die zweite Scheidung kostete bereits ein ganzes Jahresgehalt. Auch die Scheidung wurde erschwert, die Geschiedenen diskriminiert. Ehescheidungen wurden im Pass beider Geschiedener vermerkt.

Diesen gesetzlichen Veränderungen war eine kontroverse gesellschaftliche Debatte vorausgegangen, in der sich am Ende

die bürgerlichen Vorstellungen durchsetzten. So hieß es in
einem Roman von Fedor J. Panferov:

»Natürlich muß die Frau Mutter sein, sie muß diejenige sein,
die das häusliche Leben behaglich macht. Aber sie braucht sich
deshalb nicht von der Arbeit zurückziehen. Sie muß die Für-
sorge für die Familie zusammen mit den sozialen Aufgaben und
ihrer Arbeit in völliger Gleichberechtigung mit dem Mann auf
sich nehmen. Uns Sowjetfrauen sind diese Rechte schon gege-
ben, während die Frauen anderer Länder noch von ihnen träu-
men.« (»Bruski«, Ausgabe 1947, S. 922, in: Luise E. Luke, »Die
marxistische Frau, sowjetische Varianten«, Steingrüben Verlag, Stuttgart 1957, S. 79)

Dies war nicht die literarische Entgleisung eines Einzelnen,
sondern die Widerspiegelung der offiziellen Parteilinie in Kunst
und Literatur. Die Ausrichtung dafür hatte ein programmati-
scher Leitartikel in der Prawda am 19. Mai 1936 unter der
Überschrift »Frau – Mutter« gegeben. Er machte deutlich, dass
es in der nunmehr verwirklichten Familienpolitik in erster
Linie um Bevölkerungspolitik ging:

»Mit Achtung und Sorge umgibt das ganze Land die sowjeti-
sche Frau – Mutter, die einer neuen, gesunden, glücklichen Ge-
neration der Epoche des Sozialismus das Leben schenkt ... Die
Fürsorge für die Mutter ist in erster Linie Fürsorge für die Kin-
der ... Deswegen ist die Mutterschaft für die Frau die größte
Freude und das größte Glück ... Die Verpflichtungen einer gu-
ten Mutter und einer guten Frau widersprechen in keiner Wei-
se der gesellschaftlichen Arbeit der sowjetischen Frau. Im Ge-
genteil, sie erfüllen harmonisch ihr vielseitiges und voll geach-
tetes Leben.« (Leitartikel der »Prawda« vom 19. Mai 1936)

Das war eine Karikatur auf die sozialistischen Ziele der Befreiung der Frau! Die Einzelfamilie mit ihrer traditionellen
Rollenaufteilung zwischen Mann und Frau sollte vorherr-

schende Form des Zusammenlebens sein, mit dem Unterschied, dass der Frau jetzt diese Rolle neben ihrer vollen Berufstätigkeit zugemutet wurde.

Berechtigterweise kritisierten Frauen in der öffentlichen Diskussion diese Ausrichtung und forderten die gesellschaftliche Verantwortung und Organisation von Hausarbeit und Kindererziehung ein. So schrieb eine Kritikerin:

»Ein oder zwei Kinder in die Kinderkrippe geben, das geht noch. Aber wenn eine Mutter sieben Kinder unterschiedlichen Alters hat, von denen sie eins in die Schule schickt, eines in den Kindergarten, das dritte in die Krippe – dann muß die Mutter sich noch darum kümmern, sie alle abzuholen, ihnen Essen zu geben, auskleiden, ins Bett legen, eine Geschichte erzählen, dann kann die Frau nicht arbeiten, sie hätte keine freie Minute für sich … Man muß die öffentliche Ernährung entsprechend ausdehnen, damit die Frau und Mutter die Möglichkeit hat, ihre Generation in ihre Hände zu nehmen, ohne sich über Mittagessen, Abendessen und Frühstück Sorgen zu machen. In eine beliebige Kantine gehen, jeden billig und gut ernähren, ohne Sorgen um die Küche.« (»Prawda« vom 30. Mai 1936)

Doch derartige Kritiken wurden ignoriert und in einer Fülle von Leserbriefen und Artikeln zurückgewiesen. Programmatische Grundlage wurde die Position, die die »Prawda« in einem Leitartikel vom 28. Mai 1936 zusammengefasst hatte:

»Nur bei uns sind für die werktätige Frau alle Bedingungen geschaffen, daß sie ihre Verpflichtungen als Bürgerin und Mutter erfüllen kann, die verantwortlich ist für die Geburt und die erste Erziehung ihrer Kinder.

Eine Frau ohne Kinder verdient unser Mitleid, denn sie kennt die volle Freude des Lebens nicht. Unserer sowjetischen Frau, vollblütige Bürgerin des freiesten Landes der Welt, wurde das

Glück der Mutterschaft geschenkt. Wir müssen unsere Familie schützen und gesunde sowjetische Helden aufziehen und erziehen.« (»Prawda« vom 28. Mai 1936)

Es wäre noch verständlich, wenn es sich dabei um taktische Zugeständnisse oder um Rücksicht auf die innen- oder außenpolitische Situation der Sowjetunion gehandelt hätte. Als 1933 in Deutschland der Hitler-Faschismus die Regierungsgeschäfte übernahm und einen Kurs der aggressiven militärischen Aufrüstung einleitete, musste in der Sowjetunion die Konzentration auf den Aufbau der Schwerindustrie verstärkt werden. Die Vorbereitung auf den abzusehenden Angriffskrieg der Faschisten, die Festigung der inneren Voraussetzungen zum Schutz der Sowjetunion und die bevölkerungspolitischen Ziele angesichts eines immer krasser werdenden Arbeitskräftemangels erzeugten einen immensen Druck auf die sozialistische Gesellschaft. Um die inneren Widersprüche nicht zu verschärfen, wurden der Kirche und den kleinbürgerlichen und bürgerlichen Vorurteilen in der Bevölkerung Zugeständnisse gemacht.

Mit der Familiengesetzgebung ab 1936 und ihrer Begründung wurde aber eine weit gehende Veränderung der grundsätzlichen Positionen der KPdSU(B) vorgenommen, die sich in einer **neuen Definition der Zielvorstellung einer sozialistischen Lebensweise** zusammenfasste. Die Maßnahmen, die unter Lenin nach der Oktoberrevolution eingeführt worden waren, wurden dagegen als rein taktische Notwendigkeiten heruntergespielt. Damit geriet die **KPdSU(B) in dieser Frage grundsätzlich in Widerspruch zum Marxismus-Leninismus.**

In der Verfassung der UdSSR von 1936 war nicht mehr von der Befreiung der Frau die Rede, sondern nur noch von der nunmehr verwirklichten Gleichberechtigung von Mann und

Frau. Auch in der unter Stalins Leitung erstellten »Geschichte der Kommunistischen Partei der Sowjetunion (Bolschewiki). Kurzer Lehrgang« fand das Ziel der Befreiung der Frau als langfristiger Aufgabe im Sozialismus keinerlei Beachtung mehr. Das steht in engem Zusammenhang mit der unmarxistischen sowjetischen Kritik an der Schrift von Friedrich Engels »Der Ursprung der Familie, des Privateigentums und des Staats«, wie bereits weiter vorn dargelegt wurde (Teil I, S. 32–36).

Die sowjetische Familiengesetzgebung ab 1936 muss als Niederlage der revolutionären Arbeiterbewegung angesehen werden. In der weltanschaulichen Auseinandersetzung konnten bürgerliche Familien- und Moralvorstellungen einen wichtigen Teilsieg über den marxistisch-leninistischen Weg zur Befreiung der Frau im Sozialismus erringen.

Das musste den kleinbürgerlichen Einfluss auf die Bürokratie in der sozialistischen Staats-, Wirtschafts- und Parteiführung stärken. In dieser neuen Bürokratie war vorher bereits ein Vordringen der kleinbürgerlichen Denkweise in Form der Idealisierung einer kleinbürgerlichen Lebensweise beobachtet worden. Das kam auch in der sowjetischen Literatur und Kunst zum Ausdruck. In dem Buch »Die Restauration des Kapitalismus in der Sowjetunion« schrieb Willi Dickhut dazu:

»Ein Bürokrat sehnt sich nach einer kleinbürgerlichen Lebensweise; im kleinbürgerlichen Milieu fühlt er sich wohl. Nicht wenige Funktionäre, die ein Leben voller Entbehrungen hinter sich hatten, verfielen, als sie zu Amt und Würden gelangt waren, zu Hause in ihrer Familie einer kleinbürgerlichen Lebensweise. Ganz allmählich entwickelte sich so neben der alten, notgedrungen übernommenen Bürokratie eine neue Bürokratie.« (»Die Restauration des Kapitalismus in der Sowjetunion«, Düsseldorf 1988, S. 26)

Eine solche kleinbürgerliche Lebensweise konnte nur auf der
Basis kleinbürgerlicher Familienverhältnisse verwirklicht werden. Die neue »*sozialistische*« Familie bildete einen wichtigen
Nährboden für die kleinbürgerliche Entartung der Bürokratie, die 1956 zur Restauration des Kapitalismus in der bis dahin sozialistischen Sowjetunion führte.

Auf dem XIX. Parteitag der KPdSU (Oktober 1952) deckte
Malenkow, damals Sekretär des Zentralkomitees der KPdSU,
die Gefahr des Bürokratismus auf und forderte einen unver-
söhnlichen Kampf dagegen:

*Wir müssen uns stets vor Augen halten, daß jede Schwächung
des Einflusses der sozialistischen Ideologie eine Stärkung des
Einflusses der bürgerlichen Ideologie bedeutet. In unserer So-
wjetgesellschaft gibt es **keine Klassenbasis für die Herrschaft der bürgerlichen Ideologie, und es kann sie nicht
geben**. Bei uns herrscht die sozialistische Ideologie, deren un-
erschütterliche Grundlage der Marxismus-Leninismus ist. Es
haben sich aber bei uns noch Überreste der bürgerlichen Ideologie, Überreste einer aus dem Privateigentum hervorgegange-
nen Psychologie und Moral erhalten. Diese Überreste sterben
nicht von selbst ab, sie sind sehr zählebig, sie können wachsen,
und gegen sie muß ein entschlossener Kampf geführt werden.«*
(»Rechenschaftsbericht des ZK der KPdSU(B) an den XIX. Parteitag«, in: »Die Restauration des Kapitalismus in der Sowjetunion«, Düsseldorf 1988, S. 39)

Aber der grundsätzliche Fehler der KPdSU bei dem Beschluß
der Familiengesetze 1936 wurde nicht korrigiert. Das hatte
weit reichende Auswirkungen auf die internationale marxistisch-leninistische und Arbeiterbewegung. Das fand seinen
Ausdruck insbesondere in der Verdrängung der marxistisch-
leninistischen Grundposition zur Befreiung der Frau und in
der **tendenziellen Anpassung an die bürgerliche Frauenbewegung.**

Hoffnungsvolle Ansätze zur Befreiung der Frau im Aufbau der DDR

Nach dem II. Weltkrieg und dem faschistischen Terror lag Deutschland in Schutt und Asche. Das Potsdamer Abkommen sah die Ausrottung von Militarismus und Faschismus vor. In der sowjetischen Besatzungszone wurde unter dem Schutz der Sowjetunion mit der Umsetzung des Potsdamer Abkommens Ernst gemacht. Es wurde eine antifaschistisch-demokratische Ordnung errichtet und nach der Spaltung Deutschlands durch die Westmächte dann 1949 die DDR gegründet.

Ohne die Gewinnung der Masse der Frauen war an eine Festigung der antifaschistisch-demokratischen Grundordnung in der DDR und an den späteren Übergang zum Aufbau des Sozialismus nicht zu denken. Die antifaschistischen Frauenausschüsse waren wesentliche Instrumente, um die Masse der Frauen zu mobilisieren und ihr antifaschistisch-demokratisches Bewusstsein zu entwickeln. 1947 gab es in 12 249 Gemeinden in Ostdeutschland 7 451 antifaschistische Frauenausschüsse, denen 250 000 Frauen angehörten. Von diesen wurden 3 500 Nähstuben, 3 098 Kindergärten, etwa 4 000 Beratungsstellen, 149 Volksküchen, 252 Wärmehallen, 48 Altersheime, 70 Frauenheime und 3 Wanderbibliotheken ins Leben gerufen. (»Die DDR-Frau zwischen Mythos und Realität«, Hrsg. Frauen- und Gleichstellungsbeauftragte der Landesregierung Mecklenburg-Vorpommern, Schwerin 1997, S. 19 und 252)

Mit der Gründung der DDR und der Verabschiedung der Verfassung am 7. Oktober 1949 wurde erstmals in der deutschen Geschichte die rechtliche Gleichstellung von Mann und Frau festgeschrieben. Im Gegensatz zum Grundgesetz der BRD wurden darin auch gleich alle Bestimmungen des Bürgerlichen Gesetzbuchs (BGB) aufgehoben, die diesem Prinzip widersprachen.

Mit dem »Gesetz über den Mutter- und Kinderschutz und die Rechte der Frau« vom 27. September 1950 wurden Frauen auch im Familienrecht den Männern gleichgestellt. Das Gesetz sicherte kinderreichen Müttern staatliche Unterstützung zu, öffnete Frauen fast alle Berufsfelder, verlangte Förder- und Qualifizierungsmöglichkeiten und die Einrichtung von Kinderkrippen und -gärten. Es gab allein stehenden Müttern die Möglichkeit, ihre Kinder zur Erziehung in einem Kinderheim unterzubringen, völlig auf Staatskosten. Nicht eheliche Kinder wurden ehelichen rechtlich vollkommen gleich gestellt.

Auf der II. Parteikonferenz der SED im Juli 1952 wurde der Weg zum **planmäßigen Aufbau des Sozialismus** in der DDR eingeschlagen. Der Beschluss zum Aufbau des Sozialismus hatte eine große mobilisierende Wirkung. Durch die Einbeziehung der Frauen in die Produktion erhöhte sich die Frauenerwerbsquote von 44,9 % im Jahr 1949 auf 52,5 % im Jahr 1955. Der gesellschaftlichen Frauenförderung wurde großes Gewicht beigemessen. So forderte Walter Ulbricht auf einer Organisationskonferenz der SED im Juni 1949:

»Die Parteiorgane sollen endlich die Aktivistinnen registrieren sowie die Frauen, die sich entwickeln und eine gute Arbeit leisten. Man soll sie in die Parteileitungen nehmen ... Man soll solche Frauen auch in Regierungsinstitutionen und in die Leitungen der Massenorganisationen nehmen. **Wir wünschen also, daß jede Parteileitung einen Plan ausarbeitet, aus dem hervorgeht, wie in kürzester Frist Frauen in leitende Stellungen befördert werden.**« (Walter Ulbricht, »Zur Geschichte der deutschen Arbeiterbewegung«, Bd. III, Verlag Das Neue Wort, Stuttgart 1953, S. 545)

Es wurden auch erste Schritte unternommen, um die Verantwortung für die bislang private Hausarbeit **gesellschaftlich** wahrzunehmen und die Familien zu entlasten. In öffentlichen Auseinandersetzungen wurde kritisiert, dass die Hausarbeit immer noch allein den Frauen zugewiesen blieb. In großem Umfang wurden Kinderkrippen und Kindergärten weiter ausgebaut, Großwäschereien eingerichtet und öffentliche Speiseanstalten geschaffen. Den Betrieben wurde die Aufgabe gestellt, hochwertige Reinigungs- und Haushaltsgeräte herzustellen. Unter Hausfrauen wurden so genannte »Hausfrauenbrigaden« gebildet. Es wurden die »Heinzelmännchen« aufgebaut – eine Brigade, die auf Bestellung Reinigungs- und Pflegearbeiten im Haushalt durchführte. Auch wurden größte Anstrengungen unternommen, um eine Gleichstellung der Mädchen im Bildungs- und Ausbildungssystem zu erreichen.

Nach dem II. Weltkrieg hatten die Massen ein berechtigtes Interesse, ihre Lebens- und Familienverhältnisse wieder zu normalisieren und ihre alltäglichen Lebensbedürfnisse auch im Rahmen ihrer Familie befriedigen zu können. Für den Aufbau der DDR war eine stabile Familienordnung ein wichtiger Faktor. Nicht zuletzt hatte die Gesellschaft großes Interesse an einer Steigerung der Geburtenrate, zumal die Abwanderung einer beträchtlichen Zahl von Arbeitskräften nach Westdeutschland den sozialistischen Aufbau vor große Probleme stellte. Diese konkreten Gründe sind nachvollziehbar. Sie rechtfertigen jedoch in keiner Weise den weit gehenden Verzicht auf den Kampf zur Überwindung der Familie als Wirtschaftseinheit und der Traditionen der bürgerlichen Familienordnung.

Offensichtlich folgte die SED unkritisch der falschen Familienpolitik der Sowjetunion seit 1936. Das zeigt die Vernachlässigung der ideologisch-politischen Seite des sozialistischen Aufbaus in der SED-Führung. Es herrschte ein vulgärmaterialistisches Verständnis vor, als würden wirtschaftliche, soziale und politische Veränderungen im Selbstlauf zu einer Veränderung der Denk- und Lebensweise in der Gesellschaft führen. Dementsprechend wurde die Aufgabe der gesellschaftlichen Gleichstellung der Frauen reduziert auf die Gleichberechtigung und auf die Möglichkeit der Erwerbstätigkeit und flankierende soziale Maßnahmen.

Die Familie in der DDR wurde nach den Leitlinien der SED zur *»sozialistischen Familie«* allein dadurch, dass sie in einem sozialistischen Staat lebte. Die angeblich sozialistische Kleinfamilie wurde regelrecht glorifiziert, obwohl ihre Merkmale zweifellos dem bürgerlichen Familienideal entsprachen:

- Die **Verantwortung für die Kinder** der Familie hatten weit gehend die Mütter zu tragen, nicht die Väter. So forderte die Verfassung der DDR von 1949, *»daß die Frau ihre Aufgabe als Bürgerin und Schaffende mit ihren Pflichten als Frau und Mutter vereinbaren kann«*. (»Die Verfassung der Deutschen Demokratischen Republik«, Kongreß-Verlag, Berlin 1949, S. 17)

- Das **Wunschbild eines harmonischen Familienlebens** und lebenslanger sozialistischer Ehen wurde verbreitet und mit entsprechenden Maßnahmen unterstrichen. So hatten die Gerichte nach der Eheverordnung von 1955 bei jeder Scheidung *»eine sorgfältige Prüfung der Entwicklung der Ehe vorzunehmen«*. Partei und Gewerkschaftsorganisationen, Hausgemeinschaften und Arbeitsbrigaden sollten bei *»ehe- und familienwidrigem Verhalten ihrer Mitglieder eingreifen«*. (Gisela Helwig, »Frau und Familie in beiden deutschen Staaten«, Verlag Wissenschaft und Politik, Köln 1982, S. 55)

- Die **staatliche Frauen- und Familienpolitik** war einseitig auf die arbeitsmarkt- oder bevölkerungspolitischen Ziele ausgerichtet. So wurde den Frauen erst 1972, auch unter dem Eindruck der breiten Bewegung zur Abschaffung des § 218 in Westdeutschland, das Recht auf Abtreibung im Rahmen einer Fristenlösung gewährt!

Ob sie es wollte oder nicht: Die SED-Führung nährte schon während der Phase des sozialistischen Aufbaus der DDR objektiv das Vordringen der kleinbürgerlichen Denkweise, indem sie auf die systematische Verwirklichung der marxistisch-leninistischen Grundsätze zur Befreiung der Frau verzichtete und stattdessen einseitig kleinbürgerliche Familienverhältnisse förderte. Die sozialistische DDR konnte das Problem der Befreiung der Frau nicht lösen, weil sie das **Problem der Denkweise nicht erkannt und gelöst** hat. Im Gegenteil hat sie mit ihrer einseitigen Familienpolitik selbst dazu beigetragen, dass es zu einem schleichenden Prozess der Entartung der kleinbürgerlichen Bürokratie kam, der 1956 zur Machtübernahme einer neuen Bourgeoisie führte und die Restauration des Kapitalismus in der DDR einleitete.

3. Revisionistische Verzerrungen des Marxismus-Leninismus in der Frauenfrage

Die revisionistische Entartung revolutionärer Parteien ging stets mit der Revision revolutionärer Positionen in der Frage der Befreiung der Frau einher. Diese Erfahrung machte die internationale Arbeiter- und Frauenbewegung erstmals im Übergang vom 19. zum 20. Jahrhundert. Der Imperialismus eröffnete dem Kapitalismus Möglichkeiten der Bestechung einer Arbeiteraristokratie. Diese hatte eine wesentliche materielle Basis und Perspektive in kleinbürgerlichen Lebensverhältnissen. Sie gaben dem Traum vom Aufstieg in die Bourgeoisie Nahrung und waren ein wesentlicher Faktor, dass Führer der Arbeiterbewegung und der Sozialdemokratie ihren Frieden mit dem kapitalistischen System machten.

Nach langwierigen Auseinandersetzungen hatten sich die marxistischen Positionen Ende des 19. Jahrhunderts in der deutschen Sozialdemokratie durchgesetzt. Nach 1905 wurde die revolutionäre Programmatik von dem sozialdemokratischen

Reichstagsabgeordneten Edmund Fischer offen angegriffen. In dem Grundsatzartikel »Die Frauenfrage« schrieb er:

>*»Der alte Emanzipationsstandpunkt, der immer noch in vielen Köpfen spukt, lässt sich meiner Ansicht nach heute nicht mehr aufrechterhalten ... Bleibt die Pflege des Kindes aber der Mutter überlassen, was das einzige natürliche und daher **unabänderliche** ist, so ist die **allgemeine** Berufstätigkeit, die wirtschaftliche Emanzipation der Frau vom Manne **für alle Zeit** ein Unding ... Und auch Sozialisten und ›emanzipierte‹ Sozialistinnen geben von dem natürlichen, menschlichen Drange und Bedürfnis Beispiele ab: ein ungeniertes, ungestörtes ›Nestchen‹, mit seinen Lieben, Gatten und Kindern, zu bewohnen, allen Wirtschaftsgenossenschaften, Dampfküchen und Kinderpflegeanstalten zum Trotze ganz ›spiessbürgerlich, philisterhaft, kleinbürgerlich‹ zu leben: ›Mann und Weib, umringt von Kindern‹ ...«* (Edmund Fischer, »Die Frauenfrage«, in: »Sozialistische Monatshefte«, Jahrgang 1905, Bd. I, S. 259, 264, 265)

Das war nicht nur die Rechtfertigung eines Kleinbürgers für sein Streben nach einer bürgerlichen Lebensweise, sondern auch eine willkommene Theorie für den deutschen Imperialismus, der seit der Jahrhundertwende eine veränderte Familienpolitik betrieb. Mit ihr sollten die politischen Verhältnisse stabilisiert werden, indem zumindest die krassesten Auswüchse der Familienlosigkeit der Proletarier beseitigt wurden.

Die Änderung des Vereinsgesetzes, das bis 1908 ein Verbot weiblicher Mitgliedschaft enthielt, ermöglichte es Frauen, sich in der SPD zu organisieren. Das wurde vom Parteivorstand zum willkommenen Anlass genommen, die besonderen Frauengremien, die fast durchweg mit revolutionären Frauen besetzt waren, anzugreifen und ihre Organe und Publikationen in Frage zu stellen. Die Integration der Frauen in die SPD sollte die revolutionäre Frauenpolitik gleich mit erledigen.

Die **Diskriminierung der Frauen** und **die Diffamierung der revolutionären Politik und ihrer Repräsentantinnen** wurden zur Methode des ideologischen Kampfs der Revisionisten. Die proletarische Frauenzeitschrift »Gleichheit«, die in diesen Jahren immerhin ihre höchste Auflage von 112 000 erreichte, wurde des *»für die Massen unattraktiven Sektierertums«* bezichtigt. Besonders unrühmlich tat sich dabei der Revisionist Ignaz Auer hervor. Er bezeichnete Clara Zetkin und ihre Genossinnen demagogisch als stets *»überlastet«* und *»griesgrämig«* und polemisierte gegen deren *»nervöse Erregung«*, die *»ja leider zu erklärlich* (sei), *wenn man bedenkt, daß trotz Jahre langer aufreibender Thätigkeit ihre Erfolge nur minimal sind«.* Nach einer Rede Clara Zetkins gegen den Revisionismus des Parteivorstands erklärte er unter dem hämischen Gelächter seiner Gesinnungsfreunde:

»... als ich die Genossin Zetkin gestern ihre Angriffe so herunter schmettern hörte, da habe ich mir doch gesagt: und das ist das unterdrückte Geschlecht! Was soll da erst einmal werden, wenn das frei und gleichberechtigt ist!« (»Protokolle über die Verhandlungen der Parteitage der Sozialdemokratischen Partei Deutschlands« von 1900, S. 138 und 185, und von 1898, S. 112)

Symptomatisch für die Methoden der Revisionisten war der Versuch, den Internationalen Frauentag, der 1912 so erfolgreich ausgehend von Deutschland gestartet worden war, bereits für das Jahr 1914 wieder abzusetzen. Ein Ausschuss des Parteivorstands hatte dies damit zu begründen versucht, dass der Frauentag langsam langweilig werde, *»... weil man dieselbe Tagesordnung immer wieder auf jedem Frauentag behandle«.* (»Protokoll über die Verhandlungen des Parteitages

der Sozialdemokratischen Partei Deutschlands von 1913«,
S. 380)

Der wahre Grund für die Ablehnung des Internationalen
Frauentags durch den Vorstand war der Verrat der deutschen
Sozialdemokratie an der Arbeiterklasse, der von der revolutionären Frauenbewegung grundsätzlich abgelehnt wurde. Die
SPD-Führung stimmte 1914 den Kriegskrediten zu und rief
das deutsche Proletariat zur Verteidigung des imperialistischen »*Vaterlands*« auf. Wie abgrundtief die Sozialdemokratie
gesunken war, zeigt der Rechenschaftsbericht des gleichen Vorstands an den Parteitag 1917, in dem unter dem Stichwort
»Frauenbewegung« zu lesen war:

»Während des Krieges äußerte sich das Leben in der Frauen-
bewegung in merklich anderen Formen als unter normalen Ver-
hältnissen. Der Trieb der Frau, Hilfe zu leisten und Not zu lin-
dern, kam in schönster Weise zum Durchbruch.« (»Bericht des
Parteivorstands«, in: »Protokoll über die Verhandlungen des
Parteitages der Sozialdemokratischen Partei Deutschlands von
1917«, S. 11)

Danach muss der imperialistische Krieg geradezu als ein Ge-
schenk beurteilt werden, das der Frauenbewegung half, neue
soziale Züge zu entwickeln. Doch in Wirklichkeit verpassten
drei Viertel der Mitglieder der SPD ihrer Partei die Quittung
für den unglaublichen Verrat, indem sie austraten. Hatte die
SPD im März 1914 noch 1,08 Millionen Mitglieder gezählt, davon 174 754 weibliche, waren es im März 1917 noch 243 061
Mitglieder, davon 66 608 weibliche. (ebenda, S. 10)

Enttäuschte Hoffnungen auf die Befreiung der Frau in der DDR

1960 behauptete das ZK der SED selbstherrlich, dass Gleichberechtigung und Befreiung der Frau in der DDR Wirklichkeit

geworden seien. In den Thesen zum Internationalen Frauentag erklärte das ZK, dass*»... in der DDR ... der Weg des Sozialismus beschritten und damit die endgültige Befreiung der Frau von Ausbeutung und Rechtlosigkeit vollzogen* (wurde). *Die Gleichberechtigung der Frau ist eine der größten Errungenschaften unserer Republik ... Damit haben die deutschen Frauen zum ersten Mal ihr wahres Vaterland gefunden.«* (»Die DDR-Frau zwischen Mythos und Realität«, Hrsg. Frauen- und Gleichstellungsbeauftragte der Landesregierung Mecklenburg-Vorpommern, Schwerin 1997, S. 114)

Dieser Mythos von der befreiten Frau in der DDR wird heute noch von der DKP oder von Teilen der PDS lebendig gehalten. Prof. Herta Kuhrig, die lange Jahre an der Akademie der Wissenschaften der DDR tätig war, gab 1994 auf dem Kongress des überparteilichen Frauenverbands Courage *»Frauen verbinden Welten – Frauen kämpfen international«* eine eindrückliche Beschreibung ihrer Sicht der Entwicklung der Frauenfrage in der DDR:

»Ich meine, daß es nach 1945 wirklich ernsthaft so aussah, daß eine befreite Gesellschaft im Entstehen ist und daß sich in dieser befreiten Gesellschaft auch die Befreiung der Frau vollziehen kann. Es fing sehr hoffnungsvoll und verheißungsvoll an und setzte sich nicht so fort. Was in der DDR zunächst getan wurde, war die verfassungsrechtliche Gleichstellung der Frau – mit einer wesentlich stärkeren Radikalität als zum Beispiel in der BRD ... Entsprechend der Rolle der Berufstätigkeit, die in den Auffassungen von Marx, Engels, Zetkin und Bebel für die Befreiung der Frau erkannt wurden, war ein Schwerpunkt der Frauenpolitik, der Frau die Möglichkeit auf Ausübung eines Berufes zu geben ... Es wurden zahlreiche Anstrengungen für die berufliche Qualifizierung der Frauen unternommen ... Ich sage das alles mit äußerstem Schmerz, weil es mit dieser Energie nicht weiter ging ...

*Der Umschwung, der zur Stagnation führte, kam meines Er-
achtens mit dem Einschwenken der Politik auf die sogenannte
›Einheit von Wirtschafts- und Sozialpolitik‹ … Der Übergang
in den 70er Jahren bedeutete den* **Übergang von einer
Frauenpolitik, die auf Frauenbefreiung ausgerichtet war
zu einer Bevölkerungspolitik, in der alle Maßnahmen für
die Vereinbarkeit von Familie und Beruf nur an die
Adresse der Frau gerichtet wurden** *… Nicht mehr die ›Frau‹
sondern die ›Mutter‹ wurde zum Mittelpunkt der Frauenpolitik.«* (Rede von Prof. Herta Kuhrig zum Thema »Befreite Gesellschaft – Befreite Frau?!«, in: »Frauen im Aufbruch«, edition
ebersbach 1994, S. 131–133 – Hervorhebung Red. RW)

Diese nüchterne Betrachtung der DDR kommt der Wirklichkeit des *»realen Sozialismus«* in der DDR erheblich näher,
auch wenn sie keinen marxistisch-leninistischen Maßstab an-
legt. In der Broschürenreihe »DDR aktuell« der MLPD wird
nachgewiesen, dass nach 1956 auch in der DDR der Sozialismus zerstört und der Kapitalismus restauriert wurde:

*»Ausgehend von dem 1956 stattgefundenen 20. Parteitag der
KPdSU erfolgte auch in der DDR die Umwandlung einer schon
vorher kleinbürgerlich entarteten Bürokratie in eine neue bürgerliche Klasse, welche die kollektive Verfügungsgewalt über
die wichtigsten Produktionsmittel, Banken, Handelsorganisa-
tionen und Verkehrsmittel besaß.«* (»Wie der Sozialismus verraten wurde«, DDR aktuell 2, Essen 1990, S. 7)

Tatsächlich brach der Prozess der Befreiung der Frau nicht
erst in den 70er Jahren ab. Er war bereits zuvor durch die zunehmende Verdrängung der ideologisch-politischen Grundlagen des Marxismus-Leninismus in dieser Frage untergraben
worden. Doch seit der Restauration des Kapitalismus 1956 war
die Propaganda von der *»befreiten Frau in der DDR«* nie mehr
als eine Lebenslüge zur Aufrechterhaltung und Festigung

der revisionistischen Massenbasis der SED unter den Frauen. Diese Lebenslüge ist aus drei Gründen nicht einfach zu durchschauen:

Erstens, weil während der ganzen Zeit der DDR die Errungenschaften aus den sozialistischen Anfängen und der Anspruch der Frauen auf Verwirklichung der vollen Gleichberechtigung stets beibehalten und propagiert wurden. Auch die Anstrengungen und der Einsatz der Frauen wurden in vielfältiger Weise gesellschaftlich hervorgehoben und gewürdigt. Die Gleichberechtigung war im Vergleich zu Westdeutschland in erheblich höherem Maß verwirklicht.

Zweitens, weil die Frauenpolitik bzw. Familienpolitik in der DDR zu einem wesentlichen Instrument der Krisenbewältigung wurde. Dem dienten insbesondere die sozial- und bildungspolitischen Reformen für Frauen.

Drittens setzte das revisionistische Frauen- und Familienbild an einer schleichenden Revision der revolutionären Positionen von Marx, Engels und Lenin zur Befreiung der Frau an, die in der internationalen kommunistischen Bewegung bereits in den 30er Jahren begonnen hatte.

Die neue Bourgeoisie, die herrschende Klasse in der DDR, befand sich in einer ganz besonderen Zwickmühle: Einerseits benötigte sie besonders dringend **Frauen als Arbeitskräfte**, da in der DDR ein chronischer Arbeitskräftemangel herrschte. Andererseits stellte dieser Grad der Erwerbstätigkeit die **Familienordnung der DDR** in Frage. Diese war aber für das Funktionieren des bürokratischen Kapitalismus in der DDR unabdingbar.

Der besondere Arbeitskräftebedarf ergab sich in den ersten Jahren der DDR vor allem aus den Erfordernissen des Wiederaufbaus und der Ende der 50er, Anfang der 60er Jahre an-

Tabelle 13:
Entwicklung der weiblichen Bevölkerung im arbeitsfähigen Alter und der Erwerbstätigkeit von Frauen in der DDR

Jahr	weibliche Bevölkerung im arbeitsfähigen Alter (in 1000)	Weibliche Erwerbstätige, ohne Lehrlinge und Studierende (in 1000)	Anteil der weiblichen Erwerbstätigen an der weiblichen Bevölkerung (in Prozent)
1955	6 182	3 244	52,5
1970	5 011	3 312	66,1
1980	5 257	3 848	73,2
1989	5 074	3 962	78,1[1]

[1] Bezieht man die Lehrlinge und Studierenden mit ein, so betrug der Beschäftigungsgrad der Frauen 1989 91,2 Prozent.

Quelle: »Frauenreport '90«, Verlag Die Wirtschaft Berlin Gmbh, S. 63

steigenden Fluchtbewegung, als immer mehr DDR-Bürger in den Westen gingen. Auf diesem Hintergrund wurde die Erwerbstätigkeit von Frauen in einem weltweit einzigartigen Prozess von zirka 45 Prozent 1949 auf 91 Prozent 1989 angehoben.

Ende der 60er Jahre, am Ende der Ulbricht-Ära, geriet die DDR mit Planrückständen und wachsendem Außenhandelsdefizit, mit ihrer Verschuldung bei der Sowjetunion und immer größeren technologischen Rückständen gegenüber der westlichen kapitalistischen Welt zusätzlich in Zugzwang. Die Antwort darauf war unter anderem eine **Offensive zur beruflichen Qualifizierung von Frauen**. 1950 verfügten nur 5 % der Frauen über eine abgeschlossene Berufsausbildung. 1975 waren es schon über 60 % und 1986 stieg die Zahl der beruflich qualifizierten Frauen sogar auf 81,5 %. (Uta Röth, »Die klassenlose Gretchenfrage«, in: Schwarz/Zenner, »Wir wollen mehr als ein ›Vaterland‹«, Rowohlt Taschenbuch Verlag, Hamburg 1990, S. 134)

Damit standen die Frauen in der DDR nicht nur weltweit an der Spitze der Erwerbsquote, sondern auch der beruflichen Qualifizierung. Beides war zwar eine materielle Basis für das **Selbstbewusstsein** und das hohe Maß **wirtschaftlicher Selbständigkeit** der Frauen in der DDR. Doch stand dem real eine ausgeprägte, sich im Lauf der Zeit verschärfende **gesellschaftliche Ungleichheit von Mann und Frau** gegenüber. Sie äußerte sich vor allem durch

- ein **erheblich niedrigeres Lohnniveau** der weiblichen gegenüber den männlichen Arbeitern,

- die **Verdrängung von Frauen aus industriellen und hochqualifizierten technischen Arbeitsplätzen,**

- den nahezu **vollständigen Ausschluss aus den entscheidenden Führungspositionen** in SED, Staat und Betrieben sowie

- die weitgehende **Zuweisung der Hausarbeit an Frauen.**

Während 62,5 % der Frauen 1988 einen Lohn bis zu 1 000 Mark bekamen, verdienten nur 30,9 % der Männer unter 1 000 Mark.

Tabelle 14:
Nettolöhne in der DDR (in Mark)

Jahr	1980	1985	1989
Vollbeschäftigte Männer	819 M	927 M	1 009 M
Vollbeschäftigte Frauen	585 M	694 M	762 M
Index Frauenlöhne (Männerlöhne = 100)	71,4	74,9	75,5

Quelle: »Die DDR-Frau zwischen Mythos und Realität«, Schwerin 1997, S. 28

Wesentliche Ursache dieser **gravierenden Lohnunterschiede** war die im Lauf der Jahre **veränderte Berufs-
struktur** in der DDR, die zunehmende Abdrängung der Frauen
in den Sozial- und Dienstleistungsbereich und ihre immer stär-
kere Orientierung auf typische »frauenspezifische Berufe«.
Dr. Hildegard Maria Nickel, Familiensoziologin an der Humboldt Universität Berlin, stellte fest:

*»Spätestens seit Ende der sechziger Jahre bildete sich in der
DDR eine nach Geschlecht polarisierte Wirtschafts- und Be-
rufsstruktur aus: überproportional war der Frauenanteil im
Sozialwesen (91,8 Prozent), im Gesundheitswesen (83,1 Prozent), im Bildungswesen (77 Prozent), im Handel (72 Prozent)
und im Post- und Fernmeldewesen (68,9 Prozent); unter-
repräsentiert waren Frauen in der Industrie, im Handwerk, in
der Bauwirtschaft, in der Land- und Forstwirtschaft und im
Verkehrswesen.«* (Hildegard Maria Nickel, »Ein perfektes Drehbuch«, in: Schwarz/Zenner, »Wir wollen mehr als ein ›Vaterland‹«, Rowohlt Taschenbuch Verlag, Hamburg 1990, S. 75/76)

In den **entscheidenden** politischen und wirtschaftlichen
**Führungsgremien der DDR waren Frauen völlig unter-
repräsentiert.** Auf mittlerer und unterer Führungsebene gab
es zahlreiche Frauen – 1987 waren zum Beispiel in Kreistagen
und Stadtverordnetenversammlungen 42,6 % Frauen. In den
entscheidenden Organen des Staats waren jedoch kaum Frauen
vertreten. Das bewies der Frauenanteil von 2,2 % im Mini-
sterrat und von 6,7 % bei den Leitern der Bezirksverwaltun-
gen. Und das nach fast 40 Jahren des »realen Sozialismus«, wo
angeblich die Frau vollständig befreit war und es diesen Zustand eigentlich nicht mehr geben durfte.

Am krassesten war die Situation in der SED selbst. Ihr
Frauenanteil betrug zwischen 30 und 40 %. Bei den Leitungs-
mitgliedern der Grundorganisationen der Partei waren die

Frauen 1987 mit 31,8 % vertreten, in den Sekretariaten der Kreisleitungen mit 14,4 % und bei den ersten Sekretären der Kreisleitungen mit 5,7 %. Dem Politbüro der SED gehörte keine einzige Frau als Vollmitglied an; als Kandidatin wurde von 1963 bis 1989 Margarete Müller zugezogen. Ebenso gab es keine einzige erste Sekretärin der SED-Bezirksleitungen. (»Die DDR-Frau zwischen Mythos und Realität«, Hrsg. Frauen- und Gleichstellungsbeauftragte der Landesregierung Mecklenburg-Vorpommern, Schwerin 1997, S. 41/42)

Als Merkmal der gesellschaftlichen Ungleichheit von Mann und Frau blieb über die ganzen Jahre hinweg die **traditionelle Rollenverteilung zwischen Männern und Frauen in der Hausarbeit** bestehen. 1965 wurden von Frauen wöchentlich 37,7 Stunden (79,4 %), von Männern 5,5 Stunden (11,6 %) Hausarbeit geleistet. Umfang und Aufteilung veränderten sich auch in den folgenden Jahren kaum. Gisela Helwig, die 1982 die umfassendste Vergleichsstudie zur Lage der Frauen in DDR und BRD herausgab, stellte fest:

»Trotz günstiger Planabrechnung ... nahm die Hausarbeit 1970 durchschnittlich nicht einmal eine halbe Stunde weniger in Anspruch als 1965: 47,1 statt 47,5 Stunden. Davon entfielen auf die Frauen 37,1 (78,7 Prozent), auf die Männer 6,1 (13,0 Prozent), auf ›sonstige Personen‹ 3,9 (8,3 Prozent) Stunden.« (Gisela Helwig, »Frau und Familie in beiden deutschen Staaten«, Verlag Wissenschaft und Politik, Köln 1982, S. 99)

Die sozialistische Befreiung von der »Haussklaverei« reduziert sich natürlich nicht auf ihre gerechte Aufteilung zwischen Männern und Frauen. Dennoch bringt das Verhältnis zur Hausarbeit ein wichtiges Ergebnis der sozialistischen Erziehungsarbeit unter Männern und Frauen zum Ausdruck.

Die reale gesellschaftliche Ungleichheit von Mann und Frau in der DDR wurde gerechtfertigt durch ein **revisionistisches Frauen- und Familienbild**. Bereits Anfang der 60er Jahre hatte die SED-Führung eine intensive Propaganda für ein Frauen- und Familienideal dieser Art entwickelt:

»Ein tätiges Dasein mit sinnvoller, befriedigender Arbeit, Seite an Seite mit dem Mann; ein schönes, harmonisches Familienleben, in dem die Kinder in einer sittlich sauberen Atmosphäre bei Spiel und Lernen zu tüchtigen, fröhlichen Menschen heranwachsen können; wachsender Wohlstand und Anteilnahme an den materiellen, geistigen und kulturellen Gütern unseres Volkes – diese Perspektiven des sozialistischen Aufstiegs unserer Republik stehen uneingeschränkt auch allen Mädchen und Frauen offen.« (»Grußadresse des Zentralkomitees an die Frauen der DDR«, 8. März 1960; in: »Dokumente der SED«, Bd. VIII, Berlin 1962, S. 25/26)

Die »sozialistische Frau« sollte nicht nur voll erwerbstätig sein, gesellschaftliche Initiative und Aktivität erbringen, sondern auch verantwortlich sein für ein harmonisches Familienleben und die private Haushaltsführung. Obwohl die SED den bürokratischen Kapitalismus zu diesem Zeitpunkt bereits zur *»entwickelten sozialistischen Gesellschaft«* erklärt hatte, wurde entsprechend dem VIII. Parteitag der SED 1974 ausdrücklich erklärt:

»Das Komplizierte besteht vor allem darin, daß im Verlaufe der Verwirklichung dieser Zielstellung keine Einschränkung der spezifischen Aufgabe der Frau, die sie als Mutter für die Reproduktion des unmittelbaren Lebens zu verwirklichen hat, eintreten darf.« (Inge Lange, »Aktuelle Probleme der Arbeit mit den Frauen bei der weiteren Verwirklichung der Beschlüsse des VIII. Parteitags der SED«, Vortrag vom 24. Juni 1974, in: »Dokumente der revolutionären deutschen Arbeiterbewegung zur Frauenfrage 1848–1974«, Verlag für die Frau, Leipzig 1975, S. 295/296)

Statt **Beendigung der »Haussklaverei«**, wie Lenin es als unabdingbar für die Befreiung der Frau gefordert hatte, wurde stets nur von »*Entlastung der Frau bei ihren* (!) *vielfältigen Pflichten*« gesprochen oder, wie es Walter Ulbricht bereits 1958 programmatisch formulierte:

»*... nur der Aufbau des Sozialismus wird es ermöglichen, die doppelte Last der Frauen zu vermindern.*« (»Protokoll des V. Parteitages der SED«, S. 214 – Hervorhebung Red. RW)

Festgeschrieben wurde ein solches Frauenbild im Programm der SED, das auf dem VI. Parteitag 1963 beschlossen wurde und den Satz enthielt:

»*Die zusätzliche Belastung der werktätigen Frau wird schrittweise verringert. Der Anspruch der Frau auf schöpferische Arbeit und auf Teilnahme am gesellschaftlichen Leben wird immer besser mit ihrer Stellung als Hausfrau und Mutter in Einklang gebracht.*« (»Programm der SED«, in: »Revolutionäre deutsche Parteiprogramme«, Berlin 1967, S. 290)

Dieses Frauen- und Familienbild war eine revisionistische Verzerrung dessen, was Marx, Engels und Lenin über die Befreiung der Frau im Sozialismus herausgearbeitet hatten. Während der Marxismus-Leninismus von der Überwindung der Einzelfamilie als Wirtschaftseinheit ausgeht und die Befreiung der Frauen von der privaten Hausarbeit fordert, wurde in der DDR, je mehr die Versorgungsengpässe zunahmen, die private Hausarbeit vielfach zu einer »zweiten Schicht«. Diese blieb vorwiegend den Frauen übertragen. Dazu schrieb Dr. Jutta Gysi, Leiterin der Forschungsgruppe Familie an der Akademie der Wissenschaften in Berlin:

»*Bedingt durch Versorgungsengpässe, durch die Diskrepanz zwischen Kaufkraft und Warendecke, Dienstleistungsnachfrage und -angebot war der Zeitaufwand für Einkäufe und Besorgungen – in der DDR mit dem Wort ›Lauferein‹ bedacht – beachtlich gewachsen. Arbeiten wie beispielsweise Reparaturen in der Wohnung, Konservierung von Obst und Gemüse und die*

Anfertigung von Bekleidung hatten sich in die Familie zurück-
verlagert und blockierten immer größere Teile des zur tagtäg-
lichen Reproduktion des Menschen erforderlichen Freizeitfonds.
Dadurch wurden die Familienmitglieder mit zusätzlichem Streß
belastet, und so manche Familie trug eher den Charakter einer
Funktions- denn einer Beziehungsgemeinschaft.« (Jutta Gysi,
»Frauen in Partnerschaft und Familie«, in: Schwarz/Zenner,
»Wir wollen mehr als ein ›Vaterland‹«, Rowohlt Taschenbuch
Verlag, Hamburg 1990, S. 113/114)

Auch die verbesserte Ausstattung mit Haushaltsgeräten
führte nicht zu einer wesentlichen Verkürzung der unbezahlten Hausarbeit. Nach einer Studie der *»Marktforschung«* entsprach der Gesamtumfang der unbezahlten Hausarbeit einer
jährlichen Leistung von sechs Millionen Vollarbeitskräften,
das heißt drei Viertel der gesamten bezahlten Erwerbsarbeit
der DDR. Dr. Hildegard Maria Nickel, seit Mitte der 80er Jahre Hochschullehrerin an der Humboldt Universität Berlin, fasste ihre Untersuchungen zusammen:

»Trotz der fortschreitenden Technisierung der Haushalte und
des Ausbaus gesellschaftlicher Dienstleistungen ist der Auf-
wand für Hausarbeit in den letzten 25 Jahren ziemlich kon-
stant geblieben. Er liegt bei ca. 40 Stunden pro Woche, bezogen
auf eine Durchschnittsfamilie. Eine zweite Schicht. Das Di-
lemma wurde und wird auf traditionelle Weise gelöst: Drei Vier-
tel der Hausarbeit werden von meist vollberufstätigen, d. h. 40
bis 43¾ Stunden pro Woche außer Haus beschäftigten Müttern
erledigt.« (»Ein perfektes Drehbuch«, ebenda, S. 77/78)

Natürlich herrschte in der DDR nicht mehr die alte Form
der »Haussklaverei«, dafür sorgten vor allem die Kinder-
betreuungseinrichtungen und das Schulsystem. Aber das sagt
noch nichts über den Klassencharakter der Gesellschaft und
die Zielsetzung solcher Einrichtungen aus. Dazu erklärte Mao
Tsetung:

»Was die Kinderkrippen, Kindergärten und Arbeiterkantinen in den Fabriken betrifft, so gab es auch diese zuerst in der kapitalistischen Gesellschaft. Aber dort sind alle diese von der Bourgeoisie geschaffenen Einrichtungen ihrer Natur nach kapitalistisch und zielen darauf ab, die Ausbeutung der männlichen und weiblichen Werktätigen durch die Kapitalisten zu erleichtern.« (»Beschluß des Zentralkomitees der Kommunistischen Partei Chinas über einige Fragen der Volkskommunen«, Mao Zedong, Texte, Bd. 3, Carl Hanser Verlag, München 1982, S. 300)

Zwar gab es in der DDR immer öffentliche Möglichkeiten wie Waschanstalten, Kantinen usw., die auch genutzt wurden. Dennoch verlagerte sich der Schwerpunkt weg von deren Ausbau und der systematischen Verbesserung ihrer Qualität hin zur Ausstattung der Kleinhaushalte mit entsprechenden Geräten. Noch 1953 wurden 9 299 Tonnen Haushaltswäsche in Dienstleistungseinrichtungen gewaschen und die »Heinzelmännchen-Brigaden« aufgebaut. Doch seit dem zweiten Fünfjahresplan 1956 wurde der Schwerpunkt auf die individuelle Ausstattung der Einzelhaushalte gelegt. So hieß es in der Direktive der SED vom 30. März 1956:

»Um die Arbeit der werktätigen Frauen zu erleichtern, sind modernste und billige Haushaltsgeräte für Küchenarbeiten, Wohnungspflege und Wäschereinigung zu schaffen ... Von entscheidender Bedeutung ist besonders eine große Erhöhung des Angebotes von Massenbedarfsartikeln, insbesondere solcher, die die Hausarbeit unserer werktätigen Frauen erleichtern.« (in: »Dokumente der revolutionären deutschen Arbeiterbewegung zur Frauenfrage 1848–1974«, Verlag für die Frau, Leipzig 1975, S. 204/205)

Damit war zum einen deutlich festgeschrieben, dass die Hausarbeit Sache der Frauen ist, zum anderen wurde auch die Richtung des **Ausbaus der privaten Haushaltung** eingeschlagen. Entscheidend im Sozialismus ist jedoch, ob die Aufgaben des individuellen Kleinhaushalts zunehmend kollektiv, rationell und mit bester Qualität wahrgenommen werden. Das ist die zentrale Frage bei der Überwindung der Familie als Wirtschaftseinheit. Die DDR hat den entgegengesetzten Kurs eingeschlagen.

1970 kam es zu einer **offenen politischen Krise in der DDR.** Die gesellschaftlichen Widersprüche verschärften sich, denn unter den Arbeitern und anderen Werktätigen wuchs die Unzufriedenheit über steigende Preise und Mieten, über Versorgungsmängel und die Tatsache, dass trotz Überstunden und Sonderschichten an Wochenenden wichtige Teile des Plans nicht erfüllt werden konnten. Das führte 1971 zum Rücktritt Walter Ulbrichts und zu seiner Ersetzung durch Erich Honecker.

Im Rahmen ihrer Sozialpolitik zur Dämpfung dieser Widersprüche entwickelte die DDR-Führung eine »Frauenpolitik«, die sich fast vollständig auf **Familienpolitik bzw. Bevölkerungspolitik** reduzierte. Sie zielte auf die Stabilisierung der Familienordnung und wurde ironisch von vielen als »*Muttipolitik*« bezeichnet: Gewährung von Mutterschutzfristen mit zunehmender Dauer bei steigender Kinderzahl, bezahlter Urlaub für die Versorgung kranker Kinder, Kredite bei Eheschließungen – diese konnten »*abgekindert*« werden, das heißt die Rückzahlung verringerte sich, wenn in einer bestimmten Frist eine bestimmte Zahl von Kindern geboren wurde. Für vollbeschäftigte Mütter und verheiratete Frauen wurde ein bezahlter »*Hausarbeitstag*« eingeführt, wenn Kinder unter 18 Jahren oder pflegebedürftige Familienangehörige zum Haushalt gehörten. Außerdem gab es Arbeitszeitverkürzung auf 40 Stunden in der Woche für vollbeschäftigte Mütter, zu deren Haushalt zwei Kinder bis 16 Jahre gehörten, und der flächendeckende Ausbau von Kinderkrippen und Kindertagesstätten wurde beschleunigt.

Außerdem wurde seit Mitte der 70er Jahre ein umfangreiches Wohnungsbauprogramm angekurbelt. Diese Wohnungen waren heiß ersehnt – in ihrer Qualität und Anlage führten sie jedoch oft dazu, die Familien zu vereinzeln und voneinander zu isolieren. Die massenhaft seit den 70er Jahren errichteten Plattenbausiedlungen förderten regelrecht die Vereinzelung und den Rückzug in die »eigenen vier Wände«.

In dem Maß, wie die Familie als Wirtschaftseinheit stabilisiert wird, wirkt sie auch als **Quelle der kleinbürgerlichen Denkweise.** Die privaten Lebensverhältnisse, die Familie wurden umso wichtiger im Denken, Fühlen und Handeln der Massen, je mehr mit der Entwicklung des bürokratischen Kapitalismus die innere Distanz zum gesellschaftlichen System der DDR wuchs. So verschlechterten sich, laut Dr. Jutta Gysi, die

»... Erwartungen an das Arbeitsleben (z. B. gesellschaftlich nützliche Arbeit leisten ...). Das Engagement für berufliche Belange nahm allgemein ab ... Die Kommandowirtschaft ließ für eigene Leistung, Kreativität und das Gefühl, von der Gemeinschaft gebraucht zu werden, immer weniger Raum. So hatte eine allmähliche Werteverschiebung zugunsten der Familie ... stattgefunden ... Das Ergebnis war ein ausgesprochen familienzentriertes Verhalten großer Teile der Bevölkerung, ein Rückzug aus dem öffentlichen Leben, eine familiale Abkapselung und Verhäuslichung der Lebensweisen. Der Volksmund faßte diesen Prozeß bündig zusammen: ›Privat geht vor Katastrophe‹.« (Jutta Gysi/Dagmar Meyer, »Leitbild: berufstätige Mutter – DDR-Frauen in Familie, Partnerschaft und Ehe«, in: »Frauen in Deutschland 1945–1992«, Hrsg. Bundeszentrale für politische Bildung, Bonn 1993, S. 162/163)

Der unlösbare Widerspruch zwischen Einbeziehung der Frauen in die Erwerbstätigkeit und Ausbau der Familie als

Wirtschaftseinheit führte unweigerlich zu einer **chronischen Krise der Familienordnung der DDR**, die Mitte der 70er Jahre offen ausbrach. Die Zahl der Neugeborenen ging massiv zurück, die Sterberate lag in den 70er Jahren deutlich höher als die Geburtenrate. Anstatt den Ursachen dafür auf den Grund zu gehen, wurden die Frauen kritisiert. So schrieb die Ost-Berliner Familienrechtlerin Anita Grandke 1972:

»Der dauernde Verzicht auf Kinder, auch die gewollte Beschränkung auf ein Kind ist moralisch in der Regel nicht gerechtfertigt und allzu oft Ausdruck einer kleinbürgerlichen Haltung.« (in: Gisela Helwig, »Frau und Familie in beiden Deutschen Staaten«, Köln 1982, S. 71)

Tabelle 15:
**Entwicklung der Geburten und Sterbefälle
in der DDR 1950–1989**

Jahr	Geborene	Gestorbene	Differenz
1950	303 866	219 582	84 284
1955	293 280	214 066	79 214
1960	292 985	233 759	59 226
1965	281 058	230 254	50 804
1970	236 929	240 821	−3 892[1]
1975	181 798	240 389	−58 591[1]
1980	245 132	238 254	6 878
1985	227 648	225 353	2 295
1988	215 734	213 111	2 623
1989	198 922	205 711	−6 789[1]

[1] Überschuss Gestorbene

Quelle: »Statistisches Jahrbuch der DDR 1990«, Hrsg. Statistisches Amt der DDR, S. 403

Der Geburtenrückgang kennzeichnet die Unfähigkeit des bürokratischen Kapitalismus in der DDR, sich selbst zu reproduzieren, geschweige denn die grundlegenden Lebensbedürfnisse der Massen zu befriedigen. Diese Situation bildete sich Anfang der 70er Jahre heraus. Der Geburtenrückgang fiel ebenso wie in der BRD zusammen mit der aufkommenden massenhaften Verbreitung von Verhütungsmitteln, insbesondere der »Antibabypille«. Darin lag jedoch nicht seine Hauptursache. Das zeigen die vorübergehenden Erfolge der »*Muttipolitik*« bei weiter wachsender Verbreitung der Verhütungsmittel. Auch sie erreichte jedoch nur, dass die Geburtenrate 1980 in der DDR wieder den Stand von 1968 erreichte. Insbesondere bildeten sich jedoch gleichzeitig mit dem Geburtenrückgang alle Hauptmerkmale der Krise der bürgerlichen Familienordnung heraus:

- Die Zahl der **Ehescheidungen** verdoppelte sich fast von 25 540 im Jahr 1960 auf 50 063 im Jahr 1989 – das war im Weltmaßstab Rang fünf bei den Scheidungsraten!

- Die Zahl der **Eheschließungen** ging zurück: Allein zwischen 1977 und 1982 von 142 000 auf 125 000. Von 1981 bis 1988 stieg die Zahl der **Einpersonenhaushalte** von 1,73 Millionen auf 2 Millionen.

- Die Zahl der **unverheirateten Mütter** mit minderjährigen Kindern stieg auf 340 000 Ende 1989. 1985 wurden 33,8 Prozent aller **Kinder außerehelich** geboren.

- Von 1989 an war die **Sterberate erneut höher als die Geburtenrate**. In Verbindung mit der Flüchtlingsbewegung kurz vor dem Fall der Mauer und der Wiedervereinigung Deutschlands ging die Bevölkerung auf den absoluten Tiefstand von 16 614 294 zurück. (Helwig/Nickel, »Frauen in Deutschland 1945–1992«, Bonn 1993, S. 145; »Frauenreport 90«, S. 101; »Die DDR Frau zwischen Mythos und Realität«, S. 39)

Der erneute offene Ausbruch der **chronischen Krise der bürgerlichen Familienordnung in der DDR bildete einen wesentlichen Grund des Zusammenbruchs** der DDR Ende der 80er Jahre. Die Gesetzmäßigkeiten des bürokratischen Kapitalismus haben die hoffnungsvollen Ansätze der Befreiung der Frauen in der DDR wieder zunichte gemacht. Die Zunahme der Erwerbstätigkeit der Frauen und die Sozialpolitik der DDR waren eine wesentliche Methode der Stabilisierung der bürokratisch-kapitalistischen Herrschaft der Honecker-Clique. Das Ergebnis war eine Verschärfung der doppelten Ausbeutung und Unterdrückung der werktätigen Frauen.

Die Erfahrungen der Frauen der DDR sind von unschätzbarem Wert. In der Verarbeitung der Siege und Niederlagen im Kampf um die Befreiung der Frau in der DDR liegt ein wegweisender Impuls für die kämpferische Frauenbewegung in Deutschland.

4. Der Kampf der KP Chinas gegen den Revisionismus in der Frauenarbeit

Die KP Chinas zog wichtige Lehren aus dem sozialistischen Aufbau der Sowjetunion und stellte sich weltweit an die Spitze des Kampfs gegen den modernen Revisionismus Chruschtschows. 1963 entbrannte auf dem Weltfrauenkongress in Moskau ein scharfer Kampf zweier Linien. Die revisionistischen Führer der KPdSU wollten die internationale Frauenbewegung vor ihren Karren spannen. Zahlreiche Delegationen von Frauenverbänden verschiedener Länder protestierten gegen diesen Kurs, der mit Abstimmungsmanipulationen, Geschäftsordnungstricks, Diffamierung Andersdenkender und undemokratischer Delegiertenverteilung durchgesetzt werden sollte. So kamen von den 1 289 Delegierten zum Beispiel mehr als 700 aus Europa, vor allem aus der Sowjetunion und der DDR, aus ganz Asien und Afrika jedoch nur 350 Delegierte. Die chinesische Delegation stand an der Spitze der kämpferischen und revolutionären Frauen und erklärte:

»Der dem Kongreß unterbreitete Entwurf des Programms der IDFF (Internationale Demokratische Frauenföderation – Red. RW) *ist ein Dokument, in dem jeglicher Widerstand gegen den Imperialismus aufgegeben und eine falsche Linie befolgt wird. Es wird darin nicht erwähnt, daß der Imperialismus die Quelle von Kriegen, daß der USA-Imperialismus der gefährlichste Feind des Friedens ist. Dieser Entwurf enthält keinen Hinweis darauf, daß der richtige Weg zur Verteidigung des Friedens und zur Verhinderung eines Kriegs hauptsächlich darin besteht, sich auf den gemeinsamen Kampf der Völker aller Länder gegen die Aggressions- und Kriegspolitik des von den USA geführten Imperialismus zu stützen. Es wird darin nicht aufgezeigt, welch gewaltige Kraft die nationale Befreiungsbewegung bei der Verteidigung des Weltfriedens darstellt. Es findet sich darin kein Hinweis, daß die Emanzipation der Frau mit dem gegenwärtigen Kampf der Völker der Welt in engem Zusammenhang steht, daß sich die Frauen in den verschiedenen Ländern nur dann befreien und die Rechte von Frauen und Kindern wahrhaft sichern können, wenn sie dem Imperialismus und Kolonialismus, den Reaktionären aller Länder entschieden entgegentreten.«* (»Kampf zwischen zwei Linien auf dem Weltfrauenkongreß in Moskau«, Verlag für fremdsprachige Literatur, Peking 1963, S. 11/12)

Die Revisionisten wollten den Kampf um den Frieden zum Hauptziel der internationalen Frauenbewegung erklären. Der Kampf um die Befreiung der Frau wurde karikiert als Verwirklichung von *»Fraulichkeit«* und *»Mutterliebe«.* Dagegen polemisierten die chinesischen Genossinnen treffend:

»Gewisse Leute bemühten sich nach Kräften, die erhabenen Gefühle und Gedanken der Frauen und Mütter zu

*vulgarisieren. **Dolores Ibarruri*** (von der KP Spanien – Red.
RW) *redete auf dem Kongreß zungenfertig über bezau-
bernde Fraulichkeit und Sittenschönheit der Frauen.
Einige andere Leute redeten viel über Frauen, die ›sich aus
Furcht vor einem Krieg verzehren‹. **In einem Vorschlag des
französischen Frauenbundes an die IDFF wurde erklärt:
›Die Mutterliebe bildet die Grundlage der Einigkeit unter
den Frauen.‹** Einige beschränkten die Funktion der Frauen
nur auf Mutterschaft, Kindergebären und Kindergroßziehen.
Oberflächlich gesehen, schien diese Ansicht nicht die Politik zu
betreffen, in Wirklichkeit jedoch umschloß sie eine große politische Frage. Diese Leute beabsichtigen, die Frauen vom politischen Leben auszuschließen. Wenn ihre Ansichten akzeptiert
würden, könnten die Frauen nie endgültig Befreiung gewinnen.
Die breiten Massen der Frauen dürfen niemals zulassen, daß
andere willkürlich über sie verfügen. Niemand kann sie vom
gegenwärtigen Kampf der Volksmassen fernhalten.«* (ebenda,
S. 40)

Für die Revisionisten war die Hauptkraft in der Frauenbewegung nicht mehr die Masse der doppelt ausgebeuteten
und unterdrückten Frauen der Welt, sondern die Einheit mit
prominenten Frauen und der bürgerlichen Frauenbewegung.
Die chinesische Delegation geißelte die massenfeindliche Ausrichtung des Kongresses:

*»**Die Leiterin der sowjetischen Delegation und einige
andere Leiterinnen der IDFF ignorierten die breiten
Massen der Frauen der Welt völlig und wollen die Tätigkeiten der IDFF auch nicht auf sie erstrecken. Sie sind
nur eifrig darum bemüht, einer kleinen Gruppe von
Frauen der Oberschicht in den kapitalistischen Ländern
Europas und Nordamerikas entgegenzukommen und mit
diesen Frauen Kompromisse zu schließen, sie sind nur
daran interessiert, die Aktivitäten der IDFF auf diesen***

**kleinen Kreis von Frauen der Oberschicht zu beschrän-
ken, und verwandeln die IDFF in ihren ›Klub‹.«** (ebenda,
S. 46/47)

Die Revisionisten beabsichtigten, die proletarische Frauenbewegung aller Länder zu liquidieren und die kämpferische
Frauenbewegung in eine rein bürgerliche Frauenbewegung
umzuwandeln. Die Delegation der KP Chinas verteidigte die
marxistisch-leninistischen Grundsätze der proletarischen
Frauenbewegung und trat für die Höherentwicklung der internationalen Frauenbewegung in Verbindung mit dem damals
weltweiten Aufschwung des Kampfs gegen Imperialismus und
Neokolonialismus ein.

Während die Revisionisten diese Auseinandersetzung nach
der Konferenz in ihren Parteien und gegenüber der Öffentlichkeit weitgehend unter den Tisch kehrten, führte die chinesische Delegation am 18. Juli 1963 in Peking eine Massen-
kundgebung durch und stellte Publizität über Inhalt und
Methode des Kampfs zweier Linien auf der Moskauer Konferenz her. In einer Resolution zogen die Teilnehmer dieser
Massenversammlung folgendes Resümee aus dem Bericht der
Delegation:

*»Trotz der Tatsache, daß der Kongreß schlecht verlief, sind
wir fest überzeugt, daß das Verlangen nach Revolution und
Emanzipation der dringendste gemeinsame Wunsch der Frauen
der Welt ist, und daß keine Macht die korrekte Richtung der
Weltfrauenbewegung ändern kann.«* (ebenda, S. 66/67)

Der Kampf gegen den modernen Revisionismus war durchaus nicht nur eine Angelegenheit zwischen der KPdSU und der
KP Chinas, er musste auch in der VR China geführt werden.
In dem Buch »Die Restauration des Kapitalismus in der Sowjetunion« charakterisierte Willi Dickhut die Situation zu Beginn
der 60er Jahre so:

*»Es gab in China eine verhältnismäßig kleine Gruppe von
Funktionären innerhalb der Partei (im Vergleich zur gesamten
Mitgliedschaft, die rund 30 Millionen umfaßt), die sich zum In-
teressenvertreter der gestürzten Ausbeuterklasse gemacht hatte
und ihre Funktion mißbrauchte ... Ihr Wortführer in der Partei
war das Mitglied des Politbüros des ZK der KP Chinas, Liu
Shaoqi. Der Einfluß dieser konterrevolutionären Kräfte konnte nicht mit administrativen oder Zwangsmaßnahmen ausgeschaltet werden. Ihr Einfluß in den vielfältigen Organen des
proletarischen Staates und den zahlreichen Institutionen der
sozialistischen Gesellschaft war zu groß, ihre bürgerliche Linie
raffiniert verschleiert und wurde von den breiten Massen nicht
durchschaut.«* (»Die Restauration des Kapitalismus in der Sowjetunion«, Düsseldorf 1988, S. 427)

Liu Shaoqis revisionistische Politik revidierte systematisch
wichtige sozialistische Errungenschaften im Kampf um die Befreiung der Frau. Dazu schrieb Fu Wen in der »Peking Rundschau« 10/1974:

*»Die in die Partei eingeschlichenen Repräsentanten der
Grundherren und Kapitalisten wie Liu Schao-tschi und Lin
Biao traten in die Fußstapfen der feudalen Herrscher und hau-
sierten unter dem Aushängeschild des Marxismus-Leninismus
mit der Doktrin von Konfuzius und Menzius. Sie behaupteten:
›Die Frauen sind zurückgeblieben.‹ und ›Sie haben keine große
Zukunft.‹ Sie verbreiteten den Unsinn, ›das Geschick der Frau
hänge von ihrem Mann ab, eine Frau müsse sich ihrem Manne widmen‹ usw. Sie verachteten die Frau, schmähten ihre Rolle
in der Gesellschaft und hinderten sie an der Teilnahme an den
drei großen revolutionären Bewegungen – Klassenkampf, Pro-
duktionskampf und wissenschaftlichem Experimentieren. Sie
versuchten, die Frau zu einem spießbürgerlichen, gefügigen
Werkzeug zu machen, das sich weder um die Politik des Proletariats noch um die Angelegenheiten im In- und Ausland küm-*

mert. Sie beabsichtigten, die Frauen, die die Hälfte der Bevölkerung ausmachen, wieder an die Hausarbeit zu binden, und sie so von der sozialistischen Revolution und vom Aufbau des Sozialismus fernzuhalten. Dies entsprach ihrem Wunsch, die Diktatur des Proletariats zu stürzen und den Kapitalismus zu restaurieren.« (Fu Wen, »Die Doktrin von Konfuzius und Menzius – der Strick zur Fesselung der Frau«, »Peking Rundschau« vom 12. März 1974, S. 19)

Auf dem Land wurde die Kollektivierung der Landwirtschaft in Volkskommunen schrittweise wieder eingeschränkt. Die privaten Einzelhaushalte wurden wieder ausgebaut. In verschiedenen Veröffentlichungen wurde die Rückkehr der Frauen in die Hausarbeit propagiert. Aufsätze über die *»unersetzlichen Qualitäten«* der Mutter bei der Erziehung der Kinder, das *»häusliche Glück«* und Tipps *»Wie finde ich den richtigen Ehemann«* füllten die Spalten der Zeitung des Frauenverbands. Das war eindeutig gegen die sozialistischen Errungenschaften und die lebhafte ideologisch-politische Auseinandersetzung mit feudalen und patriarchalischen Ansichten, Sitten und Gebräuchen gerichtet.

Am 8. August 1966 fasste das Zentralkomitee der KP Chinas auf Vorschlag Mao Tsetungs den Beschluss über die Große Proletarische Kulturrevolution, in dem es hieß:

»Die Große Proletarische Kulturrevolution, die sich jetzt entfaltet, ist eine große Revolution, die die Seele der Menschen berührt, und stellt in der Entwicklung der sozialistischen Revolution unseres Landes ein neues Stadium dar, das noch tiefer und weiter als das vorangegangene ist.« (»Wichtige Dokumente der Großen Proletarischen Kulturrevolution«, Verlag für fremdsprachige Literatur, Peking 1970, S. 146/147)

In einer beispiellosen Mobilisierung der breitesten Volksmassen, vor allem der Arbeiterinnen und Arbeiter, ganz besonders aber der Jugend, wurde der Klassenkampf gegen die Parteimachthaber, die den kapitalistischen Weg gingen, und gegen den modernen Revisionismus entfaltet. Im Beschluss des ZK zur Kulturrevolution hieß es:

> *»Da die Kulturrevolution eine Revolution ist, stößt sie unvermeidlicherweise auf Widerstand. Dieser kommt hauptsächlich von jenen Machthabern, die sich in die Partei eingeschlichen haben und den kapitalistischen Weg gehen. Er kommt auch von der alten Macht der Gewohnheit in der Gesellschaft.«* (ebenda, S. 149/150)

Die chinesischen Revolutionäre verstanden die Vergesellschaftung von Hausarbeit und Kindererziehung nicht nur als Übernahme solcher Tätigkeiten durch staatliche Institutionen. Eine wichtige Auseinandersetzung wurde darum geführt, dass jeder und jede, vom Kind bis zur Greisin oder zum Greis, einen Beitrag zur Erfüllung aller gesellschaftlich notwendigen Aufgaben leisten kann. Mit der Losung *»Alles, was ein Mann kann, kann auch eine Frau«* war schon seit der Revolution und der Gründung der VR China 1949 das Selbstbewusstsein der Mädchen und Frauen gestärkt worden, beispielsweise auch Männerberufe zu erlernen. Die Massenbewegung zur Kritik an Lin Biao und Konfuzius von 1973 an verbreitete die neue Losung *»Alles, was eine Frau kann, kann auch ein Mann«.* Damit wurde allen traditionellen Rollenzuweisungen und allen feudalen und bürgerlichen Moralvorstellungen, die Frauen diskriminierten, der Kampf angesagt. Die Auseinandersetzung wandte sich auch gegen die Theorie von der allgemeinen menschlichen Natur, der zufolge die Benachteiligung der Frauen biologisch und nicht gesellschaftlich begründet ist.

Der massenhafte ideologische Kampf war ausschlaggebend für die enormen Fortschritte, die die chinesischen Frauen in der Kulturrevolution erkämpften. Über die zentrale Methode der proletarischen Kulturrevolution hieß es deshalb im Beschluss des ZK der KP Chinas:

»In der Großen Proletarischen Kulturrevolution kann man die Massen nur sich selbst befreien lassen, und die Methode, in allem für sie zu handeln, darf nicht angewendet werden. Vertraut den Massen, stützt euch auf sie und respektiert ihre Initiative!« (ebenda, S. 155)

In der Baumwollspinnerei Nr. 1 in Peking wurde die Idee entwickelt, fahrbare Stühle herzustellen, um den Spinnereiarbeiterinnen die Arbeit zu erleichtern. Dazu ging ein Auftrag der Fabrikleitung an die Frauen, diese Stühle selbst zu entwickeln und zu bauen. Darüber berichtet die Spinnereiarbeiterin Hu Chin:

»Ich war so froh, daß ich dabei helfen konnte, etwas für die Erleichterung ihrer Arbeit zu tun, und dabei außerdem noch neue Fähigkeiten zu erwerben. Nur war ich etwas aufgeregt, weil ich absolut nichts von mechanischen Arbeiten verstehe. Ich hörte, daß einige Schlosser Zweifel geäußert hatten, daß Spinnereiarbeiterinnen diese Aufgabe bewältigen könnten ... Sie sagten, uns fehlten die Fähigkeiten dazu, wir seien nicht stark genug und könnten kein gerades Loch bohren: ›Besorgt euch lieber ein paar erfahrene Männer, damit wir nicht alles noch einmal neu machen müssen.‹ Das half uns nicht gerade, unsere Nervosität zu überwinden ... Als wir zum erstenmal Walzstahlprofile zuschnitten, brachen wir einen ganzen Monatsvorrat an Sägeblättern in fünf Minuten ab. Oder: Wir brauchten unsere gesamte Kraft, um die Schrauben festzuziehen, und trotzdem konnte manchmal der Vorarbeiter kommen und sie noch eine halbe Umdrehung weiterdrehen. Ein junger Mann kommentierte das so: ›Ich finde schon, daß ihr ganz schön stark seid, aber ihr könnt euch eben doch nicht mit den Männern messen.‹

›Gib uns nur noch ein bißchen Zeit‹, sagte ich. Aber meine Worte klangen nicht einmal für mich selbst sehr überzeugend.

Einen Ausweg sah ich erst, als wir in unseren Versammlungen nach Schichtende mit der Kritik am ›Klassiker für Frauen‹ begannen, einem tausend Jahre alten Lesebuch, das vollgestopft ist mit den reaktionären Ideen von Konfuzius und Menzius, daß die Männer den Frauen überlegen sind. Dort wurden Ansichten gelehrt wie: ›Mangel an Begabung ist eine Tugend der Frau‹, ›Das Können einer Frau liegt darin, daß sie niemanden beneidet. Wenn sie brav und tugendhaft ist, dann ist sie ein Schmuck des Hauses.‹ ... Wir erkannten, daß die reaktionären herrschenden Klassen mit diesen Ideen die Frauen über Tausende von Jahren an den kleinen Kreis der Familie gebunden hatten. Sie hielten sie unwissend, um sie davon abzuhalten, sich zu erheben und gegen die Herrschaft der Reaktionäre zu rebellieren ...

Die Kritik an diesen feudalistischen Ideen half uns, zu sehen, daß die Spinnereiarbeiterinnen nicht deswegen sowenig über mechanische Arbeiten wußten, weil sie dumm geboren waren, sondern weil ihnen die Erfahrung fehlte ... Während die vorbildlichen Arbeiter und Techniker uns anleiteten, nahmen sie auch an unserer Kritik der konfuzianistischen Lehre teil ... Das stärkte unser Vertrauen, daß wir durch die Praxis lernen können.

Nach sechs Monaten Arbeit hatten wir kräftigere Arme bekommen und hatten nicht nur die Arbeit an der Werkbank gelernt, sondern auch Spritzlackieren und Schweißen. In unserer Freizeit lasen wir Bücher über die Metallbearbeitung wie Drehen, Fräsen u. ä. Wir entwickelten sogar eine neue Methode, wodurch die Schrauben sich nicht mehr lockern konnten ...

Sieben Monate, nachdem wir den Auftrag begonnen hatten, nahmen wir Spinnereiarbeiterinnen die Stühle in Betrieb. Mit ihrer Herstellung befreiten wir uns nicht nur von einer Menge Belastungen, sondern, was wichtiger ist, wir befreiten uns auch von der alten Idee, daß es Dinge gibt, die die Frauen nicht kön-

nen.« (»China Reconstructs [China im Aufbau]«, März 1975, S. 5–7)

Ein besonderes Augenmerk wurde auf eine geduldige ideologisch-politische Überzeugungsarbeit und auf Vorbilder im praktischen Leben gelegt. Mao Tsetung sagte dazu:

»Es sind zwar nicht viele, die auf die Frauen herabsehen, aber es gibt doch überall einige. Man kann ihnen dafür nicht die ganze Schuld geben, denn der Einfluß des Feudalwesens auf sie in der Vergangenheit war einfach zu stark! Das Gehirn vollzieht nur schwer eine plötzliche Wendung. Wir können ihnen auf der anderen Seite auch nicht mit Flugzeugen und Kanonen entgegentreten. Was sollen wir dann tun? Abgesehen von einer Intensivierung der erzieherischen Maßnahmen bin ich der Meinung, die beste Methode besteht darin, daß die Genossinnen Leistungen erbringen und ihnen vermehrt Tatsachen vor Augen halten. Wenn sie viele solcher Leistungen gesehen haben, wird jenes feudale Königreich in ihren Köpfen von selbst zerstört werden!« (Mao Zedong, Texte, Bd. 3, Carl Hanser Verlag, München 1982, S. 110)

Die chinesischen Kommunisten entfalteten eine intensive Auseinandersetzung mit dem Ziel, dass Frauen in den Machtorganen der Kulturrevolution zahlreich vertreten waren. Dabei wurde besonderer Wert darauf gelegt, dass dies nicht formell, im Sinne einer kleinbürgerlichen Quotenregelung geschah, sondern dass die Befreiung der Frau immer Bestandteil der Arbeit dieser Organe war. In einem Aufsatz »Frauen müssen in den Revolutionskomitees eine wichtige Rolle spielen« hieß es:

»Der Einfluß der Bourgeoisie hat einige Genossen der Fähigkeit beraubt – und das sogar in unserer Zeit, wo die sozialistische Revolution sich in die Tiefe entwickelt –, der großen Rolle unserer revolutionären Frauen die volle Bedeutung beizumes-

sen. Sie meinen: Es sollte in den Komitees schon einige Frauen geben. ›Wir sollten uns um die Frauen kümmern.‹ Diese Ansicht, ›sich um die Frauen zu kümmern‹, kann den Anschein erwecken, daß der Rolle der revolutionären Frauen Beachtung geschenkt wird – aber tatsächlich kann dadurch die Stellung der revolutionären Frauen sogar noch herabgemindert werden … ›Die Genossinnen haben so viel mit ihrem Haushalt zu tun, sie sollen nicht so viel Verantwortung für die Revolution aufgeladen bekommen.‹ Diese Haltung kann die Frauen, die in ein Revolutionskomitee gekommen sind, leicht zu funktionslosen Anhängseln machen.

Es muß einmal deutlich gesagt werden: Die Anschauung, daß Frauen nur zur Küchenarbeit und zum Kinderhüten fähig sind, entspricht genau dem überlebten Denken der Ausbeuterklassen, und wir dürfen nicht zulassen, daß solches Denken wieder auflebt. Unser großer Führer Vorsitzender Mao lehrt uns: ›An dem Tag, an dem alle Frauen Chinas sich erheben, wird die chinesische Revolution gesiegt haben.‹ Ob wir der Rolle der weiblichen Komiteemitglieder volle Beachtung schenken und sie fördern oder nicht, ist deshalb keineswegs eine unbedeutende Frage. Es geht im Grunde darum, ob wir das Gedankengut der Ausbeuterklassen mit der Wurzel ausrotten oder nicht …« (»Wenhuibao, Zeitung aus Schanghai« vom 14. Juni 1968, in: »Die Befreiung der Frau in China«, Hrsg. Elisabeth Croll, Stuttgart 1977, S. 185/186)

Der Kampf um die Befreiung der Frau in China bewies, dass die Massen eine gewaltige Produktivkraft sind und den Aufbau des Sozialismus entscheidend vorantreiben, wenn sie sich von reaktionären Ideen und Gewohnheiten befreien. Das wurde nicht zuletzt in der Massenbewegung »Dem Volke dienen« verwirklicht, in der Millionen Jugendliche aus der Stadt aufs Land zogen. Die junge Li Lin war eine dieser städtischen Jugendlichen. Sie fasste 1975 ihre Erfahrungen so zusammen:

»Es ist ja so, daß die Menschen nicht nur durch den Feudalismus und die Klassenherrschaft jahrtausendelang unterdrückt wurden. Diese Unterdrückung ist in den eigenen Köpfen vorhanden in Form von schlechten Gewohnheiten, Sitten und Ideen. Der Feudalismus, die Unterdrückung sitzen im Hinterkopf. Den Menschen wurden auch Gedanken über ihre eigene Untauglichkeit und Minderwertigkeit eingegeben. Diese Gedanken halten sie gefangen. Mit solchen alten Gedanken unterdrücken sich die Menschen selbst. Darum ist es wichtig, mit dieser inneren Unterdrückung abzurechnen. So wird die ganze Schöpferkraft, der ganze Reichtum an Initiative und die Fähigkeit zu bewußtem, kollektivem Denken und Handeln befreit, die jahrtausendelang durch eingepflanzte Vorurteile über Unterwerfung, Gehorsam, Genies und die Rückständigkeit des Volkes unterdrückt wurden.

Früher waren die Füße der Mädchen so fest geschnürt, daß alle erwachsenen Frauen zu Krüppeln wurden, die sich nur noch mühsam vorwärtsbewegen konnten. Es war ein langer, harter Kampf, die Füße zu befreien. Die Menschen jedoch von ihren verkrüppelten Vorstellungen zu befreien, dauert viel länger und ist nicht in einem Tag oder mit einer Diskussion zu erreichen.

Lange Zeit sagten die Männer, sie könnten nicht auf die Kinder aufpassen, weil sie keine Brust hätten. Nach all den Großen Debatten in den Jahren der Kulturrevolution wollen sie es nicht laut sagen, aber ich glaube, viele denken im Innersten immer noch so. Dazu bedarf es noch vieler und langer großer Debatten.« (Gun Kessle, »Frauenleben in einem chinesischen Dorf«, Stuttgart 1984, S. 59)

Die Erfolge bei der Befreiung der Frau in der VR China sind äußerst wertvoll. Erst mit der Restauration des Kapitalismus nach dem Tod von Mao Tsetung 1976 wurden sie nach und nach zerstört.

5. Opportunistische Einflüsse und sektiererische Fehler in der alten kommunistischen und Arbeiterbewegung

Die Gründung kommunistischer Parteien und der Kommunistischen Internationale (1919) waren notwendige Schlussfolgerungen aus der revisionistischen Entartung der revolutionären Sozialdemokratie. Lenin legte größten Wert darauf, dass die Kommunistische Internationale von Anfang an in der Frage der Befreiung der Frau klar Stellung bezog. Deshalb kritisierte er unmissverständlich ihre anfängliche Unverbindlichkeit:

»Leider hat unser II. Internationaler Kongreß bei der Behandlung der Frauenfrage versagt. Er hat die Frage aufgerollt, ist aber nicht zu einer Stellungnahme gekommen.« (»Erinnerungen an Lenin«, Clara Zetkin, Ausgewählte Reden und Schriften, Bd. III, Berlin 1960, S. 129/130)

Lenin bestand auf der Ausarbeitung grundsätzlicher Richtlinien für eine kommunistische Frauenarbeit. Die auf seine Initiative von Clara Zetkin verfassten **»Richtlinien der kommunistischen Frauenbewegung«** waren eine grundlegende Ausrichtung für die damalige Frauenarbeit der kommunistischen Parteien. Dabei legten Lenin und Clara Zetkin Wert darauf, dass sich die kommunistische Frauenbewegung nicht als *»eine selbständige Bewegung von Frauen«* verstand. Es ging vielmehr um die *»planmäßige kommunistische Arbeit unter den Frauen«*. Lenin bestimmte selbst ihre Quintessenz:

»Die Richtlinien müssen scharf zum Ausdruck bringen, daß wahre Frauenbefreiung nur möglich ist durch den Kommunismus. Der unlösbare Zusammenhang zwischen der sozialen und menschlichen Stellung der Frau und dem Privateigentum an den Produktionsmitteln ist stark herauszuarbeiten. Damit

wird die feste, unverwischbare Trennungslinie gegen die Frauenrechtelei gezogen. Damit ist aber auch die Grundlage gegeben, die Frauenfrage als Teil der sozialen Frage, der Arbeiterfrage aufzufassen und als solche fest mit dem proletarischen Klassenkampf und der Revolution zu verbinden.« (ebenda, S. 144)

Mit diesen Richtlinien sollte die Kommunistische Internationale eindeutig Stellung nehmen zu heftigen Auseinandersetzungen über die Frauenfrage in der damaligen internationalen kommunistischen Bewegung. Erstens war strittig, ob kommunistische Arbeit unter den für rückständig, politisch passiv und indifferent gehaltenen Massen der proletarischen Frauen im Kapitalismus überhaupt erfolgreich sein kann. Manche Parteien vertraten den Standpunkt, dass erst nach der Eroberung der politischen Macht auch Zeit und Kraft für die Aufklärung und Schulung der Frauen vorhanden wäre.

Zweitens war strittig, ob es überhaupt in der kommunistischen Bewegung nach der Eingliederung der kommunistischen Frauen in die Parteiorganisation besonderer Organe und Forderungen für die Arbeit unter den Frauen bedürfe. Zahlreiche Mitglieder der Kommunistischen Internationale lehnten das grundsätzlich ab.

Lenin nahm in diesen Fragen klar Stellung: Organisierung der kommunistischen Frauen in der kommunistischen Partei, unbedingte Notwendigkeit der Schaffung besonderer Organe für die kommunistische Arbeit unter der Masse der Frauen und umsichtige Suche nach geeigneten Organisationsformen für die Masse der Frauen. Insbesondere wandte er sich gegen einen verbreiteten Dogmatismus, der diese Arbeit für **opportunistisch** erklärte:

»Diese Gefahr besteht für alles und jedes, was wir sagen und tun. Wenn wir uns aus Furcht vor ihr abhalten lassen, das

Zweckmäßige und Nötige zu tun, so können wir uns gleich zu indischen Säulenheiligen machen. Nicht rühren, nur nicht rühren, wir könnten von der hohen Säule unserer Grundsätze herunterpurzeln!« (ebenda, S. 147/148)

Auf ihrem III. Weltkongress 1921, den Lenin unter die Leitlinie *»Heran an die Massen«* stellte, vereinheitlichte sich die Kommunistische Internationale auf Lenins Positionen zur kommunistischen Frauenarbeit. Zur Frage selbständiger Frauenorganisationen nahm sie jedoch nicht Stellung.

Die Massenarbeit der KPD unter proletarischen Frauen

Von Anfang an legte die KPD ihren Schwerpunkt auf eine Frauenarbeit, die eine Masse von Arbeiterinnen und Arbeiterfrauen im Kampf um ihre unmittelbaren Lebensinteressen zusammenschloss. Als 1922/23 die Arbeitslosigkeit explodierte und über ein Drittel der Erwerbslosen keinerlei finanzielle Unterstützung mehr erhielt, organisierten sich Tausende von Frauen im ganzen Reichsgebiet auf Initiative der KPD in »Frauenkontrollausschüssen«. Diese bekämpften den Preiswucher bei Lebensmitteln oder setzten eine verbilligte Versorgung der Arbeitslosen durch.

Von 1926 an förderte die KPD eine Frauendelegiertenbewegung nach dem Vorbild der Sowjetunion und von 1930 an initiierte sie Konferenzen werktätiger Frauen. Beides waren wichtige Formen der Organisation von Arbeiterinnen und Arbeiterfrauen. Diese Arbeit wurde in ausdrücklicher Kritik an einer sektiererischen Richtung innerhalb der KPD Mitte der 20er Jahre entwickelt. Vor allem das ZK-Mitglied Ruth Fischer lehnte ausdrücklich eine besondere Arbeit unter Frauen ab. Über den Aufschwung der Frauenarbeit der KPD hieß es in einem Bericht:

»Die Streiks in den sogenannten Frauenbetrieben – vor allem im Textil- und Konfektionsgewerbe – nahmen in den Jahren 1930 bis 1932 immer größeren Umfang an ... 1932 (stand) die deutsche Textilindustrie hinsichtlich ihrer Streikaktivität an der Spitze aller Industriezweige ... Im großen Streik der Kumpel im Mansfelder Kupferbergbau und im Berliner Metallarbeiterkampf im Jahre 1930, im Ruhrbergarbeiterstreik 1931 und im großen Streik der Berliner Verkehrsarbeiter im November 1932 wurden ganze Teilbereiche der Aktionen von Frauen geleitet. Sie standen bei Wind und Kälte als Streikposten an den Werktoren, führten Sympathiekundgebungen durch, sammelten Geld und Lebensmittel bei Kleinhändlern sowie den Bauern der umliegenden Dörfer und organisierten die Gemeinschaftsverpflegung der Streikenden in Großküchen der Internationalen Arbeiterhilfe ... Die KPD orientierte darauf, Frauen – auch wenn sie nicht den streikenden Belegschaften angehörten – in die Streikleitungen aufzunehmen, Versammlungen der Arbeiterinnen und Hausfrauen einzuberufen und Hausfrauengruppen zu bilden, vor allem aber die Forderungen der Frauen in den Kampfprogrammen der Streiks zu verankern.« (»Das Thälmannsche ZK und die werktätige Frau«, in: »Die Frau und die Gesellschaft«, Verlag für die Frau, Leipzig 1974, S. 106/107)

In dieser größten Stärke der Massenarbeit der KPD unter Frauen lag jedoch zugleich eine **grundsätzliche Schwäche**:

- Die **Einengung auf die Arbeit unter Arbeiterinnen** bei weitgehender Vernachlässigung der Arbeit unter kleinbürgerlichen Zwischenschichten, Angestellten oder Frauen auf dem Land.

- Eine **Einordnung sämtlicher Organisationsformen der Frauen als** *»Hilfsorgane der Partei«* und eine unmittelbare, zum Teil organisatorische Verknüpfung von Frauenbewegung und Parteiarbeit.

- Eine **Geringschätzung der allseitigen Lebensbedürfnisse** der Frauen. Die einseitige Abgrenzung gegen *»sozialdemokratische Sozialpolitik«* und *»ihre Taktik, die Frauen zu
zerstreuen und ihnen Vergnügungen zu bieten«*, beschränkte
die Kleinarbeit auf die proletarischen Frauen, die bereits ein
bestimmtes politisches Bewusstsein erreicht hatten.

Mit dieser eingeengten politischen Aufgabenstellung konnte auch die breite Masse der Arbeiterinnen nicht gewonnen
werden. Denn sie missachtete ihren konkreten Bewusstseins-
stand und war nur beschränkt geeignet, ihr Selbstbewusstsein
zu wecken und allseitig zu entwickeln.

In zahlreichen Dokumenten der KPD der Weimarer Republik wurde immer wieder pauschal von der Masse der Frauen
als *»rückständig«* und *»bürgerlich beeinflusst«* gesprochen. So
schrieb die KPD 1925*:*

*»Der größere Teil dieser proletarischen Massen sind die poli-
tisch rückständigen, in der kleinbürgerlichen Ideologie befan-
genen Frauenmassen ... Wollen wir die Frauenmassen für die
Revolution mobilisieren, müssen wir unter diesen Frauen arbeiten, müssen ›Frauenarbeit‹ leisten. Es ist keine angenehme
Aufgabe, vielleicht die schwierigste, die es gibt ...«* (»Die Arbeit
unter den Frauen«, in: »Die Internationale, Zeitschrift für
Praxis und Theorie des Marxismus«, Sonderheft zum Reichsparteitag 1925, S. 57)

Das war eine einseitig negative Ausrichtung und überhebli-
che Fehleinschätzung. Die KPD musste mehrmals eingestehen, dass sie von der Kampfkraft und Kampfmoral der Frauen
überrascht wurde.

Natürlich trat die KPD immer für die vollständige Gleichberechtigung der Frau und entsprechende gesetzliche Maßnahmen ein. Der von der KPD am 15. Oktober 1931 vorgeleg-

te Gesetzentwurf *»zum Schutze und für volle Gleichberechtigung der arbeitenden Frau«* stellte mit großem politischem Weitblick Forderungen auf, die in der BRD in vollem Umfang erst 1977 verwirklicht wurden. Dazu gehörte im Angriff auf das reaktionäre Bürgerliche Gesetzbuch auch die Forderung nach vollständiger Gleichberechtigung der Frau in Familie und Ehe. So hieß es in dem Gesetzentwurf:

»Bei Eingehen der Ehe behält die Frau ihr selbständiges Entscheidungsrecht in allen rechtlichen und persönlichen Fragen. Sie ist in keiner ihrer Entscheidungen vom Ehemann abhängig. Die Frau kann nach Schließung der Ehe den Namen des Mannes tragen, sie kann aber auch ihren Mädchennamen weiterführen. Die Frau hat dieselbe elterliche Gewalt über die Kinder wie der Mann.« (»Verhandlungen des Reichstags, V. Wahlperiode 1930, Bd. 451, Berlin 1932, Antrag 1201)

Solche Gesetzesvorlagen waren Anlass für Massendiskussionen und -aktionen: Durch öffentliche Versammlungen mit Parlamentarierinnen, Diskussionsrunden, Kundgebungen, Demonstrationen zum 8. März, auf Kongressen und in Leserbriefkampagnen wurden sie zum Thema unter den Massen.

Die KPD stand auch an der Spitze einer in Deutschland vorher und nachher einmaligen Massenbewegung gegen den § 218. Seit 1871 war das Verbot des Schwangerschaftsabbruchs mit den Paragraphen 218 und 219 im Reichsstrafgesetzbuch verankert. Angesichts wachsender Massenarmut und Elends gerade in den Familien der Arbeiter und Erwerbslosen nahm in den 20er Jahren trotz hoher Strafandrohungen die Zahl der illegalen Abtreibungen zu. Für 1931 wurde ihre Zahl auf eine Million geschätzt – davon endeten 44 000 für die Frauen tödlich. Nun wurde der § 218 verschärft angewendet. Höhepunkt war die Verhaftung der Ärzte Dr. Friedrich Wolf und Dr. Else Kienle mit dem Vorwurf, Schwangerschaftsabbrüche durchgeführt zu haben. Als Antwort darauf fanden die Massenaktionen gegen den § 218 statt:

>*Innerhalb weniger Wochen fanden in ganz Deutschland über 1500 Massenversammlungen statt und wurden etwa 800 örtliche Aktionskomitees gebildet, in die auch demokratische Intellektuelle und linke bürgerliche Kräfte unter Führung der KPD einbezogen waren ... Friedrich Wolf und Else Kienle wurden freigekämpft.*« (»Das Thälmannsche ZK und die werktätige Frau«, in: »Die Frau und die Gesellschaft«, Verlag für die Frau, Leipzig 1974, S. 104)

Allerdings wurde der Kampf gegen den § 218 von der KPD ausschließlich unter dem Gesichtspunkt des »*Klassenparagraphen*« geführt. Brüsk wurde eine Zusammenarbeit mit bürgerlichen Frauenorganisationen und der SPD in der Frage des § 218 abgelehnt, zumal die SPD keine vollständige Abschaffung, sondern nur eine liberalere Fassung des § 218 forderte. Dabei ist die Kontrolle der Sexualität der Frau und der Geburten ein wesentliches Merkmal der besonderen Unterdrückung, die Frauen aus allen Klassen und Schichten betrifft. Daran ändert auch die Tatsache im Grundsatz nichts, dass bürgerliche Frauen aufgrund höherer Einkommen und ihrer gesellschaftlichen Verbindungen es natürlich leichter haben, den § 218 zu umgehen.

Allgemein war in der KPD seit 1927 der Kampf gegen alle bürgerlichen und kleinbürgerlichen Frauenorganisationen programmatisch festgelegt. So hieß es in der Resolution des 11. Parteitags der KPD 1927 zur »Arbeit der KPD unter den Frauen«:

>*11. Kampf gegen bürgerliche und reformistische Frauenorganisationen*
Kampf in Wort und Schrift gegen die bürgerlichen und reformistischen Frauenorganisationen durch Aufzeigung ihres

klassenfeindlichen Charakters.« (in: »Dokumente der revolutionären deutschen Arbeiterbewegung zur Frauenfrage 1848–1974«, Verlag für die Frau, Leipzig 1975, S. 104)

Damit ignorierte die KPD bei allen Verdiensten in dieser Frage die Aufgaben und Möglichkeiten einer breiten Frauenbewegung, die mit einer flexiblen Aktionseinheitspolitik und Überzeugungsarbeit eine Masse von Frauen bis hinein in bürgerliche Kreise gegen die frauenfeindliche staatliche Politik zusammenschließt. Zugleich wurde es der Masse der Frauen in bürgerlichen und reformistischen Organisationen erschwert, sich vom bürgerlichen Einfluss zu lösen, denn durch das bloße *»Aufzeigen des klassenfeindlichen Charakters«* sind sie nicht zu überzeugen.

Mit der Gründung des »Roten Frauen- und Mädchenbundes« (RFMB) schuf sich die KPD 1925 trotz Ablehnung solcher Organisationen durch die Kommunistische Internationale erstmals eine eigene Frauenorganisation. In zwei Jahren gewann der Rote Frauen- und Mädchenbund 25 000 Mitglieder, davon waren nach eigenen Angaben vier Fünftel parteilos und 50 Prozent Arbeiterinnen. Seine Zeitschrift »Frauenwacht« erschien 1926 in einer Auflage von 30 000 Exemplaren. Auch bei dieser besonderen Frauenorganisation war eine allgemein politische Zielsetzung prägend – vor allem *»der Kampf gegen den imperialistischen Krieg«, »gegen die Folgen der kapitalistischen Rationalisierung«* und *»die politisch-ideologische Auseinandersetzung mit den bürgerlichen Frauenorganisationen«.*

Obwohl der Rote Frauen- und Mädchenbund nach seinen Statuten überparteilich sein sollte, war er faktisch eine Nebenorganisation der KPD. In den programmatischen Dokumenten der KPD wurde er als *»wichtige Hilfsorganisation für die Gewinnung großer, bisher passiver proletarischer Frauenschichten für den Klassenkampf«* charakterisiert. Diese Funktion als

Hilfsorganisation wurde mit verschiedenen Maßnahmen durchgesetzt, vor allem über die programmatische Ausrichtung und
die Personalunion führender Funktionärinnen in KPD und
RFMB. Eine wesentliche Methode der Durchsetzung der Richtlinien der KPD war die Einrichtung von Fraktionen in den
»Hilfsorganisationen« wie dem RFMB oder der IAH (Internationale Arbeiterhilfe). So hieß es im Arbeitsplan der KPD
für die Frauenarbeit vom März 1930:

»Aufgaben der Fraktionen in den Massenorganisationen:

*RFMB: Politische und organisatorische Kontrolle der Or-
ganisation im Monat April – Kontrolle der Fraktionsarbeit ...
Mobilisierung zum 1. Mai ... Zweite Maihälfte Gegnerwoche
gegen sozialdemokratische Frauengruppen – Werbung für den
RFMB.*

*IAH: Fortsetzung der Mobilisierungsarbeit unter den Frauen
für die Solidaritätsaktionen bei den Wirtschaftskämpfen ...
Unter keinen Umständen Isolierung der Frauen durch Frauengruppen.«* (in: »Quellen zur Geschichte des Parlamentarismus
und der politischen Parteien«, Bd. 6, Droste Verlag, Düsseldorf
1981, S. 135)

Das waren Direktiven, die mit gleichberechtigter Zusammenarbeit in einer überparteilichen Organisation nichts gemeinsam hatten!

Der Masseneinfluss unter Frauen blieb weit unter den Erfordernissen und Möglichkeiten der KPD, die sich in dieser Zeit
vorschnell als *»Massenpartei«* bezeichnete. Zur Zeit ihres höchsten Masseneinflusses erreichte die KPD etwa 320 000 Frauen
in sämtlichen ihr nahe stehenden Organisationen. In den bürgerlichen Frauenorganisationen, den Kirchen, bei der Sozialdemokratie usw. waren zum gleichen Zeitpunkt nach Angaben
der KPD etwa 6 Millionen Frauen organisiert.

Tabelle 16:
Organisationsgrad von Frauen in der KPD und in ihr nahe stehenden Organisationen 1929–1932

	Mitglieder insgesamt	davon Frauen	Frauenanteil in Prozent
KPD (1929)	124 511	21 100	17
Internationale Arbeiterhilfe (1931)	148 000	71 500	48
Rote Hilfe Deutschlands (1930)	503 500	141 000	28
Roter Frauen- und Mädchenbund (1927)	25 000	25 000	100
Kampfbund gegen den Faschismus (1931)	106 000	12 000	11
Revolutionäre Gewerkschafts-opposition (1932)	250 000	50 000	20
Gesamt		320 600	

Quellen: H. J. Arendt, »Weibliche Mitglieder der KPD in der Weimarer Republik, zahlenmäßige Stärke und soziale Stellung«, in: »Beiträge zur Geschichte der Arbeiterbewegung« 4/1977 und »Zur Frauenpolitik der KPD und zur Rolle der Frauen in der kommunistischen Bewegung Deutschlands (1919–1939), in: »Wissenschaftliche Beiträge der PH Clara Zetkin«, Heft 2/1979

Korrektur von Fehlern in der kommunistischen Frauenarbeit

Die *»unzureichende Frauenarbeit«* war Thema auf sämtlichen Parteitagen der KPD und insbesondere auf dem III., dem IV., dem VI. und dem VII. Weltkongress der Kommunistischen Internationale. Mit der Kritik an verschiedenen sektiererischen Fehlern auf dem VII. Weltkongress 1935 setzte das Exekutivkomitee die Neuausrichtung der Frauenarbeit ganz oben auf

die Tagesordnung der Kommunistischen Internationale. Das
Präsidium des Exekutivkomitees fasste am 3. Juli 1937 einen
weitreichenden Beschluss »Über die Aufgaben der Kommunistischen Parteien in der Arbeit unter den Frauen«, der für alle
kommunistischen Parteien verbindlich war. Darin hieß es:

»Das Präsidium des EKKI konstatiert die Vernachlässigung
der kommunistischen Arbeit unter den Frauenmassen in den
meisten kapitalistischen Ländern als Folge eines vollkommen
unzulässigen, philisterhaften und geringschätzigen Verhaltens
zu den Frauen und zur Frauenbewegung und fordert von den
Kommunistischen Parteien einen radikalen Wandel auf diesem
Arbeitsgebiet.«

Insbesondere wurde eine breite innerparteiliche »*systemati-*
sche Aufklärungsarbeit« gefordert gegen jede, auch die »*ge-*
ringste Unterschätzung dieser Bewegung bei allen Organisa-
tionen und Parteimitgliedern«. Die Beendigung jeder »*kleinli-*
chen Bevormundung der Parteigenossinnen, die ihnen in der
Entfaltung der Arbeit unter den Frauenmassen die Hände bin-
det« wurde ebenso verlangt wie die »*Entfaltung einer besonde-*
ren Frauenbewegung«. Als unmittelbare Aufgabe stellte die
Komintern, die »*organisatorische Vereinigung der kommuni-*
stischen und sozialdemokratischen Frauen ... auf die Tages-
ordnung zu setzen.« (»Kommunistische Internationale«, Zeitschrift des Exekutivkomitees der Kommunistischen Internationale, Heft 8/1937, S. 791–793)

Die Korrektur der Frauenarbeit folgte jedoch einseitig der
Notwendigkeit einer breiten antifaschistischen Einheitsfront-
politik, in der die Frauen eine zentrale Rolle spielen sollten.
Damit waren aber die unmarxistische Reduzierung der Frauen-
bewegung auf eine Reserve des proletarischen Klassenkampfs
und die Leugnung der Notwendigkeit einer eigenständigen
Frauenbewegung nicht prinzipiell geklärt. Das musste neue
Fehler provozieren.

Die Kommunistische Internationale forderte eine flexible Aktionseinheits- und Bündnispolitik. Dabei wurde nunmehr aber die Einheit von proletarischer und bürgerlicher Frauenbewegung verabsolutiert und objektiv die Zusammenführung von sozialdemokratischen und kommunistischen Frauenorganisationen auf prinzipienloser Grundlage gefördert.

Die ganze Diskussion befasste sich nicht mit der ideologisch-politischen Seite, der grundsätzlichen Ausrichtung der kommunistischen Arbeit unter den Frauen. Sie stieß nie bis zum Kern der Verdrängung ideologisch-politischer Grundlagen von Marx, Engels und Lenin vor. Dabei hatte Lenin in der Ausarbeitung der Richtlinien für die kommunistische Frauenarbeit insbesondere auf die klare theoretische Grundlage Wert gelegt:

»Wir müssen unbedingt eine kräftige internationale Frauenbewegung schaffen, auf klarer theoretischer Grundlage ... Ohne marxistische Theorie keine gute Praxis, das ist klar. Uns Kommunisten ist auch in dieser Frage größte grundsätzliche Reinheit nötig.« (»Erinnerungen an Lenin«, Clara Zetkin, Ausgewählte Reden und Schriften, Bd. III, Berlin 1960, S. 129)

Ausgehend von der marxistischen Theorie begründete er die **Dialektik von Kampf um die Befreiung der Frau und proletarischem Klassenkampf:**

»Die kommunistische Frauenbewegung selbst muß Massenbewegung sein, ein Teil der allgemeinen Massenbewegung, nicht nur der Proletarier, sondern der Ausgebeuteten und Unterdrückten jeder Art, aller Opfer des Kapitalismus oder eines Herrschaftsverhältnisses. Darin liegt auch ihre Bedeutung für die Klassenkämpfe des Proletariats und für seine geschichtliche Schöpfung: die kommunistische Gesellschaft.« (ebenda, S. 144/145)

Die Frauenpolitik der KPD nach dem II. Weltkrieg

Nach dem Ende des II. Weltkriegs hatte die KPD das große Verdienst, unverzüglich eine umfassende Arbeit unter Frauen zu beginnen. Sie trat dafür ein, die Gleichberechtigung von Männern und Frauen als Grundrecht in die Verfassung aufzunehmen. Als einzige Partei brachte sie Gesetzentwürfe ein, die alle dem widersprechenden Regelungen sofort außer Kraft setzen sollten, was CDU und SPD gemeinsam bis 1958 blockierten (siehe auch Teil I, S. 61). Die KPD mobilisierte die Frauen und bezog sie aktiv in den Wiederaufbau ein. Sie initiierte maßgeblich die überparteilichen Frauenausschüsse und führte politische und kulturelle Massenschulungen und -bildungsveranstaltungen durch zur Förderung eines demokratischen antifaschistischen Deutschlands.

Der am 8. März 1947 in der damaligen sowjetischen Besatzungszone auf Initiative der SED gegründete »Demokratische Frauenbund Deutschlands« (DFD) stellte zu Recht den Anspruch, eine gesamtdeutsche Frauenorganisation zu sein und aus den bisherigen Fehlern und Schwächen der Frauenbewegung zu lernen, vor allem aus ihrer Zersplitterung in der Weimarer Republik. Der DFD wollte den revolutionären Geist der proletarischen Frauenbewegung mit der fortschrittlichen bürgerlichen Frauenbewegung zusammenbringen. Darum wandte er sich ausdrücklich an die Masse der Arbeiterinnen, der Hausfrauen, der Bäuerinnen, der Akademikerinnen und der Jugend.

Als politische Schwerpunkte wählte der DFD den Kampf gegen die Spaltung Deutschlands und gegen die Militarisierung und er trat besonders für Frieden, Demokratie und Gleichberechtigung ein. Er machte sich für die Erwerbstätigkeit der Frauen stark als wesentliche materielle Voraussetzung ihrer Emanzipation. Mit dieser Programmatik erfasste er die damalige politische Situation richtig. Dennoch fällt eine sektiererische Einengung auf politische Themen der KPD auf bei gleichzeitiger Verdrängung besonderer frauenpolitischer Fragen. Die auf dem Gründungskongress des DFD angenommene Entschließung spricht weder über Fragen der Gleichberechtigung noch über den Kampf für die Befreiung der Frau. Zusammenfassend heißt es in der Resolution:

»Wir geloben, in schwesterlicher Verbundenheit über Weltanschauung, Konfession und Beruf hinweg zu helfen, Militarismus und Faschismus völlig auszumerzen und das Sehnen der Menschheit nach dauerndem Frieden zu verwirklichen.« (»Geschichte des DFD«, Hrsg. Bundesvorstand des DFD, Leipzig 1989, S. 67)

Die KPD gab grundsätzliche Positionen der proletarischen Frauenbewegung auf, vor allem die Befreiung der Frau in der sozialistischen Gesellschaft. Das entsprach der ideologisch-politischen Ausrichtung der SED. In sämtlichen Grundsatzdokumenten seit 1947 beschränkte sich die SED auf die Gleichberechtigung der Frau. Nachdem in der Weimarer Zeit die Frauenfrage auf den proletarischen Klassenkampf eingeengt worden war, verzichteten SED und KPD nunmehr völlig auf die Entwicklung der proletarischen Frauenbewegung als Kern einer kämpferischen Frauenmassenbewegung und auf ihre strategischen Ziele.

Jede historisch neue Situation kann nur mit Hilfe der dialektischen Analyse schöpferisch verarbeitet werden. Mit der metaphysischen Methode ergeht es auch Marxisten-Leninisten wie den *»bürgerlichen Ideologen, Liberalen und Demokraten«,* von deren Opportunismus Lenin spricht:

»Bürgerliche Ideologen, Liberale und Demokraten, die den Marxismus und die moderne Arbeiterbewegung nicht verstehen, fallen ständig hilflos von einem Extrem ins andere ... sie

*klammern sich an **eine** Seite der Arbeiterbewegung, erheben die Einseitigkeit zur Theorie ... Das wirkliche Leben aber, die wirkliche Geschichte **schließt** diese verschiedenen Tendenzen in sich **ein**, ähnlich wie das Leben und die Entwicklung in der Natur sowohl langsame Evolution als auch jähe Sprünge, Abbrechen der Allmählichkeit in sich einschließen.«* (»Die Differenzen in der europäischen Arbeiterbewegung«, 1910, Lenin, Werke, Bd. 16, S. 355)

6. Wirkliche Überparteilichkeit als Basis der selbständigen und kämpferischen Selbstorganisation der Frauen

Mit der Gründung der überparteilichen Frauenausschüsse nach dem II. Weltkrieg zog die Frauenbewegung in Deutschland eine wichtige Lehre. Diese Frauenausschüsse organisierten vor allem Selbsthilfe zum Überleben und führten die Frauen an die aktive Teilnahme am politischen Leben auf antifaschistischer Grundlage heran. Luise Dickhut berichtete über ihre Arbeit in Solingen im Jahr 1945:

»Meine Partei, die KPD, hatte mir die Aufgabe der überparteilichen Frauenarbeit übertragen. Das bedeutete zunächst, an die Frauen der anderen Parteien und Organisationen heranzutreten und sie für die gemeinsame, organisierte Zusammenarbeit bei der Überwindung der unbeschreiblich großen Not der unmittelbaren Nachkriegszeit zu gewinnen ... So versuchten wir, die große Not zu lindern. Noch wichtiger und bedeutungsvoller war, daß Frauen verschiedener Weltanschauung diese Tätigkeit gemeinsam verrichteten.« (Luise Dickhut, »Die Horbachs – Erinnerungen für die Zukunft«, Düsseldorf 1986, S. 324/325)

Derartige Frauenausschüsse entstanden auf Initiative der KPD in ganz Deutschland und entfalteten aufgrund ihrer tatsächlichen Überparteilichkeit eine große praktische Wirkung und Anziehung auf die Frauen. Bis Ende 1946 arbeiteten etwa 200 000 Frauen in den Ausschüssen mit. Zu den Gründen ihrer Anziehungskraft erklärte die SPD-Politikerin und Vertreterin ihrer Partei im Frauenausschuss von Frankfurt am Main, Helli Knoll:

»Das große Plus der überparteilichen Frauenorganisationen besteht ferner darin, daß hier Frauen aus allen Bevölkerungsschichten und Frauen aller Weltanschauungen zusammenkommen ... Jeder kann des anderen Ansichten kennen- und vielleicht auch verstehen lernen. Dadurch werden viele Mißverständnisse überwunden und auch Gegensätze überbrückt.« (»Warum überparteiliche Frauen-Organisationen?«, Vortrag im Hessischen Rundfunk am 16. Juli 1947, Manuskript, Hessisches Hauptstaatsarchiv, Bestand 2050, Nr. 1, S. 4)

Die überparteilichen Frauenausschüsse waren an die Bedingungen der ersten Nachkriegszeit gebunden. Ihre Arbeitsweise, ihre Wirkung und ihre Verbreitung entsprachen dieser besonderen Situation:

- Sie einigte eine große, drängende und gemeinsam anerkannte gesellschaftliche Aufgabe: die Linderung der Not der Massen und der demokratische Wiederaufbau.

- Die deutschen Monopole und ihr Staat waren 1945 zunächst entmachtet.

- Auf der Grundlage des Potsdamer Abkommens gaben die Besatzungsmächte anfangs Spielraum für einen demokratischen Neuanfang und waren auf die Kommunisten als konsequente Antifaschisten angewiesen.

- Die bürgerlichen Parteien waren in ihrer Programmatik und Struktur erschüttert und in ihrer Massenbasis noch nicht antikommunistisch vereinheitlicht.

- Die Kommunisten hatten aus sektiererischen Fehlern in der Weimarer Republik gelernt, die der Spaltung der Arbeiterklasse durch die SPD Vorwände geliefert hatten, und verwirklichten eine flexible, tatkräftige Aktionseinheitspolitik.

Gerade wegen der tatsächlichen Gleichberechtigung, der Einheit von gemeinsam organisierter praktischer Tätigkeit und grundsätzlicher Auseinandersetzung bewirkte die überparteiliche Arbeit eine zunehmende **Loslösung der Frauen vom Einfluss der bürgerlichen Weltanschauung und von den bürgerlichen Parteien.** Luise Dickhut berichtete:

»Wir führten auch kulturelle Veranstaltungen und politische Treffen durch, in denen auch das Potsdamer Abkommen erläutert wurde. So hatten wir Gelegenheit, über die Ursachen von Kriegen und sozialer Ungerechtigkeit zu diskutieren, über Kapitalismus, Sozialismus, Kommunismus zu sprechen. Und was stellten wir fest? Je mehr wir über die gemeinsamen Probleme sprachen, um so näher kamen wir uns. Es entstanden aufrichtige Freundschaften.« (Luise Dickhut, »Die Horbachs – Erinnerungen für die Zukunft«, Düsseldorf 1986, S. 325)

Mit der Wiederherstellung der Macht der deutschen Monopole, dem Aufbau bürgerlicher Parteien und der antikommunistischen Ausrichtung der Deutschlandpolitik der USA wurden die überparteilichen Frauenausschüsse zum Dorn im Auge der Herrschenden. Das war die Ursache einer raschen Veränderung ihrer Haltung bereits Ende 1946. Die Wissenschaftlerin Elke Schüller dokumentierte ausführlich die Bekämpfung der Frauenausschüsse durch die bürgerlichen Parteien:

»... die Parteien, allen voran die SPD, sahen sie als große Konkurrenz an und versuchten, ihre Arbeit zu torpedieren. Schon

auf der ersten Reichsfrauenarbeitstagung der SPD, am 5. und 6. November 1946 in Frankfurt, wurde die Mitarbeit von SPD-Frauen ... in ›kommunistisch inspirierten Frauenausschüssen‹ abgelehnt.« (»Staatsbürgerinnen zwischen Partei und Bewegung, Frauenpolitik in Hessen 1945–1955«, Hrsg. Wischermann, Schüller, Gerhard, Ulrike Helmer Verlag, Frankfurt am Main 1993, S. 111)

Eine besonders unrühmliche Rolle spielte auf dieser Reichsfrauenarbeitstagung der SPD im November 1946 die oft als »Mutter des Grundgesetzes« und der darin verankerten Gleichberechtigung der Frauen geehrte Anwältin Dr. Elisabeth Selbert, die bis 1956 Mitglied des SPD-Vorstands war. In ihrer Biographie heißt es darüber:

»Alle emanzipatorischen ›Forderungen müssen durch die politischen Parteien und über die Parlamente ausgekämpft werden‹. Deshalb mißbilligt die Mehrheit der Delegierten ganz im Sinne der Parteilinie eine Kooperation mit den überparteilichen Frauenorganisationen. Wegen der Vorherrschaft von Kommunistinnen lehnt auch Selbert die Zusammenarbeit mit überparteilichen Frauenausschüssen ab.« (aus: »Ein Glücksfall für die Demokratie«, Eichborn Verlag, in: »Frankfurter Rundschau« vom 20. Mai 1999)

Eine angebliche *»Vorherrschaft von Kommunistinnen«* in den Frauenausschüssen wurde aus dem Hut gezaubert, um antikommunistische Vorbehalte zu schüren und das inzwischen geplante spalterische Vorgehen zu rechtfertigen. Das war verlogen und entsprach nicht den Tatsachen. Noch im Juli 1947 vertrat die Sozialdemokratin Helli Knoll voller Überzeugung die gleichberechtigte Zusammensetzung des Ausschusses aus parteilosen Frauen und Frauen von KPD, SPD, CDU und LDP:

»Mit Freude kann ich feststellen, daß bisher in unserer überparteilichen Organisation ein absolut harmonisches und ersprießliches Zusammenarbeiten aller Parteivertreterinnen mög-

*lich war und daß alle Parteivertreterinnen und die parteilosen
Frauen gleichen Anteil an dem Erfolg unserer Arbeit haben.
Keine Parteivertreterin, ob es sich um die kommunistischen
Frauen, die sozialdemokratischen, die CDU-Frauen oder die
LDP-Frauen handelt, hatte versucht, den überparteilichen Boden für ihre Parteizwecke zu mißbrauchen. Uns alle beseelt nur
der eine Gedanke: beim Wiederaufbau Deutschlands mitzuhel-
fen und den Frauen jene gleichberechtigte Stellung zu ver-
schaffen, die ihnen durch die Verfassung gegeben ist, und die
sie heute, wo jede Frau auf Erwerb angewiesen ist, notwendi-
ger denn je brauchen.«* (Vortrag im Hessischen Rundfunk am
16. Juli 1947, Manuskript, Hessisches Hauptstaatsarchiv, Bestand 2050, Nr. 1, S. 6)

Angesichts der großen Verankerung der überparteilichen Zusammenarbeit und der festen freundschaftlichen Verbindungen zwischen den Frauen an der Basis griff die SPD-Führung
seit Mitte 1947 zu spalterischen Intrigen und rigorosen Maßnahmen, die 1948 in antikommunistischen Unvereinbarkeitsbeschlüssen gipfelten. Diese untersagten sozialdemokratischen
Frauen sogar die Anwesenheit auf Kongressen des Demokratischen Frauenbunds (DFD). Die bürgerlichen Mehrheiten in
den Frauenausschüssen drückten bundesweit den Ausschluss
der Kommunistinnen durch. Das bedeutete nicht nur das Ende
der Ausschüsse, sondern zugleich jeder produktiven überparteilichen Zusammenarbeit. Über die Folgen der *»Gemeinschaft
gegen die Kommunisten«* berichtet Elke Schüller:

*»Im Frankfurter Stadtparlament ... hörte zeitgleich mit dem
Ausschluß der KPD- und DFD-Mitglieder aus dem Frauenverband die vorher rege interfraktionelle Zusammenarbeit der
Frauen auf.«* (»Staatsbürgerinnen zwischen Partei und Bewegung, Frauenpolitik in Hessen 1945–1955«, Hrsg. Wischermann, Schüller, Gerhard, Ulrike Helmer Verlag, Frankfurt am
Main 1993, S. 116)

Als Reaktion auf diese Spalterpolitik verlor die SPD in den Jahren 1947 bis 1949 22 318 Frauen, das waren immerhin 13,8 Prozent oder ein Siebtel ihrer weiblichen Mitgliedschaft! (Jahrbuch der SPD 1948/49, S. 79)

Der Gedanke der Überparteilichkeit hatte ein solches Ansehen gewonnen, dass die bürgerlichen Parteien nicht an ihrer zunächst bekundeten Absicht festhalten konnten, nur noch eine Frauenarbeit der Parteien zu unterstützen. Ausgehend von den Tagungen in Bad Boll (21.–23. Mai 1947) und Bad Pyrmont (20.–23. Juni 1947) wurde von den westlichen Besatzungsmächten und bürgerlichen Frauenorganisationen gemeinsam die überparteiliche Frauenbewegung systematisch und bewusst zerstört. Die westlichen Besatzungsmächte unterhielten dazu besondere Beauftragte und Abteilungen für »Frauenfragen«, die mit finanziellen Mitteln, Schulungen usw. diesen Prozess vorantrieben und dabei ein Schwergewicht auf die »Koordinierung« der bürgerlichen Frauenorganisationen legten.

Hektisch, und – wie »Der Spiegel« vom 28. Juni 1947 berichtete – ohne jede Abstimmung unter den Anwesenden wurden neue »überparteiliche« Organisationen gegründet. Zuerst der »Frauenring in der Britischen Zone« (1947), dann der »Deutsche Frauenring« (1949). Ihre Grundlage waren eine rigorose antikommunistische Ausrichtung, Anerkennung der Spaltung Deutschlands und einer kapitalistischen Bundesrepublik. Die führende SPD-Funktionärin und 1. Vorsitzende des Frauenrings, Theanolte Bähnisch, bestätigte in ihrem Referat zum 10-jährigen Bestehen des Deutschen Frauenrings, dass seine Gründung vor allem mit dem Ziel erfolgte, den Aufbau eines überparteilichen Frauenbunds in den westlichen Besatzungszonen zu verhindern:

»Es waren bereits in zahlreichen Städten Deutschlands, und zwar in allen 4 Besatzungszonen sogenannte Frauenausschüs-

se gebildet worden, die tatsächlich überparteilich zusammen-
gesetzt waren, bei denen aber in zahlreichen Fällen sehr akti-
ve und intelligente Kommunistinnen stark in Führung waren.
Es gab nur eine Möglichkeit, dieser Gefahr zu begegnen: Die
deutschen Frauen wieder in eigenen Verbänden zusammenzu-
schließen und staatsbürgerlich aufzuklären.« (Theanolte Bähnisch, »Vom Wiederaufbau der Frauenarbeit nach dem Zu-
sammenbruch 1945«, in: »Mädchenbildung und Frauenschaf-
ten«, 10. Jhg., Köln 1960, S. 162/163)

Ohne Umschweife hatte Theanolte Bähnisch erklärt, dass
sie nicht das Ziel einer machtvollen Vertretung der Interessen
der Frauen, sondern ihre Einbindung in das neu errichtete kapitalistische System beabsichtigte:

»Wir wollen nicht ... zu einem Machtfaktor des öffentlichen
Lebens werden, sondern zu einem ›ordnenden Faktor‹.« (Theanolte Bähnisch, »Sinn und Aufgaben des Deutschen Frauenrings«, in: »Die Welt der Frau«, Heft 5/1949, S. 6)

Es ist typisch für die kleinbürgerlich-feministische Ge-
schichtsschreibung, dass sie die **antikommunistischen Ma-**
chenschaften der SPD schlicht verschweigt und die Zerstörung und Unterdrückung der überparteilichen Frauenbewegung ausschließlich auf das Konto der CDU und der Ade-
nauer-Reaktion verbucht. In dem mit marxistischem Anspruch
verfassten Buch über die »Geschichte der deutschen Frauenbewegung« bringt es die DKP-nahe Florence Hervé fertig, über
diese bewusste Spaltung und Zerstörung überparteilicher Ansätze durch die bürgerlichen Parteien und insbesondere die
SPD im Nachkriegsdeutschland kein Wort zu verlieren. Ne-
bulös wird die SPD-Politik als *»durch die Tradition von Wei-*
mar bestimmt« definiert und insbesondere das *»unerschütter-*
liche Drängen der SPD-Abgeordneten Elisabeth Selbert« auf
Gleichberechtigung gewürdigt. (»Geschichte der deutschen

Frauenbewegung«, Hrsg. Florence Hervé, Papy Rossa Verlag, Köln 1995, S. 136/137) Das ansonsten sehr konkrete und detaillierte Buch zeugt von so großer Sachkenntnis der Autorin, dass man ihr Vorgehen als bewusstes Verschweigen der Tatsachen werten muss, um sich der SPD anzubiedern und feministische Illusionen über eine wie auch immer geartete prinzipienlose Einheit der Frauenbewegung aufrechterhalten zu können.

Da die Masse der Frauen bürgerliche Parteipolitik satt hatte, sollten die neuen »*überparteilichen*« Frauenorganisationen die Funktion übernehmen, sie an den bürgerlichen Staat und das kapitalistische System zu binden. Damit setzten diese Organisationen die Tradition der bürgerlichen Frauenverbände der Weimarer Republik fort. Nicht zufällig wurde als stellvertretende Vorsitzende des Frauenrings Agnes Zahn-Harnack gewählt. Sie war von 1931 bis 1933 die letzte Vorsitzende des »Bundes Deutscher Frauenvereine« (BDF) gewesen und hatte am 15. Mai 1933 erklärt:

»*Als verantwortliche Leiterin des Bundes ... erkläre ich für mich und den mir unterstellten Bund, daß ich mich dem Führer der Nationalsozialistischen Deutschen Arbeiterpartei, Adolf Hitler, bedingungslos unterstelle.*« (in: Ute Gerhard, »Unerhört«, Rowohlt Taschenbuch Verlag, Hamburg 1990, S. 378)

Bereits zuvor hatte sie geäußert, dass »*wir alle ... einer nationalsozialistischen Regierung nur zustimmen und sie unterstützen können*« und dass der BDF alles tun werde, um mit den besten Frauen der NSDAP zusammenzuarbeiten. (in: Richard Evans, »The feminist movement in Germany [Die Frauenbewegung in Deutschland] 1894–1933«, London 1976, S. 256)

In dieser Kontinuität standen die nunmehr gegründeten bürgerlichen Frauenorganisationen. Ihre »Überparteilichkeit« war ein reiner Betrug an den Massen und versuchte, den positiven Begriff der Überparteilichkeit für ihre reaktionäre Politik zu vereinnahmen. Diese Organisationen wurden im direkten Gegensatz zur tatsächlichen Überparteilichkeit zum antikommunistischen Kampfmittel gegen eine kämpferische Frauenbewegung, die sich an den Interessen der Masse der Frauen orientiert. Sie verursachten und besiegelten die Spaltung der Frauenbewegung in der Nachkriegsgeschichte der BRD.

Die Entwicklung der überparteilichen Arbeit von KPD und SED

Seit Anfang 1946 wurde der Vorschlag diskutiert, von den Frauenausschüssen zu einer gesamtdeutschen überparteilichen Frauenorganisation überzugehen. 1947 wurde der »Demokratische Frauenbund Deutschlands« in der sowjetischen Besatzungszone gegründet, von den westlichen Besatzungsmächten aber nicht zugelassen. Möglicherweise in dem Bestreben, die Fehler der Weimarer Republik nicht zu wiederholen, unterschätzte die KPD die Machenschaften der bürgerlichen Parteien und besonders der SPD zur Zerstörung der überparteilichen Frauenarbeit. So wurde die von vornherein mit dem Ziel der Spaltung geplante Tagung in Bad Pyrmont und die Gründung des »Frauenrings« in der DFD-Zeitung »Die Welt der Frau« unter der Überschrift »Frauenschaffen – Der erste Schritt« gewürdigt. Dieser Organisation wurde »*viel guter Wille*« zugute gehalten:

>»*Und dieser gute Wille muß zunächst als ein erstes nicht zu unterschätzendes Plus verbucht werden. So gesehen ist es auch nicht tragisch zu werten, daß dieser Zusammenschluß – vielleicht – etwas zu überstürzt erfolgte.*« (»Die Welt der Frau«, Heft 2/1947, S. 26)

Erschüttert und offenkundig verunsichert wichen die Genossinnen zum Teil vor den antikommunistischen Attacken zurück. Als sich der überparteiliche Frauenausschuss in Marburg als einziger den antikommunistischen Unvereinbarkeitsbeschlüssen widersetzte, erklärte die in den Massen verankerte und äußerst beliebte Vertreterin der KPD, Cilly Schäfer, freiwillig ihren Rückzug aus dem Ausschuss.

Anstatt an den Prinzipien der Überparteilichkeit festzuhalten und unter den Massen eine entsprechende systematische Kleinarbeit zu machen, wurde in den darauf folgenden Jahren unter dem Einfluss des Opportunismus und später des modernen Revisionismus der überparteiliche Charakter der Frauenarbeit und des DFD zerstört. Willi Dickhut fasste seine eigenen Erfahrungen, die nicht zuletzt aus der langjährigen intensiven überparteilichen Frauenarbeit von Luise Dickhut stammten, so zusammen:

»Der ... ›Demokratische Frauenbund Deutschlands‹ war weder demokratisch noch überparteilich. Die SED-Führung bestimmte nicht nur die Politik, sondern auch die Zusammensetzung der Leitungen. Das war in Westdeutschland auch so.« (Brief vom 28. März 1991)

Diese Entwicklung bestätigte auch die frühere DFD-Mitarbeiterin Rita Pawlowski:

»Über Mehrheiten von mindestens 50 bis über 60 Prozent in den Führungsgremien sicherte sich die SED den Einfluß auf alle wichtigen Entscheidungen des Frauenverbandes. Endgültig abgeschlossen war dieser Prozeß mit dem VI. Bundeskongreß im Dezember 1957. Die im Statut des DFD verankerte Anerkennung der führenden Rolle der SED und das Festschreiben der Organisationsstrukturen und -prinzipien nach SED-Muster blieben für den DFD bis November 1989 bestimmend.« (»Frauenverbandsarbeit in Ost und West, Eine Bestandsaufnahme«, Hrsg. Deutscher Frauenrat, Bonn 1991, S. 7/8)

Die Zerstörung der Überparteilichkeit des DFD hat dazu beigetragen, die Anfänge des sozialistischen Aufbaus in den Gründungsjahren der DDR bei den Massen in Misskredit zu bringen. Obwohl viele Frauen engagiert im DFD arbeiteten und vor Ort versuchten, sich mit ihm für die Rechte der Frauen einzusetzen, wurde er geradezu zum Ordnungsfaktor im bürokratischen Kapitalismus der DDR nach 1956. Noch heute schrecken aufgrund dieser Erfahrungen viele Frauen vor einer organisierten frauenpolitischen Tätigkeit zurück. Daraus müssen Lehren für den künftigen Aufbau des Sozialismus und die **Rolle der Selbstorganisationen** dabei gezogen werden. Darauf wies bereits Lenin hin, als er über die **außerordentlich eigenartige Rolle** der Gewerkschaften im Sozialismus sprach:

>*... das ist keine Organisation des Zwanges, das ist vielmehr eine erzieherische Organisation, eine Organisation der Heranziehung, der Schulung, das ist eine Schule, eine Schule der Verwaltung, eine Schule der Wirtschaftsführung, eine Schule des Kommunismus. Das ist eine Schule von ganz ungewöhnlicher Art, denn wir haben es nicht mit Lehrern und Schülern zu tun ... Ihrem Platz im System der Diktatur des Proletariats nach stehen die Gewerkschaften, wenn man sich so ausdrücken darf, zwischen der Partei und der Staatsmacht.«* (»Über die Gewerkschaften, die gegenwärtige Lage und die Fehler Trotzkis«, Lenin, Werke, Bd. 32, S. 2)

Lenin betonte besonders die Bedeutung der massenhaften Organisation der Arbeiter in der Gewerkschaft für die **Auseinandersetzung mit der kleinbürgerlichen Bürokratie**. Trotzki hatte Schutzfunktionen der Gewerkschaften für die Arbeiter grundsätzlich in Abrede gestellt und argumentiert: *»Wozu und gegen wen soll die Arbeiterklasse geschützt werden, wo es doch keine Bourgeoisie gibt, wo wir doch einen Arbeiterstaat haben«?* (ebenda, S. 6)

Darauf antwortete Lenin, *»... daß unser Staat ein Arbeiterstaat **mit bürokratischen Auswüchsen** ist. Ja, mit diesem traurigen – wie soll ich mich ausdrücken? – Etikett mußten wir* *ihn versehen. Da haben Sie die Realität des Übergangs. Was meinen Sie, haben in einem praktisch derart beschaffenen Staat die Gewerkschaften nichts zu schützen, kann man ohne sie auskommen, wenn man die materiellen und geistigen Interessen des in seiner Gesamtheit organisierten Proletariats schützen will? Das ist theoretisch eine völlig falsche Argumentation.«* (ebenda, S. 7)

Die Zerstörung des Sozialismus und die revisionistische Entartung der kommunistischen Parteien begann, als die kleinbürgerliche Denkweise in den Spitzen der Partei- und Staatsführung vordrang, und sie vollendete sich mit ihrer Machtergreifung als neue Bourgeoisie. Daraus muss der Schluss gezogen werden, dass die **Kontrolle der Denkweise der Bürokratie** im Sozialismus im Mittelpunkt stehen muss. Für die Kontrolle der Bürokratie durch die Massen spielen die Selbstorganisationen eine herausragende Rolle. Diese wurde im »Programm der Marxistisch-Leninistischen Partei« verallgemeinert:

»Es sind die Arbeitermassen und ihre Selbstorganisationen, die unter Führung der marxistisch-leninistischen Partei die Lenkung und Verwaltung von Produktion und Gesellschaft in die Hand nehmen müssen … Die Selbstorganisationen spielen eine besondere Rolle in der Kontrolle der Bürokratie und der Verwirklichung der Interessen der Massen im Sozialismus.« (»Programm der Marxistisch-Leninistischen Partei«, Essen 2000, S. 36)

Überparteilichkeit und marxistisch-leninistischer Parteiaufbau

Wirkliche Überparteilichkeit als Basis einer selbständigen und kämpferischen Selbstorganisation der Masse der Frauen ist von grundlegender Bedeutung. Diese Einsicht hat sich in Deutschland als ein **Wesensmerkmal der Arbeit der mar-**

xistisch-leninistischen Partei neuen Typs erwiesen, die
die Lehren aus der revisionistischen Entartung der alten kommunistischen Parteien zieht.

In der ersten Periode des Parteiaufbaus als Bund musste die
MLPD schrittweise eine proletarische Linie erarbeiten. In ihrer
Praxis mussten sich die Marxisten-Leninisten strikt auf die
Betriebs- und Gewerkschaftsarbeit konzentrieren. Solange die
revolutionäre Tätigkeit relativ eingeschränkt blieb, konnte sich
die Verdrängung marxistisch-leninistischer Prinzipien, die in
der kommunistischen und Arbeiterbewegung gerade in Bezug
auf den Kampf um die Befreiung der Frau vorherrschte, auch
im KABD (Kommunistischer Arbeiterbund Deutschlands), der
Vorläuferorganisation der MLPD, auswirken.

Nach der Parteigründung 1982 und vor allem seit Mitte der
80er Jahre entwickelte die MLPD eine systematische Frauenarbeit. Zu einer entscheidenden Auseinandersetzung kam es
Ende der 80er Jahre. Darüber berichtete der Rechenschaftsbericht des Zentralkomitees an den IV. Parteitag 1991:

*»Der III. Parteitag hatte die allgemeine, grundlegende Be-
deutung der Frauenarbeit herausgestellt sowie die Notwendigkeit einer eigenen Organisation für die werktätigen Frauen. Er
beschloß, eine marxistisch-leninistische Frauenorganisation zu
gründen ... Verschiedene Kritiken und die Auswertung dieser
Erfahrungen veranlaßten das ZK im März 1990 nach Beratung
mit den Frauengruppen, die bisherigen Beschlüsse zu ändern
... auf den Aufbau einer eigenen Frauenorganisation der MLPD
(wurde) verzichtet und statt dessen vorhandene Bestrebungen
zum Aufbau eines überparteilichen Verbands werktätiger Frauen
unterstützt.«* (»Dokumente des IV. Parteitags der MLPD«, 1991,
S. 185/186)

1991 wurde der überparteiliche Frauenverband Courage in
Deutschland gegründet. Zu seinen drei charakteristischen Prinzipien heißt es im »Courage-Info« 2/1991:

»1. Wirkliche Überparteilichkeit!

Klar, daß es unter den Frauen die unterschiedlichsten weltanschaulichen und parteipolitischen Meinungen gibt. Aber sich deswegen gegeneinander stellen? Nein. Unser Zusammenhalt wächst auf der Grundlage unserer gemeinsamen Interessen und Aktivitäten.

Wir sind kein Parteianhängsel oder gar Befehlsempfänger. Wie oft sind Frauen für Parteien nur als Wählerinnenpotential oder zur Imagepflege interessant!

Natürlich können auch Parteimitglieder bei uns mitmachen. Wir freuen uns über alle Vorschläge, Anregungen und Unterstützung – auch von Parteien und Verbänden. Alles wird vorbehaltlos geprüft.

Aber: was wir letztendlich tun – das entscheiden nur wir Courage Frauen!

2. Breite Demokratie!

Wir haben uns bewußt als Verband zusammengeschlossen. Aber dieser Zusammenschluß beruht auf breiter Demokratie: Die Gruppen entscheiden über ihre Arbeit und Schwerpunktsetzung. Der Meinungsbildungsprozeß im Verband entsteht durch breiten Gedankenaustausch und Willensbildung an der Basis.

Der Vorstand kommandiert nicht. Er gibt Unterstützung und Beratung für die Gruppen. Er hilft, gemeinsam zu verwirklichen, was vor Ort für gut befunden wurde.

3. Finanzielle Unabhängigkeit!

Die meisten Frauenorganisationen sind finanziell von einer Partei oder Institution abhängig. Damit sind sie auch an deren Anweisung gebunden, von ihrem Wohlwollen abhängig. Wir lehnen es ab, uns irgendwie finanziell zu binden – denn dadurch sind wir in unserer selbständigen Arbeit eingeschränkt.

Damit steht und fällt die Verbandsarbeit natürlich mit der Aktivität, Phantasie und auch Opferbereitschaft von Mitgliedern und Unterstützerinnen.

Doch die finanzielle Selbständigkeit stärkt auch unser Selbstvertrauen: wir sind in der Lage, auf eigenen Beinen zu stehen!« (Infoblatt des Frauenverbands Courage, 2/1991, S. 1)

Die Mitarbeit im Frauenverband Courage war für die MLPD eine wesentliche Schule der überparteilichen Arbeit. Der Antrag des Frauenverbands Courage auf Aufnahme in den »Deutschen Frauenrat« wurde 1993 mit ausdrücklichem Verweis auf den Verfassungsschutzbericht abgelehnt, der den Frauenverband Courage als *»von der MLPD beeinflußt«* aufführte. Das zeigt, dass der Deutsche Frauenrat nicht nur wirkliche Überparteilichkeit ablehnt, sondern auch selbst nicht überparteilich ist. Stefan Engel, Vorsitzender der MLPD, schrieb 1993 auf eine Anfrage des Vorstands des Frauenverbands Courage, wie die MLPD die Aussage des Verfassungsschutzes beurteilt:

»Offensichtlich ist es doch so, daß es heute bereits ausreicht, um vom Verfassungsschutz bespitzelt zu werden, wenn man nicht an eine der bürgerlichen Parteien in Bonn angebunden ist. Allein seine wirkliche Überparteilichkeit macht den Frauenverband COURAGE zu einer ›Gefahr‹ dieser Gesellschaft … COURAGE macht sich allein dadurch verdächtig, daß der Verband eben keine Unvereinbarkeitsbeschlüsse gegen Mitglieder der MLPD hat, wie das z. B. bei den Gewerkschaften oder anderen überparteilichen Organisationen in der Vergangenheit durchaus üblich war bzw. noch ist.« (Brief vom 17. September 1993)

In einem weiteren Brief erläuterte er noch einmal die Haltung der MLPD zur Überparteilichkeit von Courage:

»Den Herrschenden dieser ›freiheitlich-demokratischen Grundordnung‹ ist eine solche Selbständigkeit unheimlich. Selbstän-

dig denkende und handelnde Frauen – das kann es nach dem Horizont dieser Leute nicht geben. Da offensichtlich ist, daß ihr lenkender Einfluß über eine ihrer Monopolparteien oder eine staatliche Institution nicht gegeben ist, kann Courage – nach bürgerlicher Logik – nur dem lenkenden Einfluß z. B. der MLPD unterliegen ...

Wir sehen unsere Aufgabe darin, erstens jede wirkliche Selbstorganisation der Massen auf der Grundlage des Kampfes zu unterstützen. Wir verteidigen und fördern dabei ausdrücklich die wirkliche Überparteilichkeit und die finanzielle Unabhängigkeit. Wir tun das aus der tiefen Überzeugung, daß die Massen sich nur selbst befreien können. Die Ausgebeuteten und Unterdrückten müssen ihre eigenen Erfahrungen machen und ihre eigenen Schlüsse daraus ziehen. Damit ziehen wir auch Lehren aus der Geschichte der kommunistischen und Arbeiterbewegung, wo es tatsächlich das Bestreben gab, Massenorganisationen organisatorisch an sich zu binden, statt eine geduldige Überzeugungsarbeit zu machen. Zweitens treten wir natürlich für unser Programm des echten Sozialismus ein.« (Brief vom 21. Juli 1995)

Ungeachtet der bürgerlichen Ausgrenzungspolitik hat sich der Frauenverband Courage in den 90er Jahren, die von einem Zerfall der aktiven Basis sämtlicher Frauenorganisationen in der BRD geprägt waren, stabil entwickelt. Gerade in dem Maß, wie er mit antikommunistischen Vorbehalten fertig wurde, konnte er als einzige Frauenorganisation der BRD seinen politischen Einfluss in dieser Zeit erheblich ausweiten.

Eine weitere wichtige Organisationsform der überparteilichen Zusammenarbeit in der Frauenbewegung der BRD wurde der seit 1997 jährlich durchgeführte »Frauenpolitische Ratschlag«. Er wurde initiiert als Forum des gleichberechtigten Meinungs- und Erfahrungsaustauschs in der Frauenbewegung. Er stellt ausdrücklich keine Konkurrenz zu bestehenden Ini-

tiativen und Organisationen dar. Vielmehr bildet er eine Platt-
form, auf der – unter Ausschluss von Faschisten – sämtliche
Strömungen der Frauenbewegung die Möglichkeit haben, ihre
Arbeit, ihre Konzepte darzustellen, mit den Teilnehmerinnen
und Teilnehmern zu diskutieren und ihre Anregungen ent-
gegenzunehmen. Der Frauenpolitische Ratschlag entwickelte
rasch seine Anziehungskraft in der Frauenbewegung. So stieg
die Zahl der Teilnehmerinnen und Teilnehmer von 33 im Jahr
1997 sprunghaft auf 600 im Jahr 1998 an. Im Jahr 1999 waren
es fast 1 000. Inzwischen hat sich aus dem Frauenpolitischen
Ratschlag ein kämpferischer Frauenrat mit internationaler
Beteiligung gebildet, der die Aktivitäten zur Vorbereitung des
jährlich stattfindenden Ratschlags und zur Umsetzung seiner
Beschlüsse bundesweit koordiniert.

Im Frauenverband Courage, im Frauenpolitischen Ratschlag
und in zahlreichen Initiativen und Bündnissen vor allem zum
jährlichen Internationalen Frauentag am 8. März hat der Gedanke der tatsächlichen Überparteilichkeit der Frauenbewegung der BRD neue Anziehungskraft und politische Wirk-
samkeit erworben. Das ist für die zukünftige Entwicklung einer
kämpferischen Frauenmassenbewegung von allergrößter Bedeutung.

Aus der jahrelangen Praxis ihrer Mitarbeit und der theoretischen Verallgemeinerung dieser Erfahrungen lernte auch die
MLPD und zog in dem am 1. Januar 2000 herausgegebenen
neuen Parteiprogramm grundlegende Lehren für die Bedeutung und für die Prinzipien überparteilicher Organisationen.
Im Abschnitt »Die Politik des gemeinsamen Kampfs, Formen
und Prinzipien« heißt es:

*»Selbstorganisationen der Massen als dauerhafte Or-
ganisationsform des gemeinsamen Kampfs wie die Gewerkschaften, Frauenorganisationen usw. Damit diese Selbstorganisationen die breiten Massen umfassen können, müssen*

Auch für die Frauenbewegung gilt: Wer die Jugend hat, hat die Zukunft!

sie wirkliche Überparteilichkeit, breiteste Demokratie und finanzielle Unabhängigkeit gewährleisten. Außerdem haben sich folgende Regeln bewährt:

- *Gleichberechtigter Zusammenschluss auf der Grundlage des Kampfs*
- *Enge Verbundenheit mit der Arbeiterbewegung*
- *Sachliche und solidarische Streitkultur*
- *Internationale Solidarität*
- *Offenheit für die Perspektive einer von der Ausbeutung des Menschen durch den Menschen befreiten Gesellschaft*
- *Gleichberechtigte Mitarbeit der Marxisten-Leninisten«*

(»Programm der Marxistisch-Leninistischen Partei«, Essen 2000, S. 80/81)

7. Der Kampf der Marxisten-Leninisten um die Denkweise der Masse der Frauen

Marxistisch-leninistische Strategie und Taktik im Kampf um die Befreiung der Frau

Strategie und Taktik sind Begriffe aus der Militärwissenschaft, die von den Marxisten-Leninisten auch im politischen Kampf verwendet werden. Die **Strategie** befasst sich mit dem Ziel und Zweck des Klassenkampfs, die **Taktik** mit der konkreten Form und dem Inhalt der Kämpfe in der jeweiligen Situation. Die **Strategie und Taktik** der Partei ist die Methode, alle Seiten des Klassenkampfs und der Parteiarbeit als dialektische Einheit theoretisch auszuarbeiten und in der Praxis zu verwirklichen. Sie ist die bewusste Anwendung der dialektischen Methode zur Leitung und Höherentwicklung von Parteiaufbau und proletarischem Klassenkampf.

Der Kampf um die Befreiung der Frau beruht auf der gesellschaftlichen Ungleichheit von Mann und Frau. Diese Ungleichheit ist **charakteristisch für alle Klassengesellschaften und die monogamen Familienformen**, die sich in ihnen entwickeln. Aufgekommen ist diese Ungleichheit mit dem Privateigentum an Produktionsmitteln und verschwinden wird sie erst wieder, wenn dieses Privateigentum seine die gesamte Gesellschaft dominierende Rolle längst verloren hat. Im Kapitalismus wird die gesellschaftliche Ungleichheit von Mann und Frau durch die bürgerliche Staats- und Familienordnung aufrechterhalten. Dazu heißt es im »Programm der Marxistisch-Leninistischen Partei«:

»Die bürgerliche Familienordnung ist das unverzichtbare Gegenstück zur kapitalistischen Ausbeutung der Lohnarbeit. Das gesellschaftliche Leben ist vollständig dem gesellschaftlichen Prozess der Maximalprofit bringenden Produktion von Waren unterworfen, während die Organisierung des unmittelbaren Lebens der privaten Einzelfamilie auferlegt ist. Auf diesem Widerspruch beruht die gesellschaftliche Ungleichheit von Mann und Frau ... Die Masse der werktätigen Frauen wird doppelt ausgebeutet und unterdrückt.« (»Programm der Marxistisch-Leninistischen Partei«, Essen 2000, S. 7)

Die besondere Ausbeutung und Unterdrückung der Masse der Frauen geschieht in der kapitalistischen Gesellschaftsordnung **unabhängig vom Willen oder der Willkür einzelner**. Genauso gesetzmäßig bricht sich auch der Kampf um die Befreiung der Frau Bahn. Während sich im Prozess der Produktion und Reproduktion des unmittelbaren Lebens im Kapitalismus die Produktivkräfte entwickeln, wird die neue ökonomische Grundlage, auf der die Befreiung der Frau vollendet werden kann, **unaufhörlich materiell vorbereitet**.

Aus dem gemeinsamen strategischen Ziel ergibt sich der **unauflösliche Zusammenhang** zwischen dem proletarischen

Klassenkampf zum Sturz der kapitalistischen Ausbeuterordnung und dem Kampf für die Befreiung der Frau von der bürgerlichen Staats- und Familienordnung. Im »Programm der
Marxistisch-Leninistischen Partei« wird ausgeführt, wie der
gesellschaftliche Antagonismus in der kapitalistischen Gesellschaft heute auf die Frauenbewegung wirkt:

*»Die bürgerliche Familienordnung soll die Produktion und
Reproduktion des menschlichen Lebens in der kapitalistischen
Gesellschaft gewährleisten. Sie dient als Ordnungsfaktor der
herrschenden Monopole gegenüber dem Leben der Massen.
Durch die massenhafte Einbeziehung von Frauen in die öf-
fentliche Produktion und in Wechselwirkung zu anderen Er-
scheinungen der Allgemeinen Krise des Kapitalismus ist die
bürgerliche Familienordnung in eine chronische Krise geraten.
Das stellt die Funktionsfähigkeit des kapitalistischen Systems
in Frage und bildet die gesellschaftliche Basis für einen neuen
Aufschwung des Kampfs für die Befreiung der Frau.«* (ebenda,
S. 20)

Die Strategie und Taktik der Marxisten-Leninisten im Kampf
um die Befreiung der Frau beruht einerseits auf diesem **objektiven** Prozess, der unabhängig vom Willen der Menschen
die bürgerliche Staats- und Familienordnung in Frage stellt
und zu einer chronischen Krise geführt hat. Das ist aber nur
die eine Seite. Die andere Seite besteht darin, dass der Kampf
um die Befreiung der Frau auch bewusst geführt werden muss.
Das ist die **subjektive Seite**, die im Unterschied zur objektiven Seite *»vollständig der lenkenden Einwirkung der Strategie
und Taktik unterliegt«,* wie Stalin in seiner Schrift »Zur Frage
der Strategie und Taktik der russischen Kommunisten« her-
vorhebt.

Dabei ist aber zu beachten, dass die Strategie und Taktik im
Kampf um die Befreiung der Frau nicht beliebig ist, sondern
mit dem objektiven Verlauf der gesellschaftlichen Entwicklung

in Übereinstimmung stehen muss. Deshalb führt Stalin weiter aus:

»Beschleunigung oder Verzögerung der Bewegung, ihre Erleichterung oder Hemmung – das sind die Sphäre und der Anwendungsbereich der politischen Strategie und Taktik.« (Stalin, Werke, Bd. 5, S. 142)

Frauenbewegung und Frauenbewusstsein

Jede soziale Bewegung bringt eine bestimmte Form des **gesellschaftlichen Bewusstseins** hervor, von der sie sich wiederum leiten lässt. Auf dieses Bewusstsein muss die politische Strategie und Taktik Einfluss nehmen, indem sie geeignete Forderungen aufstellt, die Kampf- und Organisationsformen zu ihrer Durchsetzung entwickelt sowie die Mittel und Methoden bestimmt, mit denen der Kampf geführt wird.

Die Arbeiterbewegung wird vom proletarischen Klassenbewusstsein geleitet. Die proletarische Frauenbewegung ist unlösbarer Bestandteil der Arbeiterbewegung. Je nachdem, wie ausgereift das Klassenbewusstsein ist, beeinflusst es den Gang des Klassenkampfs. Ein gewerkschaftlicher Streik kann schon von einem spontanen proletarischen Klassenstandpunkt aus geführt werden. Für den revolutionären Klassenkampf ist jedoch ein entwickeltes sozialistisches Bewusstsein notwendig. Über die allgemeinen Anforderungen an das proletarische Klassenbewusstsein heute heißt es in dem Buch »Der Kampf um die Denkweise in der Arbeiterbewegung«:

»Die Arbeiter müssen begreifen, daß sich aus der Klasse der Kapitalisten eine kleine Schicht von herrschenden Monopolen herausgeschält hat, die die wirtschaftliche und politische Entwicklung der ganzen Gesellschaft bestimmt. Mit ihrer allseitigen Diktatur herrschen sie sogar über die nichtmonopolisierte Bourgeoisie. Das beruht auf der Unterordnung des Staats unter die Monopole und der Verschmelzung der Organe der Monopo-

le mit den Organen des Staats. Dieses kaum zu entwirrende **Dickicht der staatsmonopolistischen Machtverhältnisse** *macht es vielen Arbeitern schwer, die klassenmäßige Wurzel dieser oder jener Politik zu durchschauen. Mit der Veränderung der Klassenstruktur nach dem II. Weltkrieg sind die* **Grenzen zwischen der Arbeiterklasse und den kleinbürgerlichen Zwischenschichten verschwommen,** *so daß das Gefühl, als Arbeiter einer einheitlichen Klasse anzugehören, mehr oder weniger beeinträchtigt ist. Die mit Hilfe der modernen Massenmedien und des bürgerlichen Parteiensystems betriebene* **Manipulation der öffentlichen Meinung** *hat die tatsächlichen Klassenverhältnisse mit einem Schleier überzogen. Wenn die Arbeiterklasse heute ›Einfluß auf die Staatsangelegenheiten bekommen‹ will, muß sie begreifen, daß sie* **die Macht der herrschenden Monopole stürzen** *muß, die diese mit niemandem zu teilen bereit sind.*

Klassenbewußtsein heißt aber auch verstehen, wie die Diktatur der Monopole die kapitalistischen Verhältnisse bereits soweit ausgehöhlt hat, daß sie gegen ihren Willen den **Übergang in eine sozialistische Gesellschaft vollständig materiell vorbereitet** *hat. Dies drückt sich auch darin aus, daß die Aufrechterhaltung der kapitalistischen Produktion nur noch möglich ist, wenn die Massen bewußt ihre schöpferischen Fähigkeiten einbringen. Der Kampf für den Sozialismus setzt allerdings heute auch voraus, daß sich die Arbeiterklasse die* **historischen Lehren aus dem revisionistischen Verrat am Sozialismus** *und der Restauration des Kapitalismus in ausnahmslos allen ehemals sozialistischen Ländern zu eigen macht.*

Darüber hinaus müssen die Arbeiter eines jeden Landes begreifen, daß ihr Befreiungskampf nur ein Teil der internationalen sozialistischen Revolution des Weltproletariats und seiner Verbündeten in den vom Imperialismus unterdrückten und ausgebeuteten Ländern ist. Dieses **internationalistische Be-**

wußtsein *erst vermag heute dem Proletariat seine historische Überlegenheit vor Augen zu führen gegenüber dem von einer Handvoll multinationaler Monopole beherrschten imperialistischen Weltsystem.«* (Stefan Engel, »Der Kampf um die Denkweise in der Arbeiterbewegung«, Essen 1995, S. 121/122)

Auch der Frauenbewegung liegt ein besonderes **Selbstbewusstsein von Frauen** zu Grunde. Dieses Frauenbewusstsein stellt sich gegen die gesellschaftliche Ungleichheit von Männern und Frauen und weist jede Form der Diskriminierung und Benachteiligung von Frauen zurück. Es tritt für die **vollständige Emanzipation der Frau in der Gesellschaft** ein. Darin liegt die gemeinsame Grundlage der kämpferischen Frauenbewegung in ihrer ganzen Bandbreite.

Im Unterschied zum proletarischen Klassenbewusstsein gibt es nicht nur graduelle Abstufungen im **Frauenbewusstsein,** sondern es tritt auch noch **äußerst widersprüchlich** hervor. Das hat seinen besonderen Grund darin, dass die kämpferische Frauenbewegung **keine einheitliche Klassenbasis** hat, sondern die proletarische, die kleinbürgerliche und Teile der bürgerlichen Frauenbewegung umfasst. Deshalb spiegeln sich dort neben dem gemeinsamen Anliegen, die gesellschaftliche Ungleichheit von Mann und Frau zu beseitigen, auch gesetzmäßig die unterschiedlichen Klasseninteressen wider. Das tritt als **weltanschaulicher Kampf zwischen der proletarischen und der bürgerlichen Ideologie** zu Tage. Es kommt unvermeidlich zu einem **ständigen Ringen zwischen proletarischer und kleinbürgerlicher Denkweise** unter der Masse der Frauen.

Die **proletarische Denkweise** tritt für eine breite, die Masse der Frauen umfassende kämpferische Frauenbewegung ein. Diese kämpft um wirtschaftliche und politische Reformen zur Verwirklichung der Gleichberechtigung im Rahmen der kapitalistischen Gesellschaft. Im Unterschied zur bürgerlichen und kleinbürgerlichen Denkweise weiß sie jedoch, dass dadurch wohl einige Verbesserungen erreichbar sind, die gesellschaftliche Grundlage für die gesellschaftliche Ungleichheit von Mann und Frau aber unangetastet bleibt. Deshalb kämpft sie für die Beseitigung der gesellschaftlichen Ursachen der besonderen Ausbeutung und Unterdrückung der Masse der Frauen. Das ist nur möglich durch die **Vereinigung von proletarischem Klassenkampf und Kampf um die Befreiung der Frau.**

Die **bürgerliche und kleinbürgerliche Denkweise** widerspiegelt die besondere Lage und Stellung der bürgerlichen und kleinbürgerlichen Frauen in der kapitalistischen Gesellschaft. Sie begnügt sich letztlich mit der rechtlichen Gleichstellung von Mann und Frau im Rahmen der bestehenden Gesellschaft. Sie kann deshalb immer nur die Interessen eines Teils der Frauen zum Ausdruck bringen. Trotz der Erfahrung, dass einzelne Errungenschaften im Kampf um die Gleichberechtigung zwar erreichbar sind, im Rahmen der kapitalistischen Gesellschaft aber immer formal bleiben, ist zumindest in Zeiten der Ebbe des Klassenkampfs die Neigung der bürgerlichen bzw. kleinbürgerlichen Denkweise in der Tendenz stärker, das kapitalistische System zu verteidigen, als es in Frage zu stellen.

Der **Entwicklungsgrad des Frauenbewusstseins** hängt ab vom Wechselverhältnis zwischen der proletarischen und der bürgerlichen bzw. kleinbürgerlichen Denkweise in der Frauenbewegung. Je geringer ausgeprägt die proletarische Denkweise ist, desto größer ist der Einfluss der bürgerlichen und kleinbürgerlichen Denkweise, desto niedriger ist der Grad des Frauenbewusstseins, sind Umfang und Schlagkraft der Frauenbewegung. Je entwickelter dagegen die proletarische Denkweise und ihr Einfluss in der Frauenbewegung ist, desto höher ist das Niveau des Frauenbewusstseins, sind Breite und

Kampfkraft der Frauenbewegung. Durch die bewusste Organisierung einer lebendigen Wechselwirkung von Frauenbewegung und Arbeiterbewegung tragen die Marxisten-Leninisten dazu bei, dass das Frauenbewusstsein systematisch geweckt und höherentwickelt wird.

Eine **organisierte kämpferische Frauenbewegung**, die die breite Masse der Frauen umfasst, ist möglich und notwendig. Sie kann sich jedoch nur entfalten, wenn die Dominanz der bürgerlichen und der kleinbürgerlichen Denkweise ausgeschlossen und eine weltanschauliche Offenheit verwirklicht ist. Der Kampf um die Befreiung der Frau vereint die Masse der Frauen in der selbständigen kämpferischen Frauenbewegung. In ihr werden alle Formen der Ausbeutung und Unterdrückung der Frau im Kapitalismus angeprangert, herrscht ein offenes Verhältnis zur Arbeiterbewegung und zu anderen fortschrittlichen Bewegungen und ihren Zielen.

Die marxistisch-leninistische Strategie und Taktik im Kampf um die Denkweise der Masse der Frauen

Unter den Bedingungen des staatsmonopolistischen Kapitalismus hat das Problem der **Denkweise ausschlaggebende Bedeutung** für die Entwicklung des Klassenkampfs und des Kampfs für die Befreiung von Ausbeutung und Unterdrückung bekommen. Die kleinbürgerliche Denkweise ist heute zu einem **gesellschaftlichen System** ausgewachsen, das dem staatsmonopolistischen Kapitalismus bis zu seinem Untergang anhaften wird. Im Politischen Bericht vom April 1996 veröffentlichte das ZK der MLPD eine Analyse über die Entwicklung der Frauenbewegung in Deutschland:

»In Zusammenhang mit der Vorbereitung der Weltfrauenkonferenz in Peking entfaltete sich der Kampf zwischen der proletarischen und der kleinbürgerlichen Denkweise. Über das Fo-

*rum der sogenannten Nichtregierungsorganisationen gewan-
nen die kleinbürgerlichen und bürgerlichen Frauenorganisationen wieder Einfluß auf die Frauenbewegung, den sie vorher
teilweise schon verloren hatten. Sie versuchten sich vor allem
über die kleinbürgerliche Frauenbewegung an die Spitze der
Vorbereitung der Weltfrauenkonferenz zu setzen. Dabei wurde
der Gedanke entwickelt, die Frauen bräuchten zur Verwirklichung ihrer sozialen und kulturellen Gleichstellung eine **Lobby** unter den Herrschenden. Zugleich gewannen die kämpferischen Massenbewegungen der Frauen deutlich an Anziehungskraft und Ausstrahlung und verstärkte sich die kritische
Strömung am kleinbürgerlichen Feminismus.*

*Mit der spürbaren Neubelebung der kämpferischen Bewegung
von unten hat sich in der Frauenbewegung der **Kampf um die
Richtung** entfaltet: Entsteht eine **neue kämpferische
Frauenbewegung**, die ihre Sache in die eigenen Hände nimmt
und zu einem solidarischen Teil der kämpferischen Opposition
gegen die Bonner Regierung wird oder setzt sich auf der Grundlage des Stellvertreterdenkens die **Unterwerfung unter eine
Frauenlobby** durch.*

*Beim Kampf um die Durchsetzung des Weges in der Frauen-
bewegung geht es längst nicht nur um den richtigen Weg im
Kampf um die kulturelle und soziale Gleichstellung der Frau,
sondern darum, **welche objektive Rolle eine kämpferische
Frauenbewegung im gesellschaftlichen Kampf** in einer
neuen Opposition spielt. Bereits in den Massenbewegungen
1992 / 1993 zeigte sich: Über die werktätigen Frauen laufen die
wichtigsten gesellschaftlichen Verbindungen zwischen der Arbeiterbewegung, der Jugendbewegung, der kämpferischen Um-
weltschutzbewegung, dem Kampf gegen die soziale Demontage,
aber auch des Friedenskampfs, antifaschistischen Kampfs und
des Kampfs um die Verteidigung der bürgerlich-demokratischen
Rechte und Freiheiten, zusammen.*

*Der Kampf um die **Entstehung einer kämpferischen Frauenbewegung**, die eng mit der Arbeiterbewegung verbunden ist, ist von **strategischer Bedeutung**; nicht nur für die Arbeiterbewegung, sondern auch für die Entwicklung eines revolutionären Kampfbündnisses mit der breiten Masse der kleinbürgerlichen Zwischenschichten.*

Damit eine solche kämpferische Frauenbewegung sich entfaltet, ist es notwendig, unter der Masse der Frauen eine systematische Kleinarbeit zu entfalten und die Erscheinungsformen der kleinbürgerlichen Denkweise zu überwinden … Für die Entstehung einer kämpferischen Frauenbewegung ist der organisierte Kampf um die Denkweise ausschlaggebend.« (»Politischer Bericht des ZK der MLPD«, April 1996, S. 40–42)

Erstmals hebt die MLPD hier hervor, dass die **Entwicklung einer kämpferischen Frauenbewegung** der Masse der Frauen **strategische Bedeutung** nicht nur für den Kampf um die Befreiung der Frau, sondern auch für den Kampf zur Befreiung von Ausbeutung und Unterdrückung überhaupt hat. Damit knüpft sie an die in der Praxis der kommunistischen und Arbeiterbewegung lange Zeit verdrängten Grundsätze von Marx, Engels und Lenin über die Befreiung der Frau an und gibt ihnen den Platz zurück, der ihnen in der marxistisch-leninistischen Strategie und Taktik gebührt.

Da sich die kämpferische Frauenbewegung auf die Veränderung der gesamten Lebensverhältnisse der Massen in der kapitalistischen Gesellschaft bezieht, kann sie auch das **Bindeglied zwischen allen fortschrittlichen Bewegungen und dem proletarischen Klassenkampf** werden. Das setzt allerdings voraus, dass sie tatsachlich die Masse der Frauen umfasst, dass sie sich nicht sektiererisch auf einige frauenpolitische Besonderheiten beschränkt oder von den übrigen gesellschaftlichen Bewegungen abkapselt. Sie muss sich vielmehr allen fortschrittlichen und demokratischen Bestrebungen und

Bewegungen öffnen. Sie muss die aktive Zusammenarbeit mit der Arbeiterbewegung, der Jugendbewegung, der Umweltbewegung, der Friedensbewegung, der demokratischen und antifaschistischen Bewegung und der internationalen Solidaritätsbewegung suchen.

In dieser Zusammenarbeit kommt ihr vor allem die Aufgabe zu, den Zusammenhang der einzelnen gesellschaftlichen Probleme mit den Lebensverhältnissen der Massen und der besonderen Lage der Frauen herzustellen. Die kämpferische Frauenbewegung muss sich überall einmischen und zum Ausdruck bringen, dass es ohne Kampf um die Befreiung der Frau keinen gesellschaftlichen Fortschritt gibt.

In ihrem Parteiprogramm vom 1. Januar 2000 hat die MLPD ihre wichtigsten Forderungen und Losungen für die marxistisch-leninistische Frauenarbeit dargelegt:

»● *Kampf gegen alle Formen der besonderen Ausbeutung und Unterdrückung von Frauen!*

● *Bestrafung sexueller Ausbeutung und Gewalt!*

● *Verbot und strafrechtliche Verfolgung von Gewalt- und Kinderpornografie!*

● *Aktive Förderung von Frauen im gesellschaftlichen Leben!*

● *Für die wirtschaftliche, soziale und kulturelle Gleichstellung der Frauen!*

● *Verbesserung der Schutzrechte für Arbeiterinnen und Angestellte!*

● *Gleicher Lohn für gleiche Arbeit!*

● *Ersatzlose Streichung des § 218 StGB!*

● *Für die kostenlose Abgabe von Verhütungsmitteln!*

● *Entlastung der Familien von den Aufgaben der Reproduktion der Arbeitskraft und der Kindererziehung!*

● *Kostenlose, qualifizierte Ganztagsbetreuung der Kinder in Krippen, Kindergärten, Horten und Ganztagsschulen!*

● *Abschaffung der reaktionären Ehe- und Familiengesetze!*
Rechtliche und soziale Gleichstellung aller Formen von
Lebensgemeinschaften!

● *Kampf für die Befreiung der Frau in der sozialistischen*
Gesellschaft!«

(»Programm der Marxistisch-Leninistischen Partei«, Essen
2000, S. 66)

Insbesondere der kleinbürgerliche Feminismus trägt systematisch Konkurrenz in die Arbeiter- und Volksbewegung und
spaltet die Frauenbewegung von ihr ab. Die Massen **müssen
mit der kleinbürgerlichen Denkweise fertig werden.** Nur
so kann das proletarische Klassenbewusstsein bzw. das kämpferische Frauenbewusstsein systematisch geweckt und höherentwickelt werden.

Heute kann keine marxistisch-leninistische Strategie und
Taktik erfolgreich sein, die nicht die ausschlaggebende Bedeutung der Denkweise in der Arbeiterbewegung oder auch in
der Frauenbewegung beachtet. Der Kampf um die Denkweise
der Massen ist eine notwendige **Erweiterung der marxistisch-leninistischen Strategie und Taktik.** Es ist ein
hauptsächlich ideologischer Kampf, um die entscheidende
Mehrheit der Arbeiterklasse für den Sozialismus zu gewinnen
und die breiten Massen an den Entscheidungskampf um die
Macht heranzuführen.

Der weltanschauliche Kampf um das Denken, Fühlen und
Handeln hat seine eigenen Gesetzmäßigkeiten und erfordert
eine besondere Strategie und Taktik im Kampf um die Denkweise. Er muss unter den Massen ausgetragen werden, insbesondere in Massenbewegungen, in Massenorganisationen oder
Bündnissen geführt werden. Dabei gestaltet sich dieser Kampf
umso komplizierter, je weniger diese Bewegungen oder Organisationen eine einheitliche Klassenbasis haben, wie das in der

kämpferischen Frauenbewegung der Fall ist. Um in der Massenarbeit unter Frauen mit der kleinbürgerlichen Denkweise fertig zu werden, ist **dreierlei** notwendig:

1. Man muss durch eine konkrete Analyse **die kleinbürgerliche Denkweise allseitig aufdecken.**

In der Wirklichkeit treten die Erscheinungsformen der kleinbürgerlichen Denkweise **nur in Einheit und im Kampf mit der proletarischen Denkweise** auf. Die wissenschaftliche Unterscheidung zwischen proletarischer und kleinbürgerlicher Denkweise ist kompliziert und liegt meist nicht so einfach auf der Hand. Aber sie hilft, den klassenfremden Einfluss der Bourgeoisie und ihre schädliche Wirkung auf das Denken, Fühlen und Handeln in der Frauenbewegung aufzudecken und zu verstehen und damit den proletarischen Klassenstandpunkt zu stärken.

In der Frauenbewegung lässt sich beobachten, wie große Stärken von Frauen eng mit ihren besonderen Schwächen zusammenhängen. Ihr Einsatz aufgrund eines tief empfundenen Gerechtigkeitsgefühls geht nicht selten einher mit einem ausgeprägten Harmonie- und Versöhnungsstreben. Das wird erfahrungsgemäß sehr schnell zu einem Einfallstor für den kleinbürgerlichen Pazifismus, die reformistische Klassenversöhnungspolitik oder auch den Ultrademokratismus. Ihr hohes Verantwortungsbewusstsein und ihre Bereitschaft, sich für andere Menschen einzusetzen, führen oftmals zu idealistischer Selbstaufopferung oder dazu, alles für andere zu machen, anstatt ihnen zum selbständigen Denken und Handeln zu verhelfen. Die großen Fähigkeiten im Organisieren des täglichen Lebens gehen oft einher mit einem sehr tief sitzenden Pragmatismus. Dieser entsteht spontan, wenn sich viele Frauen den scheinbaren Sachzwängen ihrer Doppelbelastung in Familie und Beruf beugen, anstatt sie grundsätzlich in Frage zu stellen.

Bei aller Widersprüchlichkeit wird das Denken, Fühlen und Handeln eines jeden Menschen von einer charakteristischen Denkweise bestimmt. Entweder handelt es sich in erster Linie um eine bürgerliche bzw. kleinbürgerliche Denkweise, die im Kampf mit der proletarischen Denkweise steht, oder um eine vorherrschend proletarische Denkweise, die sich gegen die gesellschaftlich vorherrschende bürgerliche bzw. kleinbürgerliche Denkweise durchgesetzt hat.

Die Analyse der kleinbürgerlichen Denkweise muss ihre verschiedenen Erscheinungsformen in ihrer schillernden und lebendigen Vielfalt und ihrer konkreten Wechselbeziehung mit anderen, gegensätzlichen Erscheinungen und Entwicklungen untersuchen. Dabei muss vor allem die **materielle Grundlage** des Kampfs um die Denkweise in den Lebensumständen und in der jeweiligen wirtschaftlichen und politischen Entwicklung aufgedeckt werden, um die urwüchsige Kraft zu ermitteln, die das Vordringen der kleinbürgerlichen Denkweise antreibt.

Die lückenlose Darlegung der destruktiven Auswirkungen der kleinbürgerlichen Denkweise gibt vor allem Aufschluss über die Schwächen, die bei der Ausbildung der proletarischen Denkweise noch bestehen. Die geschichtliche Betrachtung des Kampfes zwischen der kleinbürgerlichen und der proletarischen Denkweise im Übergang von der einen zu einer neuen, höheren Qualität zeigt die Entwicklungsrichtung des konkreten Kampfs zwischen proletarischer und kleinbürgerlicher Denkweise auf. Nicht zuletzt muss die wissenschaftliche Untersuchung den konkreten Charakter der Widersprüche in der Denkweise bestimmen, um herauszufinden, wie mit ihnen verfahren werden muss.

Eine solche allseitige Analyse erfordert ein **praktisches Verständnis** der Frauenbewegung, eine tief gehende Verbundenheit mit den Fragen des Alltagslebens der Massen,

allseitige theoretische Kenntnisse der ideologisch-politischen Linie der MLPD und des Marxismus-Leninismus sowie die **Beherrschung der dialektisch-materialistischen Methode auf dem Niveau der Lehre von der Denkweise.**

2. Ist die kleinbürgerliche Denkweise allseitig aufgedeckt, kommt alles **auf die richtige Behandlung der Widersprüche** an.

Auf der **Grundlage der weltanschaulichen Offenheit**, die Offenheit für eine befreite Gesellschaft einschließt, können die Widersprüche zwischen proletarischen und kleinbürgerlichen Frauen in der Frauenbewegung **nichtantagonistisch** ausgetragen werden. Der Einfluss der proletarischen Denkweise garantiert dabei die demokratische und vorwärts treibende Streitkultur, sodass die Probleme in kameradschaftlicher Weise durch geduldige und sachliche Diskussion gelöst werden.

Die Methode der Diskussion muss von einer vorwärts treibenden und schöpferischen Kritik und Selbstkritik getragen sein, die sich streng an den Prinzipien der Frauenmassenorganisation orientiert. Kritikloses Miteinander tötet das Lebendige jeder Bewegung genauso ab wie platte Pauschalisierung, zerstörerische und selbstzerstörerische Skepsis oder übertriebene Zuspitzung in der Diskussion. Die Gemeinsamkeit in der Sache muss Basis und Ziel jeder Diskussion sein.

Es ist vor allem wichtig, dass bei allen Meinungsverschiedenheiten keinerlei persönlichen Vorbehalten Raum gegeben wird und eine offene Atmosphäre gewahrt bleibt. Der politische Aspekt muss ausdrücklich betont und persönlich gehaltene Auseinandersetzungen müssen unbedingt vermieden werden. Ohne gegenseitiges Vertrauen gibt es keine demokratische Streitkultur.

Die **Grundlinie der marxistisch-leninistischen Kleinarbeit ist die Erziehung der Massen zur Selbstbefreiung**. Dazu gehört die Förderung von Selbstvertrauen,
Eigeninitiative und Lernbereitschaft und das strikte Prak-
tizieren einer demokratischen und gleichberechtigten Dis-
kussions- und Arbeitsweise. Gerade bei einfachen Frauen
müssen die Marxisten-Leninisten darauf achten, ihren
Beiträgen Respekt entgegenzubringen und niemals über-
heblich, arrogant oder belehrend aufzutreten. Natürlich wird
in vielen Verhaltensweisen, Ansichten und Gefühlen auch
ein gewisser Einfluss der kleinbürgerlichen Denkweise zum
Ausdruck kommen. Die Marxisten-Leninisten dürfen sich
dem nicht opportunistisch anpassen. Sie müssen vielmehr
immer bestrebt sein, durch geduldige und überzeugende
Kritik und Selbstkritik dazu beizutragen, dass die Massen
ihre Unzulänglichkeiten überwinden können und an der
Verantwortung wachsen, die ihnen übertragen wird. Sie
müssen den Marxismus-Leninismus konkret anwenden, um
alle vorwärts treibenden Beiträge und schöpferischen Initiativen aufzugreifen und die Diskussion in die Tiefe und in
die Perspektive zu entwickeln. Keine Diskussion darf ohne
konkretes praktisches Ergebnis oder ohne klare Festlegun-
gen beendet werden.

Wird die **kleinbürgerliche Denkweise** in der kämpferischen Frauenbewegung oder in einer Frauenmassenorganisation **vorherrschend**, nimmt der weltanschauliche
Kampf offen antagonistische Formen an. Dann besteht die
Gefahr der Spaltung oder gar Zerstörung der Massenorga-
nisation. In einer solchen Situation müssen die Marxisten-
Leninisten vor allem darauf achten, dass die prinzipiellen
Ursachen der Meinungsverschiedenheiten kritisch und
selbstkritisch aufgedeckt und alle Widersprüche offen ausgetragen werden. Die Masse der Mitglieder muss zur Ver-

teidigung ihrer Organisation mobilisiert werden. Dagegen neigt die kleinbürgerliche Denkweise in einer solchen Situation dazu, der prinzipiellen Auseinandersetzung auszuweichen oder zu Methoden der persönlichen Diffamierung, der Intrige und des offenen Liquidatorentums zu greifen.

Insbesondere der kleinbürgerliche Feminismus erhebt einen **kleinbürgerlichen Führungsanspruch in der Frauenbewegung.** Dazu betreibt er eine undemokratische Politik der Ausgrenzung der proletarischen Frauenbewegung. Im Kern richtet sich dieser Führungsanspruch gegen den Marxismus-Leninismus, den er mit antikommunistischen Vorbehalten isolieren oder durch Unvereinbarkeitsbeschlüsse aus der Frauenbewegung heraushalten will. Er ist untrennbar verbunden mit einer Geringschätzung der breiten Masse der Frauen. Das kann zu Spaltung und Liquidierung der Frauenmassenbewegung führen, wenn es die Marxisten-Leninisten nicht schaffen, das durch geduldige Überzeugungsarbeit abzuwenden.

Jeder Verzicht auf das bewusste Austragen dieses weltanschaulichen Kampfs in der Frauenbewegung, sei es aus Opportunismus, sei es aus Mangel an Respekt gegenüber Andersdenkenden oder aus Unwissenheit, führt unweigerlich zu einer Stärkung des Einflusses der bürgerlichen Weltanschauung. Das letztendliche Resultat wäre die Zerstörung der Einheit der kämpferischen Massenbewegung der Frauen.

3. Die Erfahrungen im Kampf um die Denkweise der Massen müssen ständig **ausgewertet und theoretisch verallgemeinert** werden, um die marxistisch-leninistische Kleinarbeit weiterzuentwickeln. Dabei muss vor allem überprüft werden, wer wen beeinflusst und wie durch eine entsprechende Selbstkontrolle verhindert werden kann, dass sich die kleinbürgerliche Denkweise in der kämpferischen

Frauenbewegung oder gar der marxistisch-leninistischen Partei ausbreitet.

Die Strategie und Taktik im Kampf um die Denkweise der Massen muss davon ausgehen, dass unter der Diktatur der Monopole die bürgerliche Ideologie und das System der kleinbürgerlichen Denkweise Denken, Fühlen und Handeln der Gesellschaft maßgeblich prägen. Um den Kampf gegen die herrschenden Verhältnisse zu führen und höherzuentwickeln, muss aber die **Überlegenheit der proletarischen Denkweise im Kampf gegen die kleinbürgerliche Denkweise organisiert** werden. Das ist der **Kern** der marxistisch-leninistischen Strategie und Taktik im Kampf um die Denkweise der Massen. In einer Beilage der »Roten Fahne« 21/1999 hieß es zu den grundlegenden Elementen, die dabei beachtet werden müssen:

*»Nur im **bewußten Kampf** ist die proletarische Denkweise der kleinbürgerlichen Denkweise überlegen. Dagegen setzt sich in der Sphäre der Spontaneität gesetzmäßig die kleinbürgerliche Denkweise durch, weil diese unter der Bedingung der gesellschaftlich vorherrschenden bürgerlichen Ideologie ständig von Neuem genährt wird. Das unterstreicht die große Bedeutung der marxistisch-leninistischen Erziehungsarbeit der Partei im Kampf um die Denkweise.*

*Man muß immer **von der grundsätzlichen Seite** an jede Frage herangehen und die Allseitigkeit der ideologisch-politischen Linie der MLPD ausspielen. Die kleinbürgerliche Denkweise lebt dagegen von Teilerkenntnissen und subjektiver Willkür, mit denen sie die Wirklichkeit verzerrt wahrnimmt bzw. darstellt.*

*Die proletarische Denkweise kann sich gegen die allgemeine Überlegenheit des gesellschaftlichen Systems der kleinbürgerlichen Denkweise nur durch die strikte **Konzentration der Kräfte** auf die Lösung derjenigen Probleme durchsetzen,* *bei denen sie aktuell und im gegebenen Moment ihre konkrete Überlegenheit ausspielen kann.*

Nur in der **direkten Konfrontation** *ist die proletarische Denkweise der kleinbürgerlichen Denkweise überlegen. Deshalb muß dieser Kampf immer offen ausgetragen werden. Die kleinbürgerliche Denkweise weicht dagegen der offenen Auseinandersetzung aus, weil sie in der Form der Anpassung ihr geeignetes Medium hat.*

Die proletarische Denkweise muß **die kleinbürgerliche Denkweise angreifen,** *damit diese nicht vordringen kann. Denn das Vordringen der kleinbürgerlichen Denkweise ist immer mit der Verdrängung und Zerstörung proletarischer Eigenschaften und Organisationsformen verbunden.*

Die proletarische Denkweise muß sich in ihrem Kampf gegen die kleinbürgerliche Denkweise in einem fortlaufenden Wechselprozeß von marxistischer Theorie und revolutionärer Praxis beständig höherentwickeln, sonst kann sie nicht bestehen. Das geht nur **systematisch und organisiert.** *Im System der Kleinarbeit kommt das in dem allseitigen Wechselverhältnis von marxistisch-leninistischer Partei und der Förderung der Selbstorganisationen der Massen zum Ausdruck.*

Die Beherrschung der **dialektischen Methode** *ist die ausschlaggebende Fähigkeit der Kader, den Kampf der proletarischen Denkweise gegen die kleinbürgerliche Denkweise zur Entscheidung zu bringen.«* (Stefan Engel, »Die bewußte Anwendung der dialektischen Methode auf dem Niveau der Lehre von der Denkweise«, Beilage zu »Rote Fahne« 21/1999, S. 5/6)

Diese drei Hauptelemente der Strategie und Taktik im Kampf um die Denkweise der Massen fassen sich in einer proletarischen Streitkultur zur richtigen Behandlung der Widersprüche zusammen. Die **proletarische Streitkultur ist die bewusste Anwendung der dialektisch-materialistischen Methode im Kampf um die Denkweise in der Partei, unter den Massen und bei der Vorbereitung der internationalen Revolution.**

Für die marxistisch-leninistische Kleinarbeit unter der Masse der Frauen muss die proletarische Streitkultur besondere Anforderungen erfüllen. Sie sichern die **Höherentwicklung der allseitigen Wechselbeziehungen von Partei und Massen** und machen sich an folgenden Merkmalen fest:

- Die marxistisch-leninistische Kleinarbeit muss sich wirklich an **die breite Masse der Frauen** wenden. Dazu muss man das Selbstbewusstsein der einfachen Frauen in der gemeinsamen Bewältigung ihrer persönlichen Alltagsfragen wecken und fördern. Die Frauen müssen insbesondere die Neigung überwinden, ihre persönlichen Probleme mit einem Gefühl der eigenen Unzulänglichkeit oder mit falschen Schuldgefühlen zu verarbeiten. Sie müssen vielmehr lernen, die Staats- und Familienordnung als gesellschaftliche Ursache der Zerreißproben in ihrem Leben zu verstehen, ihre berechtigten Forderungen zu formulieren und den Kampf um sie zu organisieren.

- Insbesondere die Hausfrauen müssen verstehen, dass sie sich zur Lösung ihrer besonderen Probleme **zusammenschließen und gemeinsam kämpfen** müssen. Dabei müssen sie kleinliches Gezänk, Eifersucht oder persönliche Vorbehalte überwinden, die auf dem Boden des individuellen Lebens in der Kleinfamilie regelrecht gedeihen. Diese untergraben die positive Wirkung der oft großen Einsatzbereitschaft und Uneigennützigkeit der Hausfrauen im Engagement für ihre Familien und deren Zukunft.

- Die entscheidende Grundlage der Selbstveränderung der Masse der Frauen ist die **organisierte Teilnahme** an der

Der Frauenpolitische Ratschlag 1998 in Solingen diskutiert auch über die Perspektive der Befreiung der Frau.

kämpferischen Frauenbewegung. Dies kann durch Mitarbeit in einer Selbstorganisation oder in einer Aktionseinheit auf der Grundlage des Kampfs geschehen. In der organisierten Arbeit haben die Frauen ein klares praktisches Ziel vor Augen und in dieser Arbeit wächst auch das Bestreben nach höherer Bewusstheit. Nur in einer organisierten Zusammenarbeit ist es möglich, systematisch die praktischen Erfahrungen theoretisch zu verarbeiten. Das ist die entscheidende Grundlage, um mit der kleinbürgerlichen Denkweise fertig zu werden und eine proletarische Denkweise anzunehmen bzw. diese höherzuentwickeln.

● Die **Organisation** der kämpferischen Bewegung der Masse der Frauen muss wirklich überparteilich und finanziell unabhängig sein und breiteste Demokratie verwirklichen. Die parteigebundenen Frauenorganisationsformen dienen lediglich der parteipolitischen Reserve. Sie verhindern geradezu eine breite Organisierung der Masse von Frauen, weil sie bereits eine bestimmte Politisierung voraussetzen. Die Frauenorganisationen der bürgerlichen Parteien sind gegründet worden, um die Entwicklung eines Frauenbewusstseins zu behindern, das auf die Befreiung der Frau ausgerichtet ist. Deshalb ist die Abkehr von den parteipolitisch gebundenen bürgerlichen Frauenorganisationen ein wesentlicher Schritt in der Entwicklung des Frauenbewusstseins.

● Es ist von grundsätzlicher Bedeutung für die Frauenbewegung, über die **Untauglichkeit reformistischer, revisionistischer und kleinbürgerlich-feministischer Frauenpolitik** aufzuklären. Deren Aktivitäten zeichnen sich alle dadurch aus, dass sie der besonderen Ausbeutung und Unterdrückung der Masse der Frauen nur mit formalen Mitteln beikommen wollen, weil sie nicht an der bürgerlichen Gesellschaftsordnung rütteln wollen. Im Ergebnis zersetzt solche Frauenpolitik das Frauenbewusstsein und behindert einen Ausblick auf eine befreite Gesellschaft.

- Die **Marxisten-Leninisten** müssen durch vorbildliche praktische Mitarbeit ein **enges Vertrauensverhältnis** zur kämpferischen Frauenbewegung herstellen. Es kommt dabei vor allem darauf an, dass sie die notwendige Propagierung des Marxismus-Leninismus mit der strikten Förderung der Selbständigkeit der kämpferischen Frauenbewegung der Masse der Frauen verbinden. Das setzt voraus, dass sie selbst mit der subtilen Wirkung des kleinbürgerlichen Feminismus in den Reihen der Partei fertig werden.

- Der Marxismus-Leninismus repräsentiert seit jeher die weitestgehende Perspektive der Befreiung der Frau. Die Verdrängung der grundlegenden Positionen des Marxismus-Leninismus hat der Frauenbewegung in der Vergangenheit sehr geschadet. Gerade diese Positionen müssen unter der Masse der Frauen verankert werden. Dazu bedarf es einer **Schulungs- und Bildungsarbeit**, die die praktischen Erfahrungen und den Entwicklungsstand der Frauen berücksichtigt und ihnen hilft, sich mit allen wesentlichen weltanschaulichen und gesellschaftspolitischen Problemen auseinander zu setzen. Ohne entsprechende theoretische Ausbildung kann die kämpferische Frauenbewegung gegen den zersetzenden Einfluss der kleinbürgerlichen Denkweise nicht bestehen.

- Die Beziehungen in der kämpferischen Frauenbewegung müssen die **Einheit von Denken, Fühlen und Handeln der Menschen verwirklichen**: »*... gemeinsam lernen und kämpfen, gegenseitige Hilfe und Beratung, solidarische Kultur im Feiern wie im Trauern.*« (Stefan Engel, »Der Kampf um die Denkweise in der Arbeiterbewegung«, Essen 1995, S. 236)

- Die marxistisch-leninistische Kleinarbeit zur Befreiung der Frau **richtet sich** nicht nur an die Masse der Frauen, sondern **an die gesamte Arbeiter- und Volksbewegung.** Immerhin wendet sich die kämpferische Frauenbewegung gegen gesellschaftliche Lebensverhältnisse, die den grundlegenden Interessen der breiten Masse der Bevölkerung entgegenstehen. Auch die Masse der Männer muss begreifen, dass ohne den Kampf um die Befreiung der Frau auch der gesamte Kampf zur Überwindung von Ausbeutung und Unterdrückung nicht erfolgreich sein kann.

- Die kämpferische Frauenbewegung muss sich als **Teil einer internationalen Bewegung für die Befreiung der Frau** verstehen. Das wird ihr helfen, die ganze Dimension der besonderen Ausbeutung und Unterdrückung zu begreifen, und die überwältigende Kraft der internationalen Solidarität wird ihr Selbstvertrauen und moralischen Rückhalt verleihen. Der internationale Kampf für die Befreiung der Frau ist ein **wesentlicher Bestandteil der internationalen Revolution**, des internationalen Kampfs zum Sturz der Herrschaft des Imperialismus und für den Aufbau des Sozialismus.

Die **Verwirklichung einer proletarischen Streitkultur** ist der **entscheidende Schrittmacher** im Kampf um die Befreiung der Frau in einer gemeinsamen sozialistischen Zukunft.

Die Befreiung der Frau in China, in Bildern und Texten der bekannten schwedischen Fotografin. Die Aussagen der Frauen des Dorfes Liu Lin zeigen, wie das Selbstbewusstsein der Frauen durch die Teilnahme an der gemeinsamen Arbeit und dem politischen Leben im China Mao Tsetungs gewachsen ist.

Gun Kessle, Frauenleben in einem chinesischen Dorf, Fotosachbuch, 136 Seiten, über 100 Fotos, Leinen mit Schutzumschlag, **35 DM**

Originaldokumente aus der Volksrepublik China aus den Jahren 1949 bis 1973 belegen, wie sich die Rolle der chinesischen Frau in Ehe und Familie, in Produktion und gesellschaftlichem Leben im sozialistischen China grundlegend gewandelt hatte.

Die Befreiung der Frau in China, Hrsg. Elisabeth Croll, 245 Seiten, **15 DM**

VNW – Verlag Neuer Weg • Alte Bottroper Str. 42 • 45356 Essen

- CD-ROM
  »Konspekt zur
  Frage der
  Denkweise im
  REVOLUTIONÄREN
  WEG 1–24
  und im Buch
  ›Sozialismus
  am Ende?‹«, 45 DM

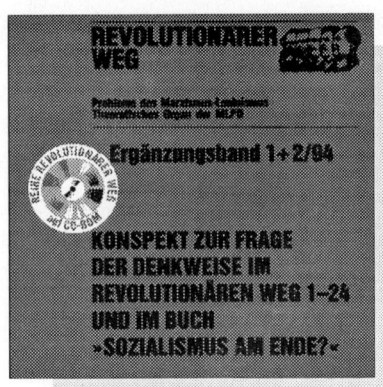

- CD-ROM
  **»Neue Perspektiven für die Befreiung der Frau,
  Eine Streitschrift«**, mit einer Sammlung wichtiger Zitate
  zum Thema, **35 DM**
  Paket Buch+CD-ROM **60 DM**

- CD-ROM **»Der Kampf um die Denkweise in der
  Arbeiterbewegung«, 28 DM**

- CD-ROM **»Der Kampf um die Denkweise in der
  Arbeiterbewegung«** und **»Konspekt zur Frage der
  Denkweise …«, 73 DM**

Die CD-ROM-Ausgaben bieten:
- **Volltextsuche**
- Die Möglichkeit zur **Übernahme von Text und Grafiken** in andere
  Anwenderprogramme
- Die aktuelle Ausgabe der **Fremdwörter- und Begriffserklärung**
  zur Reihe REVOLUTIONÄRER WEG
- Die **Inhaltsverzeichnisse** aller Titel der Reihe REVOLUTIONÄRER WEG

Systemvoraussetzungen:

PC		MAC	
	Windows 3.1, 95, NT 3.51 oder höher		68020-Prozessor
	486 oder Pentium-Prozessor		3,5 MB RAM (5 MB für Powermac)
	8 MB RAM (16 MB für NT)		40 MB Speicherplatz auf Festplatte
	40 MB Speicherplatz auf Festplatte		CD-ROM-Drive
	CD-ROM-Drive		

VNW – Verlag Neuer Weg • Alte Bottroper Str. 42 • 45356 Essen